Ulrike Kegler

IN ZUKUNFT LERNEN WIR ANDERS

Wenn die Schule schön wird

Mit einem Vorwort von Reinhard Kahl

Für meine drei Söhne

Fotonachweis (Innenteil): © Dominik Hehl; © Max Lauten-schläger; © Nicolas Meyer; © Gerrit Plessen. Verwendung der Bilder nur nach Absprache mit dem Verlag.

www.beltz.de

1. Auflage

© 2009 Beltz Verlag · Weinheim und Basel
Umschlaggestaltung: Büro Hamburg
Umschlagabbildung: © Matthias Tunger / LOOK-foto
Satz und Herstellung: Nancy Püschel
Druck: Druck Partner Rübelmann, Hemsbach
Bindung: Druckhaus »Thomas Müntzer«, Bad Langensalza
Printed in Germany

ISBN 978-3-407-85878-8

Inhalt

Vorwort
von Reinhard Kahl

»OB IHRS GLAUBT ODER NICHT«, schrieb der Dichter Joseph Brodsky, »die Evolution hat ein Ziel, Schönheit.«

Der 1940 in St. Petersburg geborene Literaturnobelpreisträger hatte in der 8. Klasse mit der Schule Schluss gemacht. Das nannte er später seinen ersten freien Willensakt. Englisch, die Sprache, in der er große Gedichte und die meisten seiner Essays schrieb, lernte er ohne Lehrer noch lange vor der Flucht aus der Sowjetunion.

Brodsky hatte keine Chance, eine Schule wie die von Ulrike Kegler kennenzulernen. Eine, in der Schönheit ein Ziel ist. Wie Schulen tatsächlich schön werden, ist das Thema dieses schönen Buches.

Eigentlich sollte es auch genauso heißen: »Die Schule wird schön«. Aber dann kam ein anderes Buch mit einem ähnlichen Titel zuvor und Ulrike Kegler musste ihr Kind schweren Herzens umtaufen. Manche meinten, eigentlich ganz gut so, denn wie klingt das denn: »Die Schule wird schön«? Eine Art *Schöner Wohnen*? Mehr bunte Farbe in Schulen? Design statt Sein nun auch für Pädagogen? Nein! Ob ihrs glaubt oder nicht, gute Schulen haben ein Ziel: Schönheit.

Na gut, wird mancher antworten, ein schönes Ziel, aber es ist auch ein weiter Weg. Erst mal geht es doch um mehr Geld für die Bildung, um mehr Lehrer, kleinere Klassen, also um die Verbesserung der Rahmenbedingungen und eine Reform des ganzen Systems. Dann wird irgendwann die Schule bestimmt auch schön.

Nein! Das große Ziel nicht am Horizont abstellen! Das Ziel vielmehr zu einem Maßstab für den Alltag verwandeln, also ganz nah heranholen – und die Ziele sich zwischendurch dann wieder am Horizont regenerieren lassen.

Als ich die Montessori-Gesamtschule in Potsdam, die Ulrike Kegler seit 1995 leitet, zum ersten Mal im Frühjahr 2003 besuchte, war das eine Liebe auf den zweiten Blick. Als Erstes sieht man ein Gebäude, wie es in der DDR zu Hunderten steht. Das Hässlichste an diesen Gebäuden ist der prinzipielle Verzicht auf Architektur. Der Einheitsbau signalisiert: Du sollst kein Individuum sein! Versuche, ein möglichst perfektes Exemplar zu werden. Menschen sind nicht aus krummem Holz, sondern sollen rechtwinklig sein. So wenig Eigensinn diese Schulen selbst haben durften, so wenig Eigensinn sollten die Schüler und Lehrer ausbilden. Gebäude haben etwas Ansteckendes, so oder so. Es ist, als wäre die Geheimgrammatik der Pädagogik oder – nehmen wir das hässliche Wort – »das Menschenbild« darin eingeschrieben.

Nach diesem ersten Blick öffnete sich dann eine ganz andere Innenwelt. Ich kannte damals noch kaum die für die Montessoripädagogik typischen kleinen, ich möchte sagen, Altäre in der Mitte der Klassen. Auf dem Fußboden liegt eine Decke, darauf sind Dinge ausgestellt, die gerade im Unterricht gebraucht werden: Bücher, vielleicht auch eine Blume, vieles ist möglich. Dieses kleine, unübersehbare Zentrum fordert Achtung. Es ist wie ein Dementi des schultypischen Ist-doch-egal. Diese ganz besondere Mischung aus Nützlichkeit und Verehrung ist schön.

Bei meinem letzten Besuch fiel mir sogleich in der Pausenhalle zwischen dem Treppenaufgang und dem Ausgang zum Schulhof ein runder Teppich auf, vielleicht 20 m² groß. Er sah wie eine Vergrößerung der Klassenraumaltäre aus. Darauf lagen Spiele, Bücher und anderes Material, nicht sehr viel. Zwei oder drei ältere Schüler saßen auf dem Boden. Eine junge Lehrerin oder Praktikantin hockte neben Kindern und sortierte so etwas wie Dominosteine. Solche Achtsamkeitszentren haben etwas von einem Ansteckungsherd. Sie strahlen eine Schönheit aus, die nichts mit Aufhübschen zu tun hat.

Es geht auch nicht nur um das, was man sieht. Ich erinnere mich noch, wie ich bei meinem ersten Besuch beim Betreten einer Klasse, die gerade Freiarbeit hatte, eine Augenbinde bekam. Sie gehörte zum Besuchsritual. »Warum denn eine Augenbinde?«, fragte ich Ulrike Kegler. Und sie: »Hören Sie nur einfach mal zu.«

Manch einer der damals schon zahlreichen Besucher kam mit der Erwartung, in einer so frei arbeitenden Schule müsse man sich wohl häufig die Ohren zuhalten. Falsch. Wenn man nichts sieht, bemerkt man erst, wie vorsichtig und rücksichtsvoll die Kinder miteinander sprechen. Dabei macht in dieser Freiarbeit jeder zwei Stunden lang etwas anderes: Vorträge vorbereiten, sich gegenseitig Rechtschreibübungen diktieren, mit den vielen Materialien zum Rechnen experimentieren. Und manche machen scheinbar gar nichts. Daniela, die eben noch einen Vortrag, so nennt man die Referate auch schon der Kleinsten, über Schneeglöckchen gehalten hat, geht quer durch den Raum, bleibt stehen, guckt nach unten, mindestens eine halbe Minute lang, blickt ganz ernst, lächelt in sich hinein, kehrt um, holt sich einen Holzkasten mit Perlen und anderem Material für Rechenübungen aus dem Regal und setzt sich auf den Boden. Was mag da wohl passiert sein?

Das sind in dieser Schule die wichtigsten Augenblicke. Alles andere wäre ohne sie fast nichts. Denn Lernen ist so verschlungen und diskontinuierlich wie ein Forschungsprozess oder wie moderne Musik. Langsam baut sich etwas auf. Verschiedenes wird ausprobiert. Nicht alles will passen, und dann das Aha, leuchtende Augen, ein Crescendo der Neuronen. Das ist schön.

Am beeindruckendsten in dieser Schule sind die Gesichter der Schüler. Diese Schönheit beim Erwachen und allmählichen Erwachsenwerden von Intelligenz ist ein unschlagbares Argument. Kein Wunder, dass mancher, der das gesehen hat, wegen dieser Schule von Berlin nach Potsdam umgezogen ist.

Worin besteht das Geheimnis solcher Schulen? Es sind Erwachsene, die unter Normalverwahrlosung und Hässlichkeit leiden. Sie haben ihre Wunden nicht vernarben lassen. Man muss an Franz Kafkas Satz von »dieser wunderschönen Wunde« denken, von der er sagte, »mit der ich auf die Welt gekommen bin, das Einzige, was ich habe«. Es geht darum, Leiden in Leidenschaft zu verwandeln. Dabei bietet sich immer wieder ein ähnliches Bild, bei einem Hartmut von Hentig, bei einer Enja Riegel, bei einem Norm Green oder eben bei Ulrike Kegler. Wenn sie durch das Gebäude gehen und es liegt Papier herum, heben sie es auf, nicht aus »pädagogischen« Gründen oder gar, um ein Vorbild sein zu wollen, sondern weil es sie stört. So werden sie ein Vorbild. Sie machen ihre Person zu einem Labor einer etwas besseren, schöneren Welt, nicht so sehr, um die Welt zu verbessern, sondern weil sie diese Widerhakenfrage nicht abgestellt haben: Willst du so leben? Diese Frage kommt, wenn sie in gelangweilte Gesichter schauen, egal ob es die von Schülern oder Lehrern sind. Diese Frage kommt in lieblos eingerichteten Räumen, die nur als Container für Schüler angesehen werden, die man ihrerseits als Container für den abzufüllenden Stoff behandelt. Das halten die Keglers dieser Welt nicht aus, und sie verstehen nicht, wie man sich damit abfinden kann. Die Frage kommt natürlich am stärksten bei der Haltung ihrer Kollegen und der Schüler auf und dem sofort gespürten, aber nur schwer beschreibbaren Geist des Hauses. Diese Frage und die Antworten darauf machen sie zu Autoren ihres Lebens und auch der Institution, in der sie nicht nur arbeiten wollen, die sie prägen wollen, an der sie ebenso arbeiten wollen wie an sich selbst. Sie sind keine Untermieter in der

Welt. Auch dieser Status wäre für Schüler ansteckend. Dann wird die Schule hässlich.

Pädagogen wie Ulrike Kegler haben einen tiefen Widerwillen, ja eine Idiosynkrasie dagegen, Funktionär zu sein. Das macht sie krank. Nein, nein, so wollen wir nicht leben.

Sie wagen es, sie selbst zu sein, das ist natürlich risikoreich, aber schließlich am wenigsten anstrengend. Das Anstrengendste ist ja die Verstellung, dieses ständige Gebluffe, diese ganze Camouflage, die das Hauptfach an vielen Schulen ist. Das ist hässlich und macht hässlich.

In einem Text, in dem der Filmemacher Heinrich Breloer darüber nachdenkt, wie jemand Autor wird, schreibt er über die Filmarbeit, was sich übertragen lässt: »Suche deine Themen in dir selbst. Grabe tief und gründlich. Im Persönlichen findest du das Allgemeine.«

Alle großen Reformkonzepte schielen immer wieder nach dem einen großen Hebel. Wäre der erst mal umgelegt, würde sich alles andere fügen. Solange das nicht geschehen sei, könne man leider kaum was machen.

Schulerneuerer und Lernaufwiegler wie Ulrike Kegler arbeiten am Großen und am ganz Kleinen. Das ist eine aufregende Paradoxie. Manchmal scheint es, als stünde die übliche Regel auf dem Kopf. Dann gilt, je kleiner und scheinbar unwichtiger die Dinge sind, desto bedeutender und wirksamer wird die Arbeit an ihnen. Vielleicht liegt das an der Genauigkeit. Vielleicht liegt es auch daran, dass hier eine andere Grammatik im Umgang mit den Dingen und den Menschen geübt wird. Das *Wie* kommt eben vor dem *Was*. Formen bringen Inhalte hervor. Aus einer veränderten Ästhetik ergibt sich eine andere Ethik.

Mit der Kultivierung des Alltags kann man sofort und überall beginnen. Dafür gibt es tausend Möglichkeiten. Und immer geht es darum, den Ort mit Schönheit und Geschichten aufzuladen, damit er dazu einlädt, ganz wach und gegenwärtig zu sein.

Wenn starke Orte ermöglichen, voll da zu sein, dann wäre das vermutlich die wirksamste Investition ins Bildungssystem. Wie viele Milliarden kämen schon in einem Monat zusammen, wenn man die Stunden herausrechnet, in der Schüler und Lehrer nur so tun, als wären sie da?

In einer Schule, die Gegenwart schafft, öffnen sich Spiralen nach oben. Im Gegensatz zum Vertrösten und Aufschieben der schönen Dinge auf jenes »spätere Leben«, mit dessen Ernst man Schülern droht. Immer noch. Das zehrt Gegenwart aus und die Zukunft auch.

Das Motto der hässlichen Schule heißt: Das Leben ist anderswo. Das Motto der guten und schönen Schule heißt: Hier und jetzt!

Zukunft, schwankend zwischen Drohung und Verheißung, ist in der immer noch vorherrschenden Schule die vorgeblich wichtigste Zeit. So werden Abwärtsspiralen in Gang gesetzt. Deren Tiefpunkt ist eine Schule, die als zur Bewährung ausgesetzte Vorstrafe erlebt wird.

Wenn die Schule schön wird, dann ist sie eine Einladung ins Leben. Eine starke Gegenwart steht dann übrigens überhaupt nicht im Widerspruch zu einer starken Zukunft, im Gegenteil, so entsteht Zukunft, so kommt Neues zur Welt.

Alles schön und gut, sagt nun manch einer. Aber wie wird man denn »fit for the struggle of life«? Wie übt man in der schönen Schule denn seine Ellbogen und all das, was man braucht, um später über die Runden zu kommen?

Lesen Sie Darwin! Aber richtig, so wie Cord Riechelmann, der an den Pflanzen, Vögeln und all den anderen schönen Kreaturen zeigt: »Nicht der Fitteste überlebt, sondern der Prächtigste!« Anders gesagt und nochmals: »Ob ihrs glaubt oder nicht, die Evolution hat ein Ziel: Schönheit.«

Einleitung

>»Ich halte die Form und den Gehalt für zwei
Subtilitäten, zwei Ganzheiten, die nie getrennt
voneinander existieren.« (Gustave Flaubert)

DIESES BUCH WILL MÖGLICHKEITEN aufspüren, die helfen, Schulen »schön« zu machen. Es beruht auf meiner 15-jährigen Erfahrung als Lehrerin und Schulleiterin an einer staatlichen Schule, die sich im Laufe dieser Zeit von Grund auf gewandelt hat. Voraussetzung dafür war eine neue Einstellung der Erwachsenen zu den Kindern und Jugendlichen: sie so zu nehmen, wie sie sind, mit allen ihren Eigenheiten, ihren Stärken und Schwächen und als einmalige Persönlichkeiten, was sich zunehmend in den konkreten Formen des Lernens ausgedrückt hat. Gleichschritt und Geradlinigkeit wurden immer mehr durch individuelles »Schreiten« und vielfältige wellenförmige Lernbewegungen ersetzt.

Wenn einmal akzeptiert wird, dass jedes Kind, dass jede und jeder Jugendliche anders lernt, und die Lernformen auf diese Erkenntnis abgestimmt werden, kann sich Erstaunliches entwickeln. Die Erwachsenen können beginnen, die Außenwelt zu gestalten, und über dieses konkrete Tun allmählich die Schule und sich selbst verändern. Räume umzudeuten, Bewegung in diesen Räumen zu ermöglichen und den Dingen darin einen neuen Stellenwert zu geben ist der Beginn eines anderen Verständnisses von Lehren und Lernen. Vergleichsweise kleine Stellschrauben können dann große Veränderungen bewirken. Diese Stellschrauben befinden sich in Raum und Zeit und somit in dem gesamten Arrangement des Lernens. Die Form der Lehre ist auch der Inhalt der Lehre und umgekehrt der Inhalt ihre Form.

Nun kann es nicht darum gehen, aus der Schule einen kuscheligen Aufenthaltsort für anspruchsvolle und gleichsam wenig anstrengungsbereite Kinder und Jugendliche zu machen, wie dies traditionell allen Pädagogen unterstellt wird, die sich für die Gestaltung der Lernumgebung einsetzen. Die Herausforderungen in unserer Welt erfordern eine hohe Leistungsbereitschaft, verlangen Kreativität und Können. Sie erfordern Menschen, die sich ihrer selbst bewusst sind, die unterscheiden und sich entscheiden können und mit Zuversicht den unvermeidlichen Schwierigkeiten in ihrem Leben begegnen.

Um diese Fähigkeiten zu entwickeln, brauchen Kinder und Jugendliche Raum. Raum für Beziehungen, Erfahrungen, Erkenntnisse, Empfindungen und Übung. Da alle Menschen unterschiedliche Erfahrungen machen, zu verschiedenen Erkenntnissen kommen, anders empfinden, eigene soziale Beziehungen erleben und in einem eigenen Rhythmus üben, können diese Qualitäten in einem vorrangig gleichschrittigen Unterricht kaum entwickelt werden. Individualisierte Lernformen sind die unerlässliche Bedingung für eine Schule, die Wert auf die Entfaltung dieser Bereiche legt. Im persönlichen Dialog zwischen LehrerInnen und SchülerInnen kann dann eine Beziehungsqualität entstehen, die den Kontrollverlust im »postfrontalen« Unterricht ausgleicht.

Beziehung tritt an die Stelle von Kontrolle. Das formale Lehrer-Schüler-Verhältnis, bei dem es in erster Linie um Wissensvermittlung und Bewertung geht, kann sich zu einem zwischenmenschlichen Dialog umwandeln, in dem das Interesse an der Person immer vorausgesetzt wird. Das schafft Vertrauen und führt zu gegenseitiger Verantwortung.

Eine neue Qualität in den Beziehungen zwischen SchülerInnen und LehrerInnen entwickelt sich also in neuen Räumen und Zeiträumen. Der alte Schulraum mit seiner strengen Anordnung, seiner Reizarmut und seinen vorgeschriebenen Bewegungsabläufen und der alte Stundenplan mit seinem tayloristischen Zeitverständnis bieten für die heterogenen und variablen »Gesellschaften« in unseren Schulen keinen geeigneten Körper mehr.

In Deutschlands Schulen wird die Qualitätsentwicklung in naher Zukunft von der Lösung vieler Probleme abhängen: von der Selbstständigkeit der Schulen in Fragen der Personalauswahl und Mittelverwaltung, dem Verständnis von Lehrerarbeitszeit und Beschäftigungsstatus, der Lehrerausbildung, den Verbindungen zwischen den Schulstufen und den Schulformen, der Aufwertung des Elementarbereiches, dem Verständnis von ganztägiger Betreuung, der Anhebung des allgemeinen Leistungsniveaus, dem Umgang mit Heterogenität und Migration, der Einbindung von Eltern und Experten, von externer und interner Evaluation und neuen Leistungsbeurteilungssystemen. Dies sind drängende Fragen, auf die Antworten gefunden werden müssen. Sie werden bereits an vielen Stellen diskutiert und manche Lösungen zeichnen sich ab. Die Gestaltung der Lernräume und die damit verbundene Humanisierung der Schule sind ein weiteres wichtiges sowie zeitnah umsetzbares »Lernziel« bei der Umwandlung von der Belehrungsschule zum lernenden System.

Wann immer in diesem Buch also von der »schönen« Schule die Rede ist, geht es nicht um Dekoration oder Verschönerung. Angestrichene Wände und selbst neue Schulbauten leisten nicht notwendig einen Beitrag zum notwendigen Umbau der Schulen. Partizipation erfordert und erzeugt neue Räume und Zeiträume. In diesem Sinne ist die »schöne Schule« eine Voraussetzung für Chancengerechtigkeit. Ihr Aufbau ist eine gleichermaßen herausfordernde wie freudvolle Aufgabe für die Schulen in unserem Land.

Um der Schönheit und ihrer Bedeutung für die Schule auf die Spur zu kommen, habe ich mit Hartmut von Hentig, Remo

Largo, Reinhard Kahl, Claus Dieter Kaul, Rudolf zur Lippe und Christiane Germain ausführliche Gespräche geführt. Ihre Gedanken sind an verschiedenen Stellen in dieses Buch eingeflossen. Ich danke ihnen ganz besonders für ihren bereichernden Blick auf die zentralen Aussagen dieses Buches.

Eine Bildungsgeschichte

IM SCHULJAHR 1992/93 WAR ich für ein Jahr ohne Bezüge vom Schuldienst im Berliner Bezirk Zehlendorf beurlaubt. Dort hatte ich seit 1981 als Lehrerin an zwei Grundschulen gearbeitet. Nach vielen Querelen war aus meinem Status als Vertretungslehrerin ein Angestelltenvertrag und schließlich ein Beamtenverhältnis mit einer sogenannten Planstelle geworden. Bis zur Pensionierung hätte ich nun in Deutschlands Stadtbezirk mit den meisten Abiturienten arbeiten können. Aber ich spürte bereits die erste Ermüdung an den bestehenden Verhältnissen.

An beiden Grundschulen war mein Veränderungswille auf freundliches Wohlwollen, manchmal Anerkennung, aber auch Ignoranz gestoßen. »Die Schule läuft doch!«, hatte ein netter Schulleiter einmal zu mir gesagt, als ich ihm wieder einmal Vorschläge zu möglichen Veränderungen unterbreitete. Die Reaktionen im Kollegium reichten von freundlich zustimmend bis zu kopfschüttelndem Lächeln. »Du wirst auch noch ruhig!«, war eine Bemerkung, die mir besonders in Erinnerung geblieben ist, denn sie wurde von einer Lehrerin vorgebracht, die 30 Jahre lang nur die erste und zweite Klassenstufe unterrichtet hatte und immer ein nervöses Kopfnicken hatte.

Jahre später fand ich beim Aufräumen einen Ordner, in dem ich meine wichtigsten Sonderprojekte an diesen Schulen dokumentiert hatte. Aus heutiger Sicht — auch als Schulleiterin — war der Blick auf diese Aktivitäten geradezu rührend, denn ich hatte als einzelne Lehrerin versucht, die Schule zu verändern, und war trotz aller guten Vorsätze letztlich damit gescheitert.

Ich hatte Geschichts- und Kunstunterricht ausschließlich fächerübergreifend unterrichtet und mit den Kindern die großen Epochen der Menschheitsgeschichte im praktischen, vor allem künstlerischen Schaffen nachempfunden. So waren große Ausstellungen zu Ägypten, dem klassischen Griechenland und Rom entstanden und einmal ein Geschichtsfries von der Steinzeit bis zum Mittelalter, mit großen und kleinen Bildern und Modellen durch den langen Flur des alten wilhelminischen Schulhauses. Aufwendige Theaterstücke hatten viel Unwillen bei der notwendigen Freigabe des Unterrichts und viel Freude bei ihren Aufführungen hervorgebracht. Und einige andere besondere Unterrichtseinheiten waren bewundernd oder kritisch wahrgenommen worden.

Meine ganz persönliche Entdeckung, wie wichtig eine »vorbereitete Umgebung« als Voraussetzung für selbstständige Schülerarbeit ist, hatte in allen Schulen zu Renovierungs- und Einrichtungsarbeiten der Klassenräume geführt, wobei ich zu diesem Zeitpunkt meinte, noch gar nichts von der Reformpädagogik zu wissen. Es war mir von Beginn meiner Lehrerinnentätigkeit an lediglich unmöglich gewesen, in ungestalteten oder gar unordentlichen Räumen zu arbeiten. Dies kam mir so vor, als lasse man die Kinder alleine, überlasse sie einzig ihren Beziehungen und der Gruppendynamik und gebe ihnen keinen schützenden Rahmen.

Bei den Raumgestaltungsarbeiten habe ich viel aus Fehlern gelernt. Ich erinnere mich noch gut, wie ich einmal die Eltern renovieren ließ und selber mit den Kindern einen Ausflug machte. Es hatte keine eindeutigen Farbabsprachen gegeben, und als wir zurückkamen, hatte das Klassenzimmer einen rosa und einen hellblauen Sockel, für die Jungen und Mädchen meiner ersten Klasse. Ich konnte mein Entsetzen einigermaßen vor den Eltern verbergen. Mir war sofort bewusst, dass der Fehler bei mir lag, dass die Verantwortung für die Gestaltung der Räume bei der »Lehrperson« liegt, nicht bei den Eltern oder gar den Kindern. Ich habe für kurze Zeit in dem Rosa und Hellblau und mit dem Sockel überlebt und es dann ohne große Vorankündigung überstrichen.

Nicht nur die unmittelbare Arbeit in meiner Klasse, sondern auch die Schule als Ganzes interessierte mich. Unterstützt durch private Kontakte organisierte ich den Besuch des gesamten Kollegiums an einer Kreuzberger Schule, die als vergleichbarer Bau von wilhelminisch zu modern umgebaut worden war. Der Architekt führte uns durch die neu gedachten und gestalteten Räume, doch dem Kollegium und dem Schulleiter ging es bald nur noch um die Frage des Geldes: »Ja, wenn man die nötigen Mittel hätte wie diese Schule, dann könnte man vieles verändern, aber so?« Als der Architekt daraufhin an unsere Schule kam, hatte der Schulleiter nicht viel Zeit und eigentlich auch kein Interesse.

Später war ich noch einmal in Kreuzberg, diesmal mit meinem Potsdamer Kollegium und als Schulleiterin. Wir schauten uns ökologisch umgestaltete Schulhöfe an. Wieder ging es erst einmal ums Geld. Aber im Verlauf einiger Jahre haben wir dann in Potsdam nach und nach den »schönsten Schulhof der Welt«, wie ein Kind einmal sagte, gebaut. Die Vor-Bilder waren dabei ebenso wichtig wie der Glaube an das Gelingen.

Was mir, so weiß ich heute, endgültig den Garaus an der Regelschule gemacht hat, war die mangelhafte Bereitschaft des Kollegiums zur ernsthaften Zusammenarbeit.

Es gab damals sechs Lehrerkonferenzen im Schuljahr, und das war alles, was an gemeinsamer Arbeit zustande kam. Ein Fortbildungstag musste mühsam diskutiert und vom Kollegium beschlossen werden. Externe Referenten wurden leicht spöttisch betrachtet, und mit spielerischen Übungen sollte man den Lehrern schon gar nicht kommen. Ich denke mit Unverständnis an eine Personalversammlung der Zehlendorfer

Lehrer und Lehrerinnen zurück, bei der man sich aufgebracht gegen einen Vorschlag des Bezirksstadtrates zur Wehr setzte, der den Schulen die Dienstbesprechung am ersten Schultag nach den Sommerferien bei späterem Unterrichtsbeginn untersagen wollte. Sie sollten schon am Freitag vorher zur Schule kommen und das kommende Schuljahr vorbereiten. Das löste einen Sturm der Entrüstung aus. Ich habe mich damals nicht getraut, meine Stimme gegen alle zu erheben. Zwischenzeitlich soll sich hier etwas geändert haben.

Es war eine grundlegende Erkenntnis, dass Lehrer sich nicht kritisieren und sich auch nicht kritisieren lassen. Das war stillschweigende Übereinkunft. In allen Kollegien herrschte große Freundlichkeit untereinander, man begegnete sich gerne, einige LehrerInnen waren befreundet, man konnte gut zusammen feiern, sogar verreisen, und dies mit langer Tradition. Aber man konnte nicht zusammenarbeiten. Das Zeitargument verhinderte eine Präsenz in der Schule, die über die reine Unterrichtszeit hinausging. Man kam für seinen Unterricht und danach ging man. In meiner gesamten Zeit an Regelschulen habe ich außer Lehrerkonferenzen, wenigen Fachkonferenzen und der (freiwilligen) Mitarbeit in Gremien keine Aufgaben in der Schule gehabt. Gespräche über Kinder waren informell, Elterngespräche wurden oft als Belastung empfunden und mit dem Notenbuch in der Hand geführt. Kritik an Kollegen oder Schulleitern fand unterschwellig statt. Damit blieb die Kommunikation unter den Erwachsenen oberflächlich und auf Harmonie ausgerichtet. Auch später habe ich die Erfahrung gemacht, dass der Grad der Freundlichkeit und das Schwärmen über den Zusammenhalt im Kollegium der pädagogischen und innovativen Leistung der jeweiligen Schule oft diametral entgegenstanden.

Auch hier soll sich einiges geändert haben, so höre ich, wenn ich diese Punkte in der Öffentlichkeit anspreche. Aber genauso höre ich auch, dass sich daran nichts geändert hat.

Obwohl ich nicht zu viel gearbeitet habe, was ich aus dem heutigen Rückblick sagen kann, war ich häufig krank. Regelmäßig hatte ich Krankheiten der Atemwege bis zu einer Lungenentzündung, und eine Schuppenflechte führte zu erschreckendem Haarausfall. Drei Söhne im Alter von 6, 9 und 12 Jahren machten die Entscheidung, ein Jahr zu Hause zu bleiben, zusätzlich leicht. Und so begann ein neuer Abschnitt.

*

Der erste Kontakt mit der Montessori-Pädagogik entstand durch einen Kollegen meiner alten Schule. Er hatte einen Vortrag über Montessori-Pädagogik gehört und erzählte am nächsten Tag davon im Lehrerzimmer. Er wiederholte immer nur, dass es wirklich »irre« sei, wie in dieser Pädagogik das einzelne Kind in den Mittelpunkt gestellt werde, das könne man gar nicht beschreiben. Dies aus dem Mund eines pragmatischen Sportlehrers weckte meine Neugier. Ich meldete mich zu einer Wochenendfortbildung an. In einer Schöneberger Grundschule hörte ich zum ersten Mal Wörter wie »Freiarbeit«, »Material«, »vorbereitete Umgebung«, »sensible Phasen« usw. Am meisten beeindruckte mich der radikale Ansatz der Individualisierung bei Grundschulkindern. Meine eigene heimliche Entdeckung, die in der sonntagabendlichen Vorbereitung auf jedes Kind meiner Klasse, weniger auf die Gruppe als Ganzes, ihren Ausdruck gefunden hatte, war also längst in einem fundierten pädagogischen Ansatz beschrieben. Das hat mich sehr erleichtert und inspiriert. Jetzt wollte ich eine Montessori-Ausbildung, und mangels freier Plätze in Berlin fuhr ich viermal vier Tage vom Mai 1992 bis März 1993 nach Wolfsburg.

Claus Dieter Kaul hatte sein Institut für ganzheitliches Lernen in bewusster Abgrenzung zu dogmatischen Ausrichtungen der Montessori-Pädagogik gegründet und veranstaltete

Kurse an vielen verschiedenen Orten. Mich hat dieser Kurs bis ins Mark getroffen. Es war ein wunderbares Gefühl, so als würde ich nach Hause, ganz zu mir selbst kommen. Nach und nach wurde mir bewusst, wie weit in der Reformpädagogik und von Maria Montessori speziell in die Zukunft vorausgedacht worden war und wie wenig davon bisher umgesetzt worden ist. Es war auch die Umkehrung des bisherigen Eindrucks, mit meinen pädagogischen Ansprüchen zu übertreiben, denn hier wurden meine Wünsche und Ansprüche noch um ein Vielfaches übertroffen. Ich habe leidenschaftlich gearbeitet, Material hergestellt, gelesen, diskutiert und allmählich mit einigen Frauen die Idee entwickelt, nun selber eine Schule zu gründen. Es erschien uns fast unmöglich, mit unseren neuen Erkenntnissen wieder in die alte Schule zurückzugehen. Wir waren sehr euphorisch.

Heute weiß ich, dass ich nur deshalb so tief eintauchen konnte, weil ich mich für die Kurszeiten in Wolfsburg ganz aus meinem normalen Leben gelöst hatte. Zum ersten Mal, seit ich Mutter war, machte ich wieder etwas alleine und war für kurze Zeit ungestört. Hier konnte ich auch am Abend die neuen Eindrücke ganz auf mich wirken lassen und musste mich nicht auf meine Familie umstellen.

*

In dieser Zeit ist die Idee entstanden, das bildungspolitische Vakuum in den neuen Bundesländern zu nutzen.

Als Berlinerin war ich nah am Geschehen. Und da Berlin-Zehlendorf an Potsdam grenzt, fand das erste Gespräch im Januar 1993 im Staatlichen Schulamt Potsdam statt. Neben der leitenden Schulrätin Elke Engling war Anne Knauf als abgeordnete Schulrätin aus dem Brandenburger Partnerland Nordrhein-Westfalen anwesend. Beide Frauen haben den weiteren Verlauf dieser Geschichte sehr positiv beeinflusst. Mein Angebot, in Potsdam eine Montessori-Klasse zu eröffnen, wurde sehr freundlich aufgenommen. Offensichtlich wusste man, worum es sich handelte, und ich wurde gefragt, ob ich auf der nächsten Schulleiterberatung einen Vortrag über Montessori-Pädagogik halten könne. Vor ca. 50 Schulleiterinnen und Schulleitern habe ich am 1. Februar 1993 meinen ersten Vortrag gehalten. Ich nahm wahr, dass erstaunlich viele Frauen in diesem Raum waren und dass alle aufmerksam mitschrieben. Das verwunderte mich, schließlich referierte ich nur, was ich selber gerade erst gelernt hatte. Der Vortrag begann mit Montessoris Satz: »Keiner kann für das Kind wachsen«, und ihrem erzieherischen Appell, etwas nicht zu tun, nämlich sich in den Selbstaufbau des Kindes einzumischen. Ich referierte über die »sensiblen Perioden«, den Freiheitsbegriff und das Streben des Kindes nach Unabhängigkeit, die »Polarisation der Aufmerksamkeit«, die Stellung des »Erziehers«, die Bedeutung der Bewegung für die Entwicklung des Gehirns, die vorbereitete Umgebung, die Arbeitsformen und Tagesabläufe an einer Montessori-Schule und über die vier großen curricularen Bausteine: Sprache, Mathematik, Kosmische Erziehung und die Übungen des praktischen Lebens.

Der Vortrag wurde gut aufgenommen, es meldeten sich danach sechs Schulen, die eine Montessori-Klasse einrichten wollten. In die engere Wahl kamen damals die Karl-Liebknecht- und heutige Montessori-Schule und eine Schule in einem Neubaugebiet. Ich kannte weder die eine noch die andere, weiß aber heute zu sagen, dass das Projekt durch die Lage der Karl-Liebknecht-Schule enorm unterstützt, wenn nicht sogar erst möglich gemacht wurde. Der weitläufige und wild bewachsene Schulhof war das notwendige Ausweichgelände zu den viel zu kleinen Innenräumen nach altem Stil in einem Schulhaus der 60er-Jahre. In der anderen Schule, umgeben von Hochhäusern und tausend misstrauischen Blicken in einem Typ »Erfurt-Schulbau«, der seit den 70er-Jahren flächendeckend in der gesamten ehemaligen DDR gebaut wurde, wäre die Entwicklung der Montessori-Schule wahrscheinlich schwieriger gewesen.

Die Karl-Liebknecht-Schule hatte sich bereits 1991 für die Integration von behinderten Kindern geöffnet. Der »gemeinsame Unterricht« war in dem neuen Schulgesetz, das damals unter der Bildungsministerin Marianne Birthler entstanden war, ausdrücklich als Regelform vorgesehen. Alle Eltern konnten ihren Anspruch auf integrative Beschulung ihres Kindes geltend machen. In einigen Klassen der zehnjährigen Gesamtschule waren Kinder und Jugendliche mit großem Personalaufwand integriert. Eine heute unvorstellbar hohe Zuweisung an Lehrerwochenstunden sollte die Förderung der Kinder und Jugendlichen »mit sonderpädagogischem Förderbedarf« sicherstellen. Täglich kamen Sonderpädagogen aus Förderschulen, um mit den Integrationsschülern und Schülerinnen zu arbeiten, meistens auf dem Flur oder in sogenannten Förderräumen im Eins-zu-eins-Betreuungsverhältnis. Dies führte zu endlosen Auseinandersetzungen zwischen den Pädagogen und Sonderpädagogen, der Schule und dem Schulamt und den Eltern und der Schule. Bei dem gehörigen Sonderaufwand hatten manche Eltern der Integrationskinder überzogene Ansprüche an die Fördermöglichkeiten ihres Kindes, die LehrerInnen wiederum waren unzufrieden mit der sporadischen und privilegierten Einzelarbeit der Sonderpädagogen, während sie die ganze Klasse betreuen und anschließend das »verwöhnte« Kind wieder in die Gruppe integrieren durften. Es gab an der Schule bei einigen Kolleginnen den Willen zur Veränderung, jedoch kein Konzept. Integration kann aber nur dort gelingen, wo Individualisierung und Gemeinschaft gleichermaßen für alle möglich sind. Ein Differenzierungskonzept muss sich demnach an jedes Kind/jeden Jugendlichen einer Gruppe und nicht nur an Einzelne richten.

So standen die Dinge, als ich Anfang Februar 1993 nach einer ersten Absprache mit dem Schulleiter und einigen Kolleginnen in eine Lehrerkonferenz eingeladen wurde, um mein Konzept vorzustellen. In einer völlig fremden Welt traf ich auf ein Spektrum von freundlicher Offenheit bis hin zu feindseliger Skepsis. Die Tische im Lehrerzimmer standen in kleinen Viererwürfeln und in zwei Reihen, sodass ich einige Kollegiumsmitglieder nur von hinten sah. Ich fühlte mich einsam und hatte Fluchtgedanken. Zur Verdeutlichung des pädagogischen Ansatzes hatte ich ein »Material« mitgebracht, die »große Multiplikation« – eine Art Riesenschachbrett, mit dem man auf verblüffende Weise sinnfällig multiplizieren kann. Am Ende meines Vortrags machte ich damit eine »Darbietung«, wie Montessori es nennt, und einer der anwesenden Lehrer sagte unumwunden, das könne nicht gehen, so ein Unterricht könne nicht funktionieren.

Begeisternd war dagegen die Stimmung auf dem ersten öffentlichen Elternabend, zu dem die Schule eingeladen hatte und ungefähr 100 interessierte Eltern erschienen. Sie hatten große Erwartungen an das neue Bildungssystem und freuten sich offensichtlich über mein Angebot. Das Ministerium hatte einmalig 5.000 DM für die Anschaffung von Montessori-Materialien zur Verfügung gestellt. Ich hatte sie bestellt und nun standen sie leuchtend in einer Ausstellung bereit. Es gab bei diesem Vortrag neben gespannter Aufmerksamkeit auch viel Heiterkeit, da es gelang, manche Absurdität des gleichschrittigen Unterrichts deutlich zu machen, ohne überheblich zu sein. Im Ergebnis dieses Abends meldeten 23 Eltern ihr Kind für die zukünftige 1. Klasse an, genau die Zahl, die vom Schulamt Potsdam vorgegeben worden war. Auch der Schulleiter war mit seiner Tochter dabei.

*

Zwischen dem Bezirksamt Zehlendorf und dem Schulamt Potsdam begannen erste Gespräche. Man überlegte, wie man eine

Lehrerin aus Berlin für ein Jahr in Brandenburg beschäftigen könnte, denn die großen Aufbau-Ost-Programme fanden ja auch im Kleinen Anwendung. Es sollte ein Austausch zwischen dem Land Berlin und dem Land Brandenburg werden. Eine Lehrerin der Karl-Liebknecht-Schule sollte für ein Jahr an eine Berliner Schule wechseln und ich dafür an die Potsdamer Schule.

Obwohl dies bis Schuljahresanfang nicht abschließend geklärt war, begannen wir mit den Vorbereitungen. Auf einem Elternabend ging es hauptsächlich um die Gestaltung unseres Raumes und die Planung der notwendigen Arbeitsschritte. Auf eine Liste der benötigten Gegenstände hatte ich auch das Wort »Wage« – versehentlich mit einem a – geschrieben. Dies hat mir hinterher großes Kopfzerbrechen gemacht. Wie sollten die Eltern einer Lehrerin aus dem Westen vertrauen, die zwar die Schule verändern wollte, aber nicht einmal die Rechtschreibung beherrschte? Es hat sich herausgestellt, dass dieses kleine »a« nicht zum Zünglein an der Waage werden sollte.

Die Schule hatte zu diesem Zeitpunkt ca. 400 Schülerinnen und Schüler und 30 Lehrerinnen und Lehrer. Wegen ihrer Lage am Stadtrand mit einem zunehmend kinderlosen Einzugsgebiet und aufgrund mangelnder konzeptioneller Führung war abzusehen, dass eine Schließung auf lange Sicht nicht zu verhindern war. Einige wussten, dass man nur mit einem besonderen Profil überleben konnte. Die Schulrätin hatte sich für das Privileg ausgesprochen, den Schulbezirk für die erste Montessori-Klasse stadtweit zu öffnen. Im Nachhinein muss diese Entscheidung als eines der vielen kleinen Rädchen mit großer Wirkung eingeschätzt werden. Ohne die Kinder aus ganz Potsdam, dem umgebenden Landkreis und auch aus Berlin hätte die Schule an diesem Ort nicht überleben können.

Der zukünftigen Montessori-Klasse wurde ein Raum im Erdgeschoss zwischen zwei Regelklassen zugewiesen, und wir begannen, den Raum auszuräumen und von Grund auf zu renovieren. Das »Neue Deutschland« war unter der Tapete als Makulatur verklebt worden – wir hatten viel zu lesen. Dann richteten wir den Raum neu ein, stellten Material für die selbst finanzierten Regale her, nähten Gardinenschals usw. Weder die körperlich spürbare Arbeit noch die finanziellen Notwendigkeiten waren dabei ein Problem. Die größten Schwierigkeiten entstanden aus den unterschiedlichen ästhetischen Auffassungen, die hier aufeinandertrafen. Stores vor allen Fenstern, Schablonenbasteleien, Deckchen auf vielen Tischen, Wohnzimmereinrichtungen – ganze Schrankwände und Couchgarnituren, die Eltern nach der Wende zur Umsetzung eines freieren Unterrichts in die Schule gebracht hatten –, gemusterte Tapeten oder grau gestrichene Sockel zur Schmutzabwehr und ein schier unüberschaubares Sammelsurium an Arbeitsmitteln wurden jetzt von uns durch eine klare und nüchterne Gestaltung und Einrichtung ersetzt. Die Tische wurden nicht zu Gruppentischen, wie schon in einigen Klassen, und erst recht nicht in frontale Anordnung gestellt. Sie bildeten neben Regalen ein Band um den Raum, das den Blick der Kinder nach außen richtet und ihnen konzentrierte Einzelarbeit ermöglichte. Die Mitte des Raumes blieb frei, damit man sich darin in einem Kreis leicht versammeln und auf Teppichen am Boden arbeiten konnte. Der Raum unterschied sich am Ende deutlich von allen anderen.

*

Der Lehrerinnenaustausch war für ein Jahr genehmigt worden. Die Arbeit mit der ersten Montessori-Klasse konnte beginnen. Zwar hatte ich Erfahrung mit offenen Arbeitsformen in meinen Grundschulklassen gesammelt, die konsequente Umsetzung der Freiarbeit war jedoch auch für mich neu. Ich hatte ein wenig geblufft, wenn man mich in Potsdam fragte, ob ich schon Montessori-erfahren sei.

Die erste große Überraschung war die, dass es ging. Die Kinder kamen und wollten arbeiten. Julia betrat den Raum und fragte mich: »Wo sind denn hier die Buchstaben?« Ich zeigte ihr die Ecke mit der Kjellshög-Anlauttabelle, den Sandpapierbuchstaben und den kleinen Regenbogenheften mit Geschichten für Leseanfänger. Sie begann zu arbeiten, war nicht mehr gesehen und hatte das Thema Lesen nach vier Wochen erledigt. Da kam sie zu mir und sagte: »Du, ich glaube, ich kann lesen!« Sebastian hat für das gleiche Ergebnis drei Jahre gebraucht, viel Unterstützung bekommen und am Ende auch klare Worte, wenn er sich immer wieder um diese Arbeit herumdrückte. »Ich glaube, es geht dir allmählich nicht mehr gut damit, wenn du nicht lesen kannst. Jetzt werden wir es gemeinsam lernen.«

Es waren genau 23 verschiedene Wege der Alphabetisierung. Die Kinder haben mir gezeigt, was sie brauchten, und ich war oft erstaunt über ihre Fähigkeiten. Es gab keine Lehrbücher und keine vorgefertigten Arbeitsblätter.

Neben den vielen anderen Tätigkeiten hatte sich das »Bücherschreiben« zu einer Leidenschaft entwickelt. Die Kinder nahmen sich dazu das immer bereitliegende unlinierte weiße Papier, falteten es einmal in der Mitte und schrieben Geschichten. Meist hatten sie sich im Überschwang ihrer Fantasie zu viel Papier genommen und konnten dann die Seiten mit ihren rudimentären Schreibkenntnissen nicht füllen. Das hat sie nie gestört, für sie war es ein großes Erlebnis, einfach loszuschreiben, ohne Reglementierungen durch Linien und Vorgaben zum »richtigen Schreiben«. Welche Dynamik das freie Schreiben bekommen hatte, wurde mir bewusst, als ich einmal eine Fortbildungsveranstaltung hatte und die Kinder fragte, ob sie mir nicht einige ihrer selbst geschriebenen Geschichten als Beispiel mitgeben wollten. Ehe ich mich versah, lag auf dem Teppich in der Mitte ein großer Haufen mit Geschichtenbüchern. Ich war erstaunt und gerührt zugleich. Die enorme »literarische« Leistung der Kinder hatte ich nicht wahrgenommen. Sie übergaben mir offen und freimütig ihre Geschichten, also ihre Gedanken und Gefühle. Ich brauchte einen großen Wäschekorb, um die Geschichten zu transportieren.

Auch an anderer Stelle habe ich viel von den Kindern gelernt. Meine eigene Unsicherheit brach immer wieder hervor. Lernen die Kinder genug, können sie, was sie können sollten, vertrödeln sie nicht zu viel Zeit? Die immer gleichen Fragen! Regelmäßig gab ich ihnen kleine, von mir angefertigte Kontrollbögen (»Kannst du mir das mal ausfüllen?«), die sie freundlich bearbeiteten und abgaben. So verschaffte ich mir immer wieder den beruhigenden Überblick. Und ich schimpfte auch mit Kindern, die nicht richtig arbeiteten. Ich hatte geglaubt, dass alle Kinder kreativ sind und von sich aus an die Arbeit gehen, wenn man ihnen nur die Freiheit dazu gibt. Das ist nicht so. Wenn sie in die Schule kommen, sind sie von ihrer Neugier, Offenheit und Selbstständigkeit geprägt. Manche Kinder haben schon verlernt, ihre eigenen Interessen und Wünsche wahrzunehmen, sind inaktiv und richten sich in ihrem Tun nach den Reaktionen der Erwachsenen. Sie brauchen Lob und kennen Tadel. Nicht selten war ich ungeduldig. Eines Tages lag ein kleiner Zettel auf meinen Unterlagen. Darauf stand in einem Wort geschrieben:

SeieinTAGLiepUNDLASSiMACHENWASSiWOLEN

Dieser Rat-Schlag von Maria war ein Schlag! In ihren Augen war ich also nicht lieb und ließ die Kinder, ganz im Gegensatz zu meinem Anspruch und meinen öffentlichen Ausführungen, nicht machen, was sie wollen. Meine ersten Schritte in freie Arbeitsformen waren von Ängsten begleitet, die auch ein unliebsames Verhalten mit sich brachten.

Heute weiß ich, dass es nicht darum gehen kann, die Kinder machen zu lassen, was sie wollen, sondern dass sie machen, was sie können. Und ich weiß auch, dass Freundlichkeit oberstes Gebot im Umgang mit Kindern und Jugendlichen ist. Nichts erschreckt und hemmt sie mehr als unfreundliche und schimpfende Erwachsene. Und nichts ist schwieriger zu überwinden als dieses typische Lehrerverhalten. Bis heute arbeite ich daran.

Ein weiteres einschneidendes Erlebnis war die beruhigende Erkenntnis, dass vieles von alleine kommt. Nach den Weihnachtsferien konnten viele Kinder lesen. Die Zeit zwischen den Jahren, die sie mit Spielen und Festen in der Familie verbracht hatten, hatte still gewirkt. In scheinbaren Ruhephasen ereignet sich viel, die Latenzphasen sind ebenso wichtig wie Phasen gezielter Aktivität. Als einmal eine Besucherin die Kinder fragte, wie sie denn Lesen und Schreiben gelernt hätten, sagten sie: »Das ist einfach so gekommen, das haben wir gar nicht gemerkt.«

*

Neben der pädagogischen Arbeit in der Klasse begann die weit schwierigere Arbeit in der Schule. Die Tür zu unserem Klassenraum war meist offen. Die anderen Lehrerinnen und Lehrer waren eingeladen, einmal vorbeizuschauen. Der Begriff »Hospitation« wurde geläufig. In diesem ersten Jahr kamen KollegInnen aus der Schule und später auch aus anderen Schulen Potsdams. Alle Besucher äußerten ihre Verblüffung über die große Ruhe und Gelassenheit der Kinder bei der Arbeit. Sie gingen ihren Tätigkeiten nach, verschiedenes Material war auf Tischen und dem Boden ausgebreitet, viele der Kinder arbeiteten alleine, manche in kleinen Gruppen oder zu zweit, und es war leise wie in einer Bibliothek. Das fasziniert Erwachsene und ganz besonders Lehrer. Auch die neue Rolle der Lehrerin erstaunte die Besucher. Mit einem Kind oder einer kleinen Gruppe ein Thema mit Material zu erarbeiten, eine Einführung zu geben, dabei die Kinder ruhig zuschauen zu lassen und sich anschließend zurückzuziehen und sich anderen Kindern mit neuen Aufgaben zuzuwenden, diese Form der Lehrtätigkeit war unbekannt. Fast täglich saßen Besucher still auf ihren Stühlen und beobachteten das Geschehen. Vorausgegangen war eine kurze Einführung in die Regeln der Hospitation: Nicht sprechen, sich möglichst unauffällig verhalten und vor allem nicht eingreifen. Es gab Lehrerinnen, die sich nicht beherrschen konnten, wenn ein Kind etwas »falsch« machte, aufstanden und zu erklären begannen. Meist waren sie erleichtert, wenn man ihnen leise sagte, dass es nicht in ihrer Verantwortung liege, ob dieses Kind einen Fehler macht, und dass es zu den wichtigsten Aufgaben der Lehrerin gehöre, die Kinder nicht auf Fehler hinzuweisen, sondern diese wahrzunehmen und anschließend hilfreiche Angebote zu machen.

Ein Besuch sollte folgenreich sein. Tina Reimann hatte schon einige Jahre an der Schule gearbeitet. Sie galt als »gute« Lehrerin und wurde von Eltern, Kindern und im Kollegium geachtet. Der neuen Lehrerin aus dem Westen stand sie skeptisch gegenüber. Nicht noch einmal wollte sie an ein geschlossenes System glauben. Das hatte sie aus dem Zusammenbruch der DDR gelernt. Nun saß sie in dem gestalteten Raum und war von der Konzentration der Kinder begeistert. Plötzlich musste Rebecca sich übergeben und der Inhalt ihres Magens landete in ihrem Arbeitsmaterial, dem trinomischen Kubus. Als hilfsbereite Kollegin wollte sie unterstützend eingreifen. Davon wurde sie jedoch abgehalten: »Sie sind jetzt zu Besuch und müssen sich nicht darum kümmern.« Nachdem ich die Kinder beruhigt hatte, konnte ich mich um Rebecca und die Reinigungsarbeiten kümmern. Während meiner gesamten Abwesenheit haben die Kinder ruhig weitergearbeitet. Sie wussten, dass für Rebecca gesorgt war und sie nichts weiter tun konnten. Dieses Beispiel hat alle Vorurteile wie Schnee in der Sonne schmelzen lassen. Aus dieser ersten Begegnung ist meine intensivste und verantwortungsvollste Arbeitsbeziehung hervorgegangen, eine wesentliche Basis für den Umbau der

Schule. Dass wir unsere westlich und östlich geprägten Biografien in ihrer großen Unterschiedlichkeit immer offen diskutiert haben, war eine Voraussetzung für das Gelingen unseres deutsch-deutschen Schulprojekts.

Neben diesen Einzelhospitationen hatte ein Fortbildungskurs für Lehrerinnen und Lehrer große Wirkung. Im Vierwochenrhythmus bot ich an Freitagnachmittagen von 14.00 bis 18.00 Uhr eine Einführung in die Montessori-Pädagogik an. Als die Ankündigung für diesen Kurs in der Schule bekannt wurde, gab es neben Interesse auch entrüstete Nachfragen. Wie könne man auf die Idee kommen, am Freitagnachmittag eine Fortbildung anzubieten? Obwohl ich über die Heftigkeit, mit der dies vorgebracht wurde, erschrak, antwortete ich dennoch gelassen. Die Teilnahme sei schließlich freiwillig und man müsse nicht kommen. Am Ende kamen 14 Lehrerinnen und der Schulleiter aus der Karl-Liebknecht-Schule und 15 Lehrerinnen aus anderen Potsdamer Schulen.

Ein Jahr lang arbeiteten wir an den Grundfragen der Montessori-Pädagogik. Wir lasen Texte, es gab Materialarbietungen und Freiarbeitsstunden und viele Gespräche. Alle zeigten sich beeindruckt und interessiert. Einige probierten die neuen Methoden sofort mit ihren Mitteln aus, andere zögerten und konnten sich eine Umsetzung unter ihren Bedingungen (noch) nicht vorstellen. Der intensive Eindruck, den diese Nachmittage bei allen hinterließ, war unbestritten.

*

Wir machten uns Gedanken, wie es nach diesem ersten Jahr weitergehen könnte. Zwei Kolleginnen haben die neue Pädagogik von Anfang an unterstützt und angewendet. Mit Eva Poppe und Kristine Göhlich, die für mich im Austausch nach Berlin gegangen war, überlegte ich, wie die von Montessori beschriebene Jahrgangsmischung umzusetzen sei. Die Nachfrage von interessierten neuen Eltern war groß. Wir fühlten uns stark und erfolgreich. Warum sollten wir nicht gleich aufs Ganze gehen und schon im nächsten Jahr mit der Altersmischung beginnen? Die Eltern waren sehr vertrauensvoll, die Schulleitung war aufgeschlossen und die räumlichen Bedingungen nach unseren Vorstellungen ideal. Wir würden in der Nachbarklasse eine zweite Montessori-Klasse aufmachen, jeweils zur Hälfte mit Kindern der ersten und zweiten Jahrgangsstufe. Den Eltern versprachen wir einen Durchbruch in der Wand zwischen den beiden Räumen. So könnten die Kinder ungehindert hin und her gehen. Der Durchbruch wurde nie gemacht, die Kinder gingen auch über den Flur von einem Raum zum anderen, aber uns Erwachsenen haben die Vorstellung und die Möglichkeit, sie umzusetzen, geholfen, etwas Neues zu denken.

Viel schwerer wog die Frage, wie man die Klasse aufteilen sollte. »Die mühsame Entstehung der ersten Jahrgangsmischung für das Schuljahr 1994/95« ist auf mehreren Seiten Papier dokumentiert. Wer könnte zu wem passen, welche Kinder könnten sinnvoll getrennt werden, in welchen Zusammensetzungen würden produktive neue Lerngemeinschaften entstehen, die auch die Schulanfänger gut aufnehmen würden? Und nicht zuletzt die Frage: Von welchen Kindern will ich mich trennen?

Auch hier haben mich wieder einmal die Kinder eines Besseren belehrt. Bei einem Gespräch über die bevorstehende Veränderung fragte ich, wer denn gerne in eine neue Klasse gehen würde. In großer Übereinstimmung meldeten sich gerade diejenigen, die auch wir uns hatten vorstellen können. Es gab Kinder, die etwas Neues wollten – eine schöne Lektion in Sachen Lehrereitelkeit.

*

Inzwischen war mein Austausch für ein weiteres Jahr genehmigt worden. Der Berliner Schulrat hatte in Potsdam hospitiert und sich anerkennend geäußert. Auch in Zehlendorf wurde eine Montessori-Schule gebaut, sicherlich eine interessante Aufgabe für mich, wenn ich wieder zurückkäme.

Im zweiten Jahr hatten wir also zwei Montessori-Klassen mit Kindern aus zwei Jahrgangsgruppen. Kristine Göhlich war aus Berlin zurückgekehrt und übernahm die neue Lerngruppe. Alle anderen 18 Klassen der Schule waren Regelklassen. In der Grundschule gab es auch hier verschiedene Ansätze zur Öffnung des Unterrichts, in der Sekundarstufe wurden schwierige Schülergruppen hingegen traditionell unterrichtet.

Die Einführung des Gymnasiums hatte in Brandenburg schnell zu einer Aushöhlung der zehnjährigen Gesamtschulen geführt. Leistungsstarke und ambitionierte Kinder wechselten nach der 6. Grundschulklasse auf ein Gymnasium, eine Gesamtschule mit gymnasialer Oberstufe oder in eine Realschule. Die polytechnische Oberschule der DDR mit ihrem zehnjährigen gemeinsamen Bildungsgang für alle Schülerinnen und Schüler konnte sich auch als sogenannte Gesamtschule in diesem System nur schwer behaupten. Während also in der Sekundarstufe unserer Schule die Folgen dieser »Auslese« mit allen absurden Auswirkungen sichtbar wurden, entstand in der Schuleingangsstufe ein differenziertes System, das heterogene Lerngruppen geradezu forcierte. Kinder unterschiedlichsten Alters und mit verschiedensten Lernvoraussetzungen wurden hier bewusst in eine Lerngruppe zusammengebracht, während es beim Auswahlsystem in den oberen Jahrgängen eigentlich nur noch darum ging, wer an eine andere Schule kommt oder bleibt. Dies führte zu vielen Fragen, Gesprächen, Gerüchten, zu Neid, Anerkennung, Bewunderung und Abgrenzung im Kollegium der Karl-Liebknecht-Schule.

Disziplinprobleme mit vielen Schülern, Uneinigkeit im Kollegium über die pädagogischen Strategien und die drohende

Schulschließung erzeugten eine permanente Anspannung. In dieser Zeit legte der Schulleiter sein Amt nieder und in der Schule herrschten Verwirrung und große Unsicherheit. Ich wurde vom Schulamt aufgefordert, mich auf die frei gewordene Schulleiterstelle zu bewerben. Ein halbes Jahr habe ich gezögert. Mit meinen drei eigenen Kindern und in der Fremdheit eines neuen Bundeslandes mit einer anderen Kultur fühlte ich mich dieser Herausforderung zunächst nicht gewachsen. Die ernsthaften Unterstützungsangebote einiger Menschen haben mich zuletzt überzeugt, diesen Schritt zu wagen.

Bei der offiziellen Schulleiterprüfung musste man zwei Unterrichtsstunden halten, eine Lehrerkonferenz leiten und die Unterrichtsstunde eines Kollegen im Gespräch reflektieren. In einem Kolloquium standen schulgesetzliche Fragen im Mittelpunkt. Natürlich zeigte ich eine Freiarbeitsstunde in meiner Klasse, dann aber auch eine Kunststunde in der Sekundarstufe. Ich wollte Schulleiterin der *gesamten* Schule werden. Der große Reiz bestand für mich in der Schulstruktur. Eine Schule von Klasse eins bis zehn ohne frühe Aussonderung vorzufinden war ein entscheidender Grund, das Projekt zu beginnen. Im Kollegium hatte ich mit meiner Ablehnung des dreigliedrigen Schulsystems nicht hinter dem Berg gehalten: »Lasst uns die Chance nutzen, die alte Schulstruktur mit neuem Inhalt zu füllen. Wir müssen die Fehler des westlichen Schulsystems hier nicht wiederholen!« Dies hatte für etwas Vertrauen gesorgt.

Für die Schulkonferenz, die mich hätte wählen müssen, reichte der Vertrauensvorschuss zunächst nicht aus. Fünf SchülerInnen, fünf Eltern, vier LehrerInnen und die amtierende stellvertretende Schulleiterin bildeten dieses Gremium. Es gab neben mir noch eine zweite Bewerberin, eine Lehrerin der Schule. Nach unseren getrennten Vorstellungen und meiner ehrlichen Ankündigung im Falle einer Wahl die gesamte Schule in eine Reformschule umzubauen, wurde ich nicht gewählt. An der Professionalität dieses Gremiums und den gesetzlichen Grundlagen für die Bestellung der Schulleitungsfunktion zweifelte ich schon damals. Und hätte es die gesetzliche Möglichkeit der Einmischung des staatlichen Schulamtes nicht gegeben, wäre ich mit Ende des Schuljahres eben wieder als Lehrerin nach Berlin gegangen, eine Sicherheit, die mir die nötige Gelassenheit gab. So aber wurde ich nach »Beratung« der Schulkonferenz im zweiten Anlauf gewählt und nun endgültig in das Land Brandenburg versetzt.

*

Woher nahm ich den Mut und die Initiative, diese Aufgabe in Angriff zu nehmen?

Meine Leidenschaft für andere Lernformen war in meinem Studium geweckt worden. An der Universität Oldenburg wurde in den Achtzigerjahren ein Modellversuch »Einphasige Lehrerausbildung« durchgeführt. In einem Projektstudium mit integriertem Referendariat sollten Lehramtsstudenten fächerübergreifende Lernformen kennenlernen. Und sie sollten Theorie und Praxis im ständigen Wechsel zwischen Hochschule und Praktikumsorten erleben.

Geprägt durch eine leidvolle Gymnasialerfahrung, in der Lernen immer mit Angst verbunden gewesen war, hatte ich in Oldenburg zunächst den Eindruck, nichts zu lernen. Das konnte ja nicht Lernen sein, wenn man sich frei zwischen verschiedenen Angeboten und nach eigenen Interessen entscheiden konnte oder wenn es Freude machte, zu lesen, zu diskutieren und praktische Erfahrungen zu sammeln.

Jeweils nach drei Semestern musste man ein Praktikum machen. Sechs Wochen war man in einer Schule, betreut von einem/r Hochschullehrer/in und einem/r sogenannten Kontaktlehrer/in vor Ort. Einmal machte man ein Betriebspraktikum, ebenfalls von der Hochschule und Betriebsangehörigen begleitet. Die Projekte zogen sich über drei Semester und führten verschiedene Fachbereiche, also auch die ProfessorInnen, zusammen.

Es ist eine schöne arithmetische Übereinstimmung, dass das Projekt 22 mein intensivster Lernort wurde. Auch die Karl-Liebknecht-Schule hatte diese Nummer und wurde in Potsdam nach alter Sitte wie alle anderen Schulen mit der Nummer benannt: »Schule 22« oder auch kurz »die 22«.

Im »Projekt 22« wurde ich in eine neue Welt eingeführt. Rudolf zur Lippe war der maßgeblich leitende Professor. Seine kompromisslose Umsetzung einer ästhetischen Bildung und sein Vorbild in allen Theorie- und Praxisbereichen haben mich nachhaltig beeindruckt und geprägt. Als wir einmal mit mehreren StudentInnen eine Friedensaktion für den Bremer Marktplatz vorbereiten wollten und nur zwei gekommen waren, wollte ich schon wieder gehen. Nur zu zweit bräuchte man ja wohl nicht anfangen. Dann habe ich gelernt, dass immer die, die da sind, gerade die richtigen sind. Ich habe die Missachtung mir selbst gegenüber wahrgenommen, und wir haben die Aktion zu dritt von Anfang bis Ende wie geplant durchgeführt. Eine zukunftsweisende Lektion in Initiative und Selbstvertrauen.

Es gibt noch viele ähnliche Erlebnisse, die ich heute in meinem pädagogischen Denken und Handeln wiederfinde. Wie alle »Reformschüler« habe ich mich jedoch nach dieser außerordentlichen Zeit wieder an die Regeln des normalen Lebens anzupassen versucht.

Damit war ich so beschäftigt, dass ich die Werte, die mir dieses Studiums vermittelt hatte, eher still für mich behielt. Nie habe ich darüber auch nur annähernd so viel geschrieben oder öffentlich geredet wie jetzt hier in diesem Buch. Erst allmählich wurde mir klar, wo die Wurzeln für mein späteres pädagogisches Handeln zu suchen sind. Ich hatte Reformpädagogik am eigenen Leibe erfahren.

In überfachlichen Studentengruppen konnten wir uns eine »Objektivationsform«, also eine Praxisvariante, für unsere inhaltlichen Fragen selber aussuchen. Wir hatten Zeit, uns mit unserem Thema zu beschäftigen. Wir lasen Theorie und diskutierten. Wir präsentierten Ergebnisse, machten gemeinsame Aufmerksamkeits-, Stille- oder auch Atemübungen. In einem »Stimmkurs« haben wir zum Beispiel mit unserem Atem zu spielen oder unsere Stimme zu erheben gelernt. Damals hatten solche Übungen noch einen fremden, um nicht zu sagen esoterischen Charakter. Nicht selten haben wir uns als Spinner bezeichnen lassen. Eine gute Übung, wie ich heute weiß. Und wir waren politisch aktiv.

Um bessere Studienbedingungen (noch bessere?) durchzusetzen, sind wir einmal in drei Tagen mit 1.800 StudentInnen und HochschullehrerInnen von Oldenburg nach Hannover mit dem Fahrrad gefahren. An allen Orten entlang dem Weg haben wir unsere Interessen zum Ausdruck gebracht, mit Gesang, Theater, Diskussion und Sprechchören: »Wer sich nicht wehrt, der lebt verkehrt!« Ganz besonders hat sich mir der »Sturm« auf eine große integrierte Gesamtschule – war es die Glockseeschule? – eingeprägt. Sozusagen im Vorbeifahren nahmen wir die Schule für unsere Ideen ein und verließen sie kurz darauf mit staunenden und amüsierten Jugendlichen.

Die vielen Plenumsdiskussionen und Vollversammlungen während der Fahrraddemo hatten ihre großen Redner. Ich gehörte nicht dazu. Während meines gesamten Studiums habe ich mich nicht getraut, vor der Vollversammlung zu sprechen. Ich habe mich darüber maßlos geärgert und konnte trotzdem nichts dagegen tun. Meine Schüchternheit habe ich erst später in meinem eigenen Projekt überwinden können.

Unsere Studentengruppe hatte sich für Theaterarbeit entschieden. Wir spielten selber ein Stück, in dem wir die Entführung von Hanns-Martin Schleyer verarbeiteten.

Wie sehr mich damals die Tatsache beeindruckte, dass man

hinter einer Maske ganz andere Gedanken auszusprechen wagt! Und was für ein Erlebnis war es, eine eigene Theaterproduktion auf die Bühne zu bringen, für alles selbst verantwortlich zu sein und am Ende große Anerkennung zu bekommen. Andere Studenten hatten ebenfalls Praxisformen gefunden, die sie präsentierten und die gemeinsam reflektiert wurden.

In unserem sechswöchigen Schulpraktikum an einer Realschule in Norden/Ostfriesland haben wir mit einer Klasse ein wunderbares Theaterstück entwickelt: »Till Eulenspiegel – fünf Szenen aus dem Mittelalter.« Schon damals haben wir die Schule davon überzeugen können, dass die Jugendlichen beim Theaterspiel fächerübergreifend alles Wichtige lernen würden. Die Aufführung war ein so großer Erfolg, dass wir alle SchülerInnen nach Oldenburg an die Universität holten und dort eine zweite Vorstellung vor akademischem Publikum gaben. Zur olfaktorischen Einstimmung ins Mittelalter hatten wir in die Universitätsaula zwei Ziegen und große Heuballen gebracht. Vielleicht haben die ehemaligen Nordener Schülerinnen und Schüler genau wie ich beste Erinnerungen an diesen großen Erfolg.

Seit diesem ersten Projekterlebnis hatte ich verstanden, dass Theorie und Praxis zusammengehören, dass die Vielfalt von beiden unendlich ist und, die wichtigste Lektion, dass Lernen allein *und* in einer Gruppe Freude machen kann. Bis zum Abschluss meines Studiums hatte ich an fast allen Arbeiten Freude. Selbst das Referendariat entwickelte sich zu einem Experimentierfeld, exzellent begleitet von unserer Stimmkursarbeit in der Hochschule. Die Prüfungen wurden zu sinnvollen Abschlüssen eines langen Prozesses. Das Studium an dieser Universität war außergewöhnlich und intensiv – ein wahrer Glücksfall!

In meiner Antrittsrede als Schulleiterin habe ich drei Ziele formuliert, die in den nächsten Jahren leitend sein sollten: den

Ausbau der Reformen zu betreiben, ein gutes Schulklima zu schaffen und beides in der Gestaltung der Innen- und Außenräume zum Ausdruck zu bringen. Diese Maßnahmen sollten den Erhalt der Schule sichern. Außerdem zitierte ich einen berühmten Kalenderspruch: »Um ein öffentliches Amt zu bekleiden, braucht man eine Reihe guter und schlechter Eigenschaften.«

Aber alle Ziele können ganz unterschiedlich interpretiert werden und trotz der vorsorglichen Ankündigung der schlechten Eigenschaften konnten nicht immer alle Konflikte verhindert werden.

Aus meiner Perspektive richtete sich das Ziel, ein gutes Schulklima herzustellen, zuerst auf die Schülerinnen und Schüler, eine Einstellung, die ich später in Fortbildungen zur Organisationsentwicklung bestätigt sah: An erster Stelle stehen in erfolgreichen Unternehmen die Kunden, an zweiter die gesamte Organisation und an dritter Stelle die Mitarbeiter. Die alte selektive Halbtagsschule mit isoliert arbeitenden Lehrerinnen und Lehrern hat eine andere Reihenfolge festgelegt. Auch die Karl-Liebknecht-Schule stellte die Lehrerbedürfnisse an die erste Stelle. Dies wurde z. B. beim Lehrereinsatz am Stundenplan deutlich.

*

Es gab nun drei Montessori-Klassen und 15 Regelklassen von der 1. bis zur 10. Jahrgangsstufe.

Die Montessori-Klassen kennzeichneten wir mit einem großen M, um sie von den altershomogenen Regelklassen zu unterscheiden. Wir hatten die Ma, meine Ursprungsklasse, und die Mb als erste gemischte Gruppe mit zwei Jahrgängen und im dritten Jahr mit der Mc drei Lerngruppen mit drei Jahrgangsgruppen. Die kleinen Buchstaben hinter dem M bezeichnen bis heute die Jahrgangsmischung 1 bis 3. Die Grundschulklassen 4 bis 6 wurden später konsequent weiter gemischt, wieder angefangen mit der Urklasse als vierter Jahrgangsstufe, dann zwei Gruppen 4/5 und schließlich drei Gruppen der Jahrgangsstufen 4/5/6. Diese Lerngruppen bezeichneten wir mit Großbuchstaben: MA, MB, MC usw. Jedes Kind unserer Schule kann das den Besuchern erklären.

Der Prozess der allmählichen Verbreitung der Reformklassen und Zurückdrängung der Regelklassen bis zu ihrem Verschwinden ist schon schwerer zu erklären. Vom Beginn dieses Reformschulprojekts 1993 bis zum Abgang der letzten Regelgrundschulklasse sind sechs Jahre vergangen. Die alte Sekundarstufe hatten wir trotz Anstrengung nicht retten können. Zu wenige Eltern der Schule und aus Potsdam meldeten ihre Kinder nach der Grundschule an einer Schule an, die ein Kontrastprogramm in armseligen Räumen, mit schwierigen Jugendlichen und traditionellen Lehrern anbieten wollte. Wir waren nicht überzeugend. So entließen wir nacheinander drei 10. Klassen, hatten aber keinen Nachwuchs mehr in neuen siebten Klassen.

Dies war der Beginn eines großen Fluktuationsprozesses im Kollegium der Schule. Viele mussten nun mangels Arbeit und dank eines festen Arbeitsvertrages an andere Schulen wechseln. Andere ließen sich freiwillig versetzen, da sie mit der begonnenen Profilierung nichts anfangen konnten. Und auch zwischen den beiden Grundschulzweigen gab es nicht selten Probleme. Die Eltern der Regelklassen fühlten sich benachteiligt, die Lehrerinnen wurden sich fremd und die Kinder aus Montessori- und Regelklassen hatten nicht viel miteinander zu tun. Je mehr Energie ich in die Befriedung dieser Gruppe einbrachte, umso mehr Konflikte gab es.

Ich erinnere mich an einen skurrilen Vorfall. Es gab eine Krankheitswelle. Immer mehr Lehrer und Lehrerinnen wurden krank. Obwohl auch viele SchülerInnen fehlten, saß ich eines Morgens mit drei verbliebenen Kollegen ratlos vor dem

Stundenplan. Wir haben den Tag mit ungefähr 300 Kindern und Jugendlichen einigermaßen bewältigt.

Ich erkannte, dass Stillschweigen nicht mit Zustimmung zu verwechseln ist. Die KollegInnen hatten mir in Konferenzen aufmerksam zugehört, es hatte kaum Diskussionen gegeben. Anfangs glaubte ich, daraus Zustimmung ablesen zu können, und verstand erst später, dass mit dem hier gebräuchlichen Wort »Versammlung« anstelle von »Konferenz« tatsächlich eine Versammlung gemeint war, nach dem Motto: Eine(r) redet, die anderen hören zu und versuchen anschließend, auf möglichst intelligente Art ihre eigenen Interessen umzusetzen. Einmal fragte ich eine neue Kollegin nach ihrer ersten Konferenz an unserer Schule, ob es Unterschiede zu ihrer alten Schule gebe. Sie verneinte. Es sei genauso gewesen, nur hätten sie nicht so viel geredet. Die Schulleiterin habe immer alles bereits fertig gehabt.

*

Die erste wirkliche Beteiligung des Kollegiums kam mit einer Projektwoche. In der Münchener Schweissfurthstiftung hatte ich an einem Symposium über »Wasser« teilgenommen. Rudolf zur Lippe hatte mich dazu eingeladen und ich hatte viele Menschen und Sichtweisen auf das Wasser kennengelernt. Auch Reinhard Kahl traf ich dort zum ersten Mal. Es sollte noch 10 Jahre dauern, bis wir bei den Dreharbeiten zum »Treibhäuser«-Film begannen, gemeinsame Ideen zu entwickeln.

Mit einem praktischen Beispiel konnte ich das Kollegium für die Idee gewinnen, mit der gesamten Schule in völliger Altersmischung mit Wasser zu arbeiten. Alle Lehrerinnen und Lehrer sollten aus ihrer Fachkompetenz oder Vorliebe heraus Themen anbieten und mit den Kindern und Jugendlichen, die sich dieses Thema wählen würden, ein Produkt erarbeiten.

Obwohl in dieser Woche viel vom berühmten Projektchaos

zu merken war, konnten am Ende fast alle Gruppen mit einer Präsentation vor der gesamten Schulöffentlichkeit aufwarten und riefen Staunen und Anerkennung hervor. Es gab strahlende Gesichter, Stolz und ein Gefühl von Zusammengehörigkeit auch bei den Lehrerinnen und Lehrern. Fast alle hatten aus ihrer fachlichen Kompetenz etwas beitragen können, das mit den anderen Arbeitsergebnissen zusammen ein bewundernswertes Gesamtprodukt ergab. Die Überzeugungskraft dieser ersten Projektwoche war so groß, dass wir die Elemente Luft, Erde und Feuer in regelmäßigem Abstand folgen ließen. Wir gaben den Präsentationen einen immer festlicheren Rahmen mit Eltern und Besuchern. Der Höhepunkt war mit dem Feuerprojekt erreicht, als im Foyer der Schule Feuer schluckende SchülerInnen und LehrerInnen auftraten, während auf dem Schulhof eine »Hexenverbrennung« stattfand. Die Begeisterung und Einbindung aller zeigten, dass mit der gestalteten Verbindung von Theorie und Praxis und einer veränderten Haltung gegenüber den Kindern und Jugendlichen an jedem Ort Veränderungen herbeizuführen sind.

Zwischenzeitlich hatte es viele andere und wichtige Arbeit gegeben.

Wir hatten Elternabende, Informationsabende, Tagungen, Eltern-Workshops und Ausstellungen durchgeführt. Eine kleine Gruppe von Lehrerinnen hatte ganze Wochenenden mit Eltern über die Grundzüge der Reformpädagogik gesprochen, praktische Darbietungen gegeben und dabei für eine gute Verpflegung gesorgt. Ich hielt viele Vorträge an unterschiedlichsten Orten und fuhr für Fortbildungsveranstaltungen mit vollgepacktem Auto bis in die entlegensten Winkel Brandenburgs.

Wir hatten den »Arbeitskreis für Montessori-Pädagogik« als Verein gegründet. Ich war die Vorsitzende. Unter dem Motto »Schule neu erleben« veranstalteten wir viele Gesprächs- und

Vortragsabende und Tagungen mit interessanten ReferentInnen. Claus Dieter Kaul hatte einen ersten Montessori-Ausbildungskurs in Potsdam angeboten. Einige Kolleginnen meldeten sich dort an und erlebten in den viertätigen Kurseinheiten eine neue Lern- und Lebenswelt. Auch in Berliner Montessori-Kursen setzten sich Lehrerinnen der Schule mit den neuen Lernmethoden auseinander. Was es für eine Lehrerin der staatlichen Karl-Liebknecht-Schule in Potsdam 1995 bedeutet haben muss, 2.000,– DM für einen Montessori-Kurs zu bezahlen, kann man kaum ermessen. Wie viele Gespräche waren notwendig, um Ehemänner oder Lebensgefährten von der Wichtigkeit dieser Investition zu überzeugen?

Eine kleine Gruppe engagierter Lehrerinnen traf sich immer noch im Vierwochenrhythmus freitagnachmittags. Wir erarbeiteten ein erstes materialgebundenes Curriculum. Wie sollte der Unterricht an einer Reformschule mit den offiziellen Lehrplanvorgaben in Übereinstimmung gebracht werden? Und wie konnten wir den fächerübergreifenden und praxisbezogenen Ansatz in unseren Unterricht integrieren? Das »Blumenbuch«, nach dem Deckblatt mit einer roten Mohnblume so genannt, spiegelte eine erste gemeinsame Auseinandersetzung mit diesen wichtigen Fragen. Wenn man den Unterricht individualisiert und differenziert, braucht man einen guten Überblick über die Ziele und verlässliche Dokumentationsformen. Darüber hinaus hatte die Arbeitsgruppe die psychologische Funktion der gegenseitigen Unterstützung.

*

Die erste Montessori-Klasse war in der vierten Jahrgangsstufe, als uns auffiel, dass wir die bewährte Leistungsrückmeldung durch verbale Beurteilungen anstelle von Ziffernzensuren im fünften Jahrgang laut Schulgesetz nicht mehr fortsetzen durften. Die Kinder hatten sich so gut entwickelt, ihren ganzen

Ehrgeiz legten sie in die Erforschung der Welt und nicht in den Vergleich mit anderen. Und sie waren im besten Sinne gelassen.

Einmal, als ich wieder einmal dem Frieden nicht trauen wollte, hatte ich einen herben Rückfall. Ich beendete die Freiarbeit und forderte die Kinder auf, ein Diktat zu schreiben. Ganz freundlich und ruhig beendeten sie ihre verschiedenen Arbeiten, suchten sich Papier, Stifte und einen Platz, und dann sagte einer: »Du kannst anfangen, Frau Kegler!« Nun erlebte ich, was es heißt, nicht unter Zensurendruck gegeneinander ausgespielt worden zu sein. Während ich diktierte, schrieben alle still in ihrem Tempo. Das bedeutete, dass einige sofort fertig waren, während andere noch in den ersten Wörtern herumstocherten. Aus früheren Zeiten kannte ich das hektische »Wie war das, können Sie das noch einmal wiederholen?«, das man während eines Diktates mehrfach zu bedienen hatte. Nichts dergleichen hier. Ich ging herum, sah, wie unterschiedlich die Kinder in ihren Fähigkeiten waren, und war mehr und mehr beschämt über meine diktat-orische Vereinheitlichung. Die Kinder beendeten den Versuch völlig unaufgeregt und ohne sichtbare Angst, gaben mir die Blätter und gingen sofort wieder an die von mir unterbrochene Arbeit. Seitdem habe ich nie wieder ein Diktat mit allen geschrieben. Die entfaltete Kompetenz der Kinder wollten wir nicht unter Zensuren begraben.

Wir stellten einen Antrag auf Schulversuch beim Ministerium für Bildung, Jugend und Sport. Von den Universitäten Potsdam, Berlin (TU), Halle und Bielefeld gab es Interesse an einer wissenschaftlichen Begleitung. Im November 1998 war der Antrag offiziell genehmigt, und unter der Leitung zunächst von Prof. Ursula Drews (Potsdam) und Jutta Schöler (Berlin), später dann von Prof. Annedore Prengel (Halle), Prof. Eiko Jürgens (Bielefeld), Prof. Marianne Horstkemper und Dr. Heidi Mickler (Potsdam) sollten drei Bereiche im Auftrag des

Ministeriums in einem Zeitraum von sechs Jahren wissenschaftlich erforscht werden: verbale Beurteilungen anstelle von Ziffernzensuren von der 1. bis zur 8. Jahrgangsstufe; jahrgangsgemischte Lerngruppen von der 1. bis zur 8. Jahrgangsstufe und neue Formen der Leistungsdokumentation.

Die Ergebnisse dieses Schulversuchs sind in dem Buch »Neue Formen des Lehrens und Lernens« veröffentlicht. Hier möchte ich lediglich den unersetzbaren Wert der externen Evaluation hervorheben. Die wohlwollende und doch kritische Außensicht in Verbindung mit fortdauernder Kommunikation ist unerlässlich für alle lernenden Systeme. In 28 kollegiumsinternen Fortbildungen mit der wissenschaftlichen Begleitung haben wir gemeinsam an allen wichtigen Fragen gearbeitet. Die Qualität der verbalen Beurteilungen, die Lehrarbeit in jahrgangsgemischten Lerngruppen und der professionelle Gebrauch neuer Leistungsdokumentationssysteme haben sich in der Zeit des Schulversuchs enorm entwickelt. Dies wäre ohne die große Bereitschaft der meisten Lehrerinnen und Lehrer und ohne die professionelle externe Dauerbegleitung nicht möglich gewesen.

Neben den WissenschaftlerInnen haben schon in dieser Zeit viele andere Experten die Schule begleitet und bereichert. Künstler, Schauspieler, Regisseure, Filmemacher, IT-Spezialisten, Architekten, Moderatoren und BeraterInnen fanden großen Gefallen an dem bewegten Schulleben, das sich von allen alten Vorstellungen zu lösen begann. Erfahrungen aus anderen Schulen wurden von SchulleiterInnen vorgetragen (Susanne Thurn, Annemarie von der Groeben, Gugula Meisterjahn-Knebel, Brigitta Weniger und zuletzt Alfred Hinz). Externe Referenten luden wir z. B. zum Thema Portfolio – direkte Leistungsvorlage oder Zeitmanagement – ein, Jesper Juul, den dänischen Familientherapeuten und Buchautor, zu einem Vortrag und einer Fortbildung im Kollegium über neue Erziehungsformen.

Gleichzeitig machten wir uns immer häufiger und in immer

größeren Gruppen selbst auf den Weg, um an anderen Orten zu lernen.

20 pädagogische Reisen haben wir in 15 Jahren unternommen. Wir sind nach Berlin, Kassel, Bielefeld, Hamburg, Friedrichshafen, Wiesbaden, Bayern, nach Jena, Wien, Perugia, Helsinki, Hengelo/NL, Portland/USA, Schweden, England und Kanada gefahren, um uns andere Schulkulturen anzuschauen. Einige Reisen fanden im Rahmen von Schüleraustauschprogrammen statt, die meisten waren gezielte Besuche anderer Schulen. Im Laufe der Jahre haben immer mehr KollegInnen an diesen Reisen teilgenommen, und mit der Zeit wussten wir immer genauer, wonach wir suchten. Zuletzt waren wir mit 37 von 40 LehrerInnen an drei Schulen in Bayern (Montessori-Schulen Starnberg und Biberkor und Landerziehungsheim Ammersee), u. a. um zu sehen, wie an anderen Ganztagsschulen zu Mittag gegessen wird. Im Institut für ganzheitliches Lernen haben die drei Kollegiumsgruppen dann am nächsten Tag ein Konzept des Gruppenessens mit Schüsseln an gedeckten Tischen entwickelt.

Für diese pädagogischen Reisen plant das Kollegium einen von drei variablen Ferientagen ein. So fällt kein Unterricht aus. Wie überhaupt der Unterrichtsausfall an unserer Schule bis heute gleich null ist! Die Kosten für diese Reisen konnten wir manchmal etwas bezuschussen. Den Rest trägt jeder selbst.

*

Seit 1999 hatte die Karl-Liebknecht-Schule einen neuen Namen. In einem langen demokratischen Abstimmungsprozess hatten wir in allen schulischen Gremien und in der Schulöffentlichkeit darüber abgestimmt, wie die Schule in Zukunft heißen sollte. Meine ursprüngliche Idee, die Schule in Anlehnung an den nahe gelegenen königlichen Wildpark »Wildparkschule« zu nennen, wurde nicht angenommen. »Wild« und »Park«

schienen mir zwei wunderbare Gegensätze, um die Dynamik innovativer Systeme, das Pendeln zwischen Freiheit und Disziplin, treffend zu beschreiben. Der Name »Montessori-Schule« hat hingegen sowohl für Zulauf wie auch für Skepsis gesorgt. Der Wunsch vieler Eltern nach einer erfahrungsreichen reformpädagogischen Praxis ist genauso evident wie die Vorsicht erfahrener Bildungsexperten vor zu engen Auslegungen eines katholisch geprägten pädagogischen Konzepts.

Die Namensänderung vollzogen wir würdevoll und respektvoll.

Eine ganze Woche lang forschte und arbeitete die gesamte Schule zu den beiden Namensgebern. Karl Liebknecht und Maria Montessori waren Zeitgenossen. Zu unser aller Überraschung stellte sich heraus, dass sie große Übereinstimmungen in Fragen der Bildung und Erziehung aufwiesen und beide sich durch ähnlich radikale Vorschläge zur Veränderung des Schullebens auszeichnen.

Den Abschluss dieser echten Forschungswoche bildete ein feierlicher Festakt zur Namensgebung. Der schöne Bronzekopf von Karl Liebknecht steht seitdem auf dem Schulhof. Die Lettern seines Namens, die ehemals über dem Schuleingang prangten, erinnern auf einem Schild rund um das »grüne Klassenzimmer« an ihn. Im Foyer hängen zwei große Schriftfahnen, auf denen Leben und Werk von beiden dokumentiert sind und die Geschichte der Schule dargestellt wird. Diese Sorgfalt im Umgang mit der Geschichte war ein guter Beitrag zur Identifikation vieler LehrerInnen aus der ehemaligen DDR. Die Zeiten hatten sich geändert, aber es waren gemeinsame Wurzeln sichtbar geworden.

Denn nicht selten gab es Verständnisprobleme auf beiden Seiten. Die Mehrzahl der Lehrerinnen und Lehrer hatte eine ostdeutsch geprägte Biografie. Durch Zuzüge und Versetzungen aus dem Westen oder Süden Deutschlands begann erst allmählich eine Durchmischung des Kollegiums. Bis heute gibt es große Unterschiede in den Arbeitsbedingungen. LehrerInnen in den alten Bundesländern können sich davon kaum eine Vorstellung machen. Es gibt Lehrer und Lehrerinnen mit und ohne Hochschulstudium, mit befristeten und unbefristeten Angestelltenverträgen, mit Teilzeit- und Vollzeitverbeamtungen und mit Bezahlungen nach Ost- und Westtarif. Die Arbeitszeiten der Lehrer und Lehrerinnen und damit ihre Verdienstmöglichkeiten wurden durch das Ministerium und das Schulamt mehrmals neu definiert. Die persönlichen Arbeitsbedingungen hätten nicht unterschiedlicher und manchmal auch ungerechter sein können. Und es gab KollegInnen mit und ohne Montessori-Ausbildung. An einer staatlichen Schule konnte niemand verpflichtet werden, eine teure Zusatzausbildung selber zu finanzieren.

Auf dieser Basis war es sehr schwer, das Profil der Schule durchzubringen. Es gab Konflikte, Gespräche, Fortbildungen, Evaluationen und Beratungen. Die Fluktuation im Kollegium war groß und immer wieder verließen auch Eltern mit ihren Kindern die Schule aus enttäuschten Erwartungen. Die Grenzen des Möglichen schienen oft erreicht. Zwischen Schulleitung und Kollegium gab es Verständnisprobleme und Gesprächsbedarf. Einige Berater, Supervisoren, Coaches und Fortbildner haben uns in diesen schwierigen Prozessen begleitet. Wir lernten Moderationstechniken, Gesprächsregeln, Supervision, Konfliktmanagement, Teamcoaching, Einzelcoaching, systemische Organisationsentwicklung und Personalentwicklung als Instrumente kennen. Und immer wieder stießen wir auf die entscheidende Frage der inneren Haltung: Wollte und konnte ein Lehrer, eine Lehrerin das selektive und lehrplanorientierte Denken aufgeben, d. h. bedingungslos jedes einzelne Kind oder jeden Jugendlichen als zugehörig erklären unabhängig von seinen Leistungen? An dieser Frage haben sich die meisten Konflikte entzündet und sind die meisten Fehler auf allen Seiten gemacht worden.

Besprochen wurden diese Fragen in Teamarbeit. Von ersten vorsichtigen Versuchen, sich regelmäßig zu treffen und in unterschiedlichen Gruppenkonstellationen zusammenzuarbeiten, ist sie allmählich zu einem festen Bestandteil der Schulkultur geworden. Jeden Mittwoch trafen und treffen sich die Lehrerinnen und Lehrer der Schule in ihren Teams, in Projektgruppen oder in der großen LehrerInnenkonferenz. Die Teams sind den jahrgangsgemischten Gruppen zugeordnet, sodass es ein Team 1/2/3 gibt, ein Team 4/5/6, ein Team 7/8 und ein Team 9/10. In den übergreifenden Projektgruppen arbeiten KollegInnen aus allen Stufen an der Lösung eines schulischen Problems. Diese Lehrerarbeit ist von unschätzbarem Wert und dabei ausgesprochen schwierig. Besonders in der langsam aufzubauenden Sekundarstufe war und ist das Ringen um einen Konsens für eine neue Unterrichtsarbeit kräftezehrend.

*

In der lokalen Presse wurde regelmäßig und wohlwollend über die Veränderungen an der Schule berichtet. Die Anmeldungen für die ersten Klassen überstiegen bei Weitem die Aufnahmekapazität unserer zweizügigen Grundschule. Aber für die Errichtung einer neuen Sekundarstufe mussten wir dann erneut unsere visionäre Kraft gegen alle Voraussagen mobilisieren.

Nach der Wende wurden in den neuen Bundesländern kaum noch Kinder geboren. Der große Wandel hatte zu viele Unwägbarkeiten mit sich gebracht. Der demografische Einbruch ist nach offiziellen Angaben nur mit dem Bevölkerungsschwund im Dreißigjährigen Krieg vergleichbar. Es war abzusehen, dass jede zweite Schule im Land Brandenburg geschlossen werden würde. Ein harter Konkurrenzkampf zwischen den Schulen hatte begonnen. Es ist dem guten Ruf der Schule und unserem Schulkonzept einer zehnjährigen Gemeinschaftsschule wie der alten polytechnischen Oberschule der DDR zu verdanken, dass die Stadtverordneten Potsdams einer Neuerrichtung der Sekundarstufe an der Montessori- Schule zustimmten.

Die bewährten Methoden aus der Grundschule wollten wir auch in der Sekundarstufe fortführen, denn die zufriedenen Eltern der Grundschule würden ja auch weiterhin reformfreudig mit uns und ihren Kindern experimentieren. Aber genau so war es nicht. Viele Eltern glaubten nicht an das Versprechen, dass ihre Kinder auch an unserer Schule alle Voraussetzungen für einen hohen Bildungsabschluss erwerben könnten. Der Zauber des Wortes »Gymnasium« hatte in den neuen Bundesländern einen ganz besonderen Klang. Und unsere Schule mit einem durch Zuweisungen und Versetzungen eher zufällig zusammengestellten Kollegium wirkte nicht auf alle vertrauenerweckend. So kam es, dass wir viele Quereinsteiger mit Beginn der 7. Jahrgangsstufe aufnehmen mussten.

Für den Fortbestand einer staatlichen Sekundarschule war die Zweizügigkeit Voraussetzung. Das bedeutete für unsere Schule mit sogenannten Integrationsklassen eine Frequenz von 2 mal 23 Jugendlichen. Über einen Zeitraum von fünf Jahren gab es ein zähes Ringen um Schüler. In unserem festen Willen, eine neue Sekundarstufe aufzubauen, stellten wir mehrmals Klassen zusammen, die in ihrer Zusammensetzung nicht funktionieren konnten.

Jugendliche, besonders Jungen mit einer geschädigten Schulbiografie, kamen an die »Monte«. Und sie waren alles andere als freie und selbstständige Entscheidungen aus ihrer Schule und ihrem Elternhaus gewohnt, sodass die Abkürzung des Schulnamens auch eher als Synonym für ein stark verkürztes Verständnis von Reformpädagogik stand. Denn oft war es die reine Not, die Eltern mit ihren Kindern an unsere Schule führte. An anderen Schulen hatte es Probleme gegeben. Nun kamen diese Familien mit einer ultimativen Heilserwartung zu uns. Und wir wiederum hatten das Problem, genügend Jugendliche für unsere Schule zusammenzubringen. Aus dieser schwierigen Konstellation im Verbund mit den Eigenarten unseres Kollegiums ist es im Nachhinein nur schwer nachvollziehbar, warum wir trotzdem weitergemacht haben. Viele Jugendliche und einige LehrerInnen waren nicht mehr an Arbeitsformen heranzuführen, die ihnen jede Menge Eigenmotivation, Selbstdisziplin und Vertrauen abverlangten. Mit einigen Jungen und Mädchen sind wir nicht mehr zu einer produktiven Annäherung gekommen. Sie verließen früher oder später frustriert unsere Schule. Und auch wir mussten eingestehen, dass wir nur begrenzte Chancen bei enttäuschten Jugendlichen hatten. Erfolgreich war dieser Prozess immer dann, wenn die Eltern mit der Schule kooperierten und ein Lehrer, eine Lehrerin da war, die wirklich an den Jungen oder das Mädchen glaubte. Dafür gibt es herausragende Beispiele. An den positiven und an den negativen Einzelfällen habe ich gelernt, wie groß der Einfluss von uns Erwachsenen auf die Lebenswege junger Menschen ist.

*

Eine einschneidende Veränderung ergab sich für uns und die Anerkennung unserer Sekundarstufe erst mit den zentralen Abschlussprüfungen des Landes Brandenburg. Obwohl wir zu diesem Zeitpunkt (2004) schon den ersten Preis beim Wettbewerb innovativer Schulen in Brandenburg und den dritten Preis beim bundesdeutschen Wettbewerb »Ganztägig lernen« der Deutschen Kinder- und Jugendstiftung gewonnen hatten und obwohl wir bei der neu eingeführten landesweiten zweitägigen Schulinspektion ein hervorragendes Ergebnis erzielt hatten, sorgte erst unser Abschneiden in den Abschlussprüfungen für eine ernsthafte Akzeptanz in der näheren Umgebung. Wir hatten es selber nicht geglaubt.

An einem Freitag lag in der Post die Aufforderung des Ministeriums, sich wegen »erheblicher Abweichungen vom Landesdurchschnitt« mit der zuständigen Stelle in Verbindung zu setzen. Nach Eingabe sämtlicher Vorzensuren, Prüfungs- und Abschlusszensuren in ein Computerprogramm hatten wir aufgrund technischer Probleme im zentralen Server keinen Zugang zu unseren Daten und mussten bis zum folgenden Montag warten.

An diesem Wochenende ging es mir schlecht. Für den Montag hatte ich mir ein Rechtfertigungskonzept (schwierige Zusammensetzung, Anfangsprobleme etc.) zurechtgelegt und fühlte mich entsprechend schwach. Dann aber stellte sich heraus, dass die Abweichungen im *positiven* Bereich lagen! »Obwohl« unsere Jugendlichen in den vergangenen vier Jahren viel Zeit in Projekten, Exkursionen, Freiarbeit und Praktika verbracht hatten, lagen viele Ergebnisse über dem Landesdurchschnitt. Wir brauchten erst dieses Ergebnis, das sich seitdem kontinuierlich bestätigt, um aus dem »obwohl« ein »weil« zu machen.

*

Neben den offiziellen Prüfungsteilen haben wir mit jedem Abschlussjahrgang eine aufwendige Projektprüfung, die »Montessori-Prüfung«, durchgeführt. Die Jugendlichen konnten sich mit selbst gewählten Themen über einen längeren Zeitraum beschäftigen. In Zusammenarbeit mit einem Fachlehrer, einer Fachlehrerin haben sie die theoretischen Hintergründe des Themas erarbeitet und ein Produkt erstellt. Dreimal wurde aus den Einzelarbeiten der Jugendlichen eine Gesamtchoreografie unter der Leitung des Theaterregisseurs Armin Beber entwickelt und an einem Festtag der Schulöffentlichkeit gezeigt. Die lehrplanorientierten verpflichtenden Prüfungen sind durch diese kreative Prüfungsvariante entschieden aufgewertet worden und bilden einen festen Teil der Schulkultur. Die dreiwöchigen Theaterprojekte im 9. Jahrgang, ein Ergebnis unseres Besuches an der Helene-Lange-Schule in Wiesbaden, wurden vier Jahre von Armin Beber geleitet, in dieser Länge und Ausschließlichkeit gegen Widerstände durchgesetzt und sind ein wesentlicher Beitrag zur Humanisierung und Ästhetisierung geworden. In diesen Projekten haben sich die Jugendlichen in ihrer Persönlichkeit sichtbar weiterentwickelt. Dies ist ihnen bei Prüfungen und in weiterführenden Ausbildungen ausgesprochen zugutegekommen.

Neben den neuen Unterrichtsmethoden führen ohne Zweifel auch gelenkte Unterrichtsphasen, besonders in der 10. Jahrgangsstufe als Vorbereitung auf die Prüfungen, zu diesen Ergebnissen. Dann sind die Jugendlichen hoch motiviert, den höchstmöglichen Schulabschluss zu erreichen.

*

Der Schulversuch wurde Ende 2004 an der Universität Potsdam festlich und mit vielen Worten zu Ende gebracht. Seitdem hat die Schule den offiziellen Status »Schule mit besonderer Prägung« und befindet sich damit in Brandenburg in einer kleinen Gemeinde von »Eliteschulen des Sports« und Gymnasien mit besonderer Profilierung. Durch wissenschaftliche Forschung waren wesentliche Anliegen des Versuchs positiv bestätigt und neue Erkenntnisse gewonnen worden. Wir konnten die bewährten Formen der Leistungsbeurteilung und die Arbeit in heterogenen Lerngruppen fortsetzen.

Unser Ganztagsschulkonzept wurde genehmigt und mit Beginn des Schuljahres 2004/2005 begannen wir in dem kleinen Gebäude der Montessori-Schule mit der Einführung eines gebundenen Ganztagsbetriebs. Alle Kinder und Jugendlichen hatten konstante Unterrichtszeiten. Die Grundschulkinder gingen täglich von 8.00 Uhr bis 14.20 Uhr in die »verlässliche

Halbtagsschule«, die Jugendlichen in der Sekundarstufe hatten von 8.00 Uhr bis 15.30 Uhr Schulzeit. Später haben wir die Schulanfangszeit auf 8.30 Uhr verschoben.

Es gab aber auch viel Ärger, denn in der Öffentlichkeit wurde nun darüber diskutiert, ob eine alte informelle Vereinbarung zulässig sei, nach der die Eltern unserer Schule einmal im Schuljahr 100 € als freiwillige Spende an den Förderverein entrichteten. Diese Spenden waren und sind über Jahre die materielle Basis für die Einrichtung anspruchsvoller Freiarbeitsräume gewesen. Als ungesetzliches Schulgeld wurden sie nun in der Potsdamer Presse gebrandmarkt. Auch eine Fortbildungsgebühr für die 500 bis 700 Besucher, die jährlich in unserer Schule hospitierten, wurde kritisch gesehen. Daran konnte auch unsere Teilnahme an dem landesweiten Modellversuch zur Entwicklung der Selbstständigkeit an Schulen (MoSeS) nichts ändern. In diesem Versuch sollten 18 ausgewählte Schulen u. a. größere personalrechtliche Befugnisse, z. B. bei der Einstellung neuer LehrerInnen, und eigenwirtschaftliche Tätigkeiten erproben. Und nicht zuletzt wurde mein Führungsstil mit der für Brandenburger Verhältnisse großen Fluktuation im Lehrerkollegium in Verbindung gebracht. Viel Staub wurde in dieser Zeit aufgewirbelt, viel Unterstützung, aber auch Ablehnung waren sichtbar geworden.

*

Obwohl die Stadt Potsdam als Schulträger regelmäßig in das Gebäude investiert hatte, wurden seine Unzulänglichkeiten im Ganztagsbetrieb überdeutlich. Der Einbau neuer Toiletten, Türen, eines neuen Naturwissenschaftsraums, neuer Fußböden in allen Räumen usw. hatte Hunderttausende gekostet und war im Ergebnis das, was man eigentlich als Standard erwarten darf. Der Zustand vieler öffentlicher Gebäude in der Stadt hatte zu einem gewaltigen Sanierungsstau geführt. Sosehr wir uns über jede Baumaßnahme freuten, wurden mit den Aufwertungen doch meist nur Mindeststandards hergestellt. Für einen Ganztagsbetrieb fehlte Innenraum in großem Umfang: zu kleine Räume, keinerlei Schalldämmung, eine alte Turnhalle des DDR-Typs KT 60, ein winziger Speiseraum, ein 60 m² großes Lehrerzimmer für durchschnittlich 40 KollegInnen, keine Gruppenräume, keine Arbeitszimmer. Mit Bundesmitteln aus dem Ganztagsprogramm sind mittlerweile ein Speiseraum und eine Bibliothek gebaut worden. Erstmals werden hier die Mindeststandards, was Großzügigkeit und Ästhetik betrifft, übertroffen.

Die Verwirklichung des Schulkonzepts gelang nicht zuletzt mit dem grandiosen Außengelände. Hier können die Kinder und Jugendlichen der Schulhausenge entgehen und sich bewegt erholen. Allein der Kletterfelsen vor dem Haupteingang der Schule kompensiert angestaute Energie. An jedem Schultag werden Hunderte Sprünge in das Kieselbett darunter gemacht. Wie dankbar bin ich Otto Schärli, dem Schweizer Architekten und Freund, der bei der Anlieferung des Steins in meinem Zimmer saß und verhinderte, dass er auf den Schulhof gesetzt wurde. »Dieser Stein muss vor den Eingang. Denn wer in diese Schule will, muss über einen Berg!«

Der Kletterfelsen vor dem Eingang liegt in einer geraden Sichtachse zu dem Brunnenstein auf dem Schulhof. Der 200 Millionen Jahre alte Variogranit ist das Ergebnis verschiedenster Synergieeffekte, die sich um lernende Systeme ranken: Die damalige Leiterin des Potsdamer Grünflächenamtes kannte einen Landschaftsarchitekten, den ich kannte, usw. Bei dem Wort »Entsiegelung« trafen sich unsere gemeinsamen Grundhaltungen. Auch in der Landschaftsarchitektur geht es wie in der Pädagogik oft um mehr Durchlässigkeit. Und der Brunnenstein wurde tatsächlich zum Brunnen. Im Sommer konnte Wasser wie auf einer Felswand über den Stein fließen. Eingerahmt ist er von einer halbkreisförmigen Anhöhe, die den Kolonnaden von Schloss Sanssouci nachempfunden wurde. Damit wird auf dem Schulhof der Landschaftsarchitektur eines Lenné gehuldigt, der die Stadtanlage von Potsdam entscheidend durch seine Sichtachsen geprägt hat. Bei sehr schlechtem Wetter spüren wir unmittelbar, dass unseren Kindern und Jugendlichen das Kraftfeld »Schulhof« fehlt.

*

Nach dem großen Erfolg des Films »Treibhäuser der Zukunft« von Reinhard Kahl waren die Besucherströme an unsere Schule noch einmal gestiegen. Wir geben uns sehr viel Mühe mit unseren Besuchern und strengen uns an, dass sie einen wirklichen Einblick in unsere Arbeit vermittelt bekommen. Zuerst stehen viele nach einer langen Anfahrt erst einmal erschrocken vor dem grauen Schulhaus aus den 60er-Jahren. Aber nach einem Vormittag, an dem sie hospitieren konnten, von Kindern und Jugendlichen geführt wurden, ein Frühstück bekamen und abschließend zu einem Auswertungsgespräch mit der Schulleiterin zusammenkamen, sind die meisten beglückt von dannen gezogen. Vor allem imponieren den Besuchern das Leuchten in den Augen der Jungen und Mädchen, ihre aufrechte Haltung und die friedliche Gelassenheit, mit der das Schulleben geschieht.

*

Zwei Höhepunkte stehen am Abschluss dieser Bildungsgeschichte.

Im März 2007 hatten wir unsere kritischen Freunde aus dem Reformschulverbund »Blick-über-den-Zaun« (BüZ) zu Gast. Aus ganz Deutschland und 10 Schulen waren 20 LehrerInnen und SchulleiterInnen angereist, um eine externe Evaluation an unserer Schule vorzunehmen. In der Vorbereitung mit Prof. Hans Brügelmann hatten wir schließlich die entscheidende Aufgabe für unsere Besucher herausgefunden: Warum verlassen so viele Kinder nach der 6. Klasse die Schule und wechseln auf ein Gymnasium oder eine Gesamtschule mit Sekundarstufe II? Anderthalb Tage durchstöberten unsere Freunde die Schule, hospitierten und redeten mit SchülerInnen, Eltern und LehrerInnen. So konkret wie die Frage waren auch die Beobachtungsergebnisse. Das gesamte Kollegium hörte konzentriert der abschließenden Rückmeldung zu. Danach konnten wir mit der Arbeit beginnen. In einer Auswertungsgruppe haben wir die Erkenntnisse der externen Beobachter besprochen und ein Handlungskonzept entwickelt. Die Arbeitsgruppe »Ü7 80%« (Übergangsquote nach Klasse 7 an unserer Schule 80%!) hatte sich ein hohes Ziel gesetzt. Tatsächlich sind dann 70% der Kinder unserer Schule geblieben. Vorher waren es manchmal nur 55% gewesen.

Was waren die wichtigsten Erkenntnisse, die wir aus diesem Blick über den Zaun gewonnen hatten? Der Informationsfluss innerhalb der Schule war mangelhaft. Die Eltern und Kinder der Grundschule hatten teilweise falsche Vorstellungen von unserer Sekundarstufe und bezogen ihre Kenntnisse aus Gerüchten und Vorurteilen. Eine zweite Rückmeldung betraf den Unterricht in den oberen Klassen. Wir mussten uns mit der externen Beschreibung unseres Umgangs mit schwierigen Schülern auseinandersetzen und mit nachvollziehbaren Vermutungen, warum wir sie in unserem freien System leicht verlieren. Es gab noch weitere Erkenntnisse. Alle Rückmeldungen wurden im Kollegium mit großer Ernsthaftigkeit aufgenommen. Im Unterschied zu der landesüblichen Inspektion hatten unsere kritischen Freunde auch Ideen zur Veränderung. Sie sprachen aus ihrem eigenen Reformschulkontext und konnten sich aus der Distanz gleichwohl gut in ein fremdes und doch ähnliches System hineinversetzen.

Der letzte Höhepunkt war die Auszeichnung mit dem Deutschen Schulpreis der Robert Bosch Stiftung im Dezember 2007. Wir hatten uns schon im ersten Ausschreibungsjahr 2006 beworben und waren nach der engeren Wahl dann doch nicht in die Gruppe der von einer Jury besuchten Schulen gelangt. Es noch einmal zu versuchen entspricht unserer Philosophie. Die Erarbeitung der Bewerbung und die Vorbereitung des Besuchs der vierköpfigen Jury nutzten wir dazu, uns intensiv auf unsere Leistung und auf unsere Schwierigkeiten zu besinnen. An den zweieinhalb Besuchstagen der Jury habe ich mich dann so viel wie nie zuvor in meinem Zimmer aufgehalten und viel liegen gebliebene Arbeit erledigt: Entweder liefen die Dinge oder nicht. Dass wir mit vier weiteren Schulen am Ende einen zweiten Hauptpreis bekamen, ist die höchste Anerkennung unserer gesamten Arbeit. So haben es auch die Jungen und Mädchen und die meisten Lehrerinnen und Lehrer, Eltern und MitarbeiterInnen erlebt, die die Übertragung der Preisverleihung unter schlechtesten technischen Bedingungen und in Ermangelung eines besseren Raumes in der Turnhalle sahen. Die Urkunde und den »Pokal« des Preises, einen Schulstuhl mit Flügeln, der in einer handlichen Holzkugel steckt, haben wir in einer Glasvitrine im Foyer der Schule ausgestellt. Vorher war ich damit in allen Gruppen. Alle Kinder und Jugendlichen, alle Lehrerinnen und Lehrer hatten den Preis in der Hand gehabt. Mit allen hatte ich noch einmal darüber gesprochen, wofür wir ausgezeichnet worden waren. Kurz darauf sah ich einen kleinen Jungen aus der ersten Jahrgangsstufe mit leuchtenden Augen und roten Wangen zu dem fliegenden Stuhl in der Vitrine aufschauen. »Was hast du denn, Jason?«, fragte ich. Und er antwortete:

»Ich freu’ mich so!«

Raum und Zeit – die Koordinaten der Bildung

Räume

AUS DER KULTURGESCHICHTE KENNEN wir unzählige Beispiele für die Beziehung zwischen Denken und einem bestimmten Ort. Orte wurden zu Denkräumen und eignen sich für Experimente. Aufgrund ihrer Lage und ihrer Gestalt regen sie zu Vorstellungen, Vertiefung, Verknüpfung und Bewegung an. Sie spiegeln praktische und geistige Betätigung aus Vergangenheit und Gegenwart auf ihre je individuelle Art. Orte waren und sind wesentlich für den Vorgang der Erkenntnis. Um körperlich und geistig anwesend zu sein, sind gestaltete Orte und sinnlich erfahrbare (Zwischen-)Räume unerlässlich.

Unabhängig von ihrer Gestaltung entfalten Orte und Räume eine Wirkung. So wie jeder Mensch, egal ob auffällig und unauffällig, laut oder leise, einen bestimmten Eindruck hinterlässt, beeinflusst die räumliche Umgebung, egal ob gestaltet oder ungestaltet, das Geschehen. Für die Schule ist diese Erkenntnis fundamental. Konsequent in die Praxis umgesetzt, würde sie das Schulsystem im wahrsten Wortsinn umbauen. »Der Raum als dritter Pädagoge« (Lorris Malguzzi) ist mittlerweile zum bildungspolitischen Schlagwort geworden.

Mit der sinnfälligen Notwendigkeit der Differenzierung in allen Lerngruppen wird deutlich, dass diese eng an eine gestaltete Lernumgebung gebunden ist. Individuelle Arbeit gelingt mit differenzierten Arbeitsmitteln und in einem persönlichen »Denkraum« besonders gut. Auch moderne neurowissenschaftliche Erkenntnisse erlauben nicht länger, praktisches und gegenständliches Lernen als minderwertig einzustufen.

Je wohler Menschen sich in ihrer Umgebung fühlen, je handlungsorientierter sie arbeiten können, umso größer ihre Zufriedenheit und umso besser auch die Ergebnisse. Unternehmen haben dies vielfach erkannt und stellen ihren Mitarbeitern funktionale und ästhetische Räume zur Verfügung. Hier können Menschen konzentriert, kreativ und effektiv arbeiten.

Kinder und Jugendliche reagieren in allen Alters- und Entwicklungsstufen besonders sensibel auf die Qualität der Innen- und Außenräume. Viele Reize nehmen sie unbewusst wahr. Über die Qualität der Räume und ihren Aufenthalt darin entscheiden sie nicht allein. Sie halten sich ständig in größeren Gruppen auf und müssen neben ihren persönlichen Handlungen auch die Aktivität vieler anderer verarbeiten. Die sozialen Prozesse in einer Schülergruppe sind höchst komplex und energieaufwendig. Es ist eine enorme Anstrengung, einen großen Teil jedes Tages mit vielen Menschen zu verbringen. Die Räume und Zeiträume in der Schule müssten auf diese Tatsache eingerichtet sein.

Raumgröße, Einrichtung, Temperatur, Licht, Geräusche und Gerüche beeinflussen das Geschehen. Für abwechslungsreiche Lernformen braucht man mehr Platz.

Wir haben viele Jahre in äußerst beengten Räumlichkeiten eine besondere Schule aufgebaut. Man kann sehr viel unter alltäglichen und schlechten Voraussetzungen verändern, aber dauerhafte Qualitätsentwicklung stößt ohne entsprechende Räumlichkeiten an ihre Grenzen. Räume, in denen man konzentriert und entspannt, ruhig und bewegt praktische und theoretische Arbeiten ausführen soll, sollten besondere Bedingungen erfüllen. Die berühmten eingerissenen Wände in vielen Reformschulen sind nicht nebensächlich, sondern notwendig. Und auch die Inneneinrichtung verändert sich gravierend.

In neuen Lernräumen werden neue Möbel gebraucht. Tische, Stühle, Regale, Hocker, Ablageflächen, Teppiche, Fächer, Bildträger usw. sollten flexibel sein.

Die Raumordnung wird oft verändert und den jeweiligen Kommunikationsformen angepasst (siehe das folgende Kapitel). Im Idealfall entsteht für jede Unterrichtsepoche ein neuer Raum, d. h., die Anordnung der Gegenstände verändert sich, die Räume werden umgedeutet. Dies würde eine große Resonanz zwischen den Menschen, den Dingen und dem Raum ermöglichen.[1]

Eine Möbelauswahl nach den üblichen frontalen Gebrauchsaspekten passt nicht länger zu diesen Räumen. Der bekannte 1950 entwickelte Kufenstuhl der Firma VS (Vereinigte Schulmöbelfabriken) wurde 6 Millionen Mal verkauft. Seine Kufenkonstruktion erinnert noch an die alte Schulbank, in die man sich wie in ein Kirchengestühl hineinsetzt, um sich zur Tafel auszurichten. In der verkauften Stückzahl dieses Schulmöbels manifestierte sich die vorherrschende frontale Unterrichtsform. Darüber hinaus ist mit diesem Stuhl das »Aufstuhlen« durch die Schüler erfunden worden. Mit seiner Sitzfläche konnte man ihn bequem auf den Tisch hängen. So ließ sich die Klasse nach Unterrichtsschluss leichter von den Reinigungskräften säubern.

Heute hat genau dieser Stuhl von Karl Nothelfer Flügel bekommen und dient der Robert Bosch Stiftung als Symbol für anspruchsvolle Schulentwicklung.

Nicht für alle und zu jeder Zeit werden Tische und Stühle gebraucht. Diese Erkenntnis klingt banal, hat jedoch im normalen Schulbetrieb einen geradezu ketzerischen Beigeschmack. So, wie es für einige Arbeitsphasen durchaus möglich und

---

1   Rudolf zur Lippe, Gespräche über Schönheit in der Schule, Dezember 2008 und Februar 2009

wünschenswert ist, dass mehrere an einem Tisch zusammen-
rücken, können auch ganz andere Arbeitshaltungen eingenommen werden.

Dass ein bewegter Unterricht auch bei Jugendlichen entsteht,
wenn nicht mehr alle einen Tisch- und Sitzplatz haben, ent-
deckten wir durch einen Zufall.

Für eine schulische Veranstaltung waren einige Tische und
Stühle aus einem Klassenraum geräumt worden und zur täglichen Freiarbeit nicht rechtzeitig zurück. Vielleicht war es die
Trägheit der Jugendlichen, ihre Tische und Stühle zurückzu-
holen, oder sie genossen einfach ihren leeren Raum. Einige
fingen an, auf dem Teppich zu arbeiten, andere saßen an Tischen, und wieder andere nutzten Klemmbretter, um auf einem Stuhl sitzend zu schreiben. Die Lehrerin präsentierte einem Schüler auf dem Boden ein Material, andere gesellten sich
hinzu, und so entstand einer jener wunderbaren Augenblicke,
in denen alle zu tun haben, ein leises Gemurmel den Raum
erfüllt und wirkliches Interesse beim Lernen spürbar wird.
Aus einem scheinbaren Mangel war ein plötzlicher Reichtum
geworden. Seitdem sind einige Sekundarstufenklassen nicht
mehr entsprechend der Anzahl der SchülerInnen mit Tischen
und Stühlen ausgestattet. Auf den Fluren gibt es Ausweichar-
beitsplätze und Hocker, die jederzeit in die Klassenräume ge-
holt werden können, wenn es z. B. für einen Gesprächskreis
oder eine vollständige »Bestuhlung« erforderlich ist. Auf diese Weise wird ständig geräumt und umgeräumt, die Veränderung des Raumes ist tägliche und selbstverständliche Aktivität, so wie man sich täglich die Zähne putzt, sauber macht oder
aufsteht und zu Bett geht.

Der Unterricht in der Sekundarstufe hat sich durch eine un-
vollständige Möblierung verändert. Die Schüler und Schülerinnen nehmen unterschiedliche Haltungen ein, sie kooperieren flexibler und rücken schneller einmal zusammen. Sie be-

stehen nicht auf ihrem Platz und fühlen sich verantwortlicher für die Gestaltung und die Pflege der Schulräume.

Seit diesem Zeitpunkt haben wir begonnen, die Unterrichtsräume zu entmöblieren. Sukzessive entsorgen wir die klassischen Schulmöbel. Wer bestimmt, dass alle deutschen Schüler in Möbeln ihren Schultag verbringen müssen, die normiert sind, gleich aussehen und schwer und unhandlich sind? Auch die aktuellen Schulmöbel mit ihren Stahlgestellen lassen sich nicht flexibel handhaben. Jeder Schüler, jede Schülerin hat einen Anspruch auf einen Tischplatz und einen Stuhl. Darin ist man sich einig, die Schulträger sind dafür verantwortlich, und man achtet sogar auf die richtigen Größen. Aber schwere und gleichförmige Möbel stellen die Schulräume voll und begrenzen das Aktivitätsspektrum erheblich.

Schulmöbel müssen leicht, beweglich und veränderbar sein, denn einseitiges Sitzen wird in der »schönen Schule« durch vielfältige Bewegungsformen ersetzt. Damit ändert sich auch die Möblierung. Es beginnt eine Umdeutung der vorhandenen Räume.

Gerade für junge Erwachsene sollten die Schulräume nicht vollgestellt sein. So lernen sie sich im Raum zu bewegen. Eine freie (Teppich-)Fläche wirkt entlastend. Kinder und Jugendliche brauchen Frei-Räume, leere Flächen im Raum, auf denen sie sich bewegen können und ihr Blick ausruht. Sie sollten den Raum ausschreiten können. Ein Gruppenraum sollte Anklänge an ein Atelier und einen Bewegungsraum haben. Arbeitsmaterialien, Experimentiertische, Kunstgegenstände, Karten, Bücher, Modelle – ausgesuchte und für die Altersgruppe passende Dinge und Büromaterial werden in Regalen übersichtlich aufbewahrt oder präsentiert. Nichts wird weggeschlossen, alles ist offen zugänglich. Dies ist eine Voraussetzung für selbstgesteuertes Lernen und ein vertrauensvolles Miteinander. Es ist eine beeindruckende Erfahrung, dass in vielen Jahren mit offenen Regalen und wertvollen Inhalten an unserer

Schule nur wenig weggekommen ist. Wenn gestohlen wird, sind es private Gegenstände und Geld.

Um die vielen Lernbedürfnisse einer Schülergruppe in freien Arbeitsformen materiell abzusichern, braucht man unterschiedlichste Arbeitsmittel. Die Dinge haben in offenen Systemen ein neues Potenzial. Sie können von allen, nicht nur vom Lehrer oder der Lehrerin, benutzt werden. Man entscheidet selbstständig und nach gemeinschaftlichen Regeln, welche Gegenstände man braucht, und stellt sie so auch wieder zurück. »Was ich mir nehme, stelle ich nach Beendigung meiner Arbeit wieder an seinen Platz zurück.« Diese Regel ist von größter Wichtigkeit, denn sie sichert in einer festgelegten Ordnung die Orientierung der Kinder oder Jugendlichen in ihrem Raum. Die Ordnung der Dinge ist eine Grundvoraussetzung für differenzierende Lernmethoden in Gruppen, eine andere ihre sorgfältige Auswahl. Viele reformierte Unterrichtsräume sind mit Arbeitsmaterialien überfüllt, was im Gegensatz zu der unpersönlichen Leere alter Klassenräume steht. Ein Sammelsurium von Arbeitsmitteln und gedankenlose Dekoration erschweren aber ebenso wie eine Umgebung ohne Reize, dass Kinder und Jugendliche sich konzentrieren und vertiefen können.

Neben den (dezimierten) Tischen und Stühlen, den Regalen und den Freiflächen am Boden ist es zunehmend wichtig, auch im Stehen arbeiten zu können. Ein junger Designer hat für unsere Schule eine Arbeitsunterlage entwickelt, eine schräg gestellte Platte, die beweglich an passenden Tischen und in Regale eingehakt werden kann, sodass man im Sitzen und im Stehen an dem kleinen Einzeltisch (Tablett) oder dem zusammengesetzten Großtisch arbeiten kann. Das Modell »KLAK« wird von der IKEA-Stiftung bei seiner Weiterentwicklung gefördert.

Um Schulräume schön zu machen, sollten die Arbeiten der Kinder oder Jugendlichen mit Kunstwerken oder anderen Kulturgütern in einen Dialog gebracht werden. Mit Sorgfalt müssen die einen präsentiert und die anderen ausgesucht und präsentiert werden. Sowohl die fachwissenschaftlichen Sammlungen mit ihren Instrumenten, Modellen und Anschauungsobjekten als auch die Abbildungen von Kunstwerken, Architektur, Design usw. bringen Kinder und Jugendliche in Kontakt mit der Kultur. Es ist eine vordringliche Aufgabe aller Lehrerinnen und Lehrer, ihre Lernräume zu gestalten und dabei ihren speziellen Zugang zur Kulturgeschichte über ihr Fach zum Ausdruck zu bringen.

Auf kontrastierenden Pinnwänden in Augenhöhe der jeweiligen Lerngruppe werden originäre Schülerarbeiten, Unikate wie Zeichnungen, Skizzen, Fotos, Bilder etc. in sorgfältiger Hängung angebracht. Als kultureller Ort hat die Schule u. a. die Aufgabe, Originäres und Originales zum Vorschein zu bringen. Dies muss sie mit Respekt und Anerkennung tun. Die weitverbreiteten Plakate sind dagegen oft ein Zusammenschnitt und eine Abschrift von Gedanken anderer. Das Plagiat sollte in der Schule durch das Unikat ersetzt werden. Dekoration macht sich in derart gestalteten Räumen weitgehend überflüssig. Die ständig wechselnde Dauerausstellung mit Originalen aus der Gruppe bietet genug Reize und wird noch durch markante Kunstdrucke oder anregende Gegenstände, passend zur Altersgruppe, ergänzt.

Vielleicht werden jahreszeitliche Bezüge durch Pflanzen oder andere Gegenstände hergestellt. Als Grundregel sollte gelten, dass alle Gegenstände in einem Bezug zu den Themen der Gruppe stehen und nichts Überflüssiges den Raum füllt.

Eine bewusste Schulraumästhetik braucht die Mitsprache der Schülerinnen und Schüler und schränkt sie gleichzeitig ein. Kinder und Jugendliche sollten nach ihren Ideen und Wünschen für ihren Lernort befragt werden. Ihre Ideen und Vorschläge werden ernsthaft diskutiert, in Skizzen und Zeichnungen festgehalten und auf Vor- und Nachteile überprüft. Gleichzeitig können und müssen sie nicht wissen, welche Dinge und Abbildungen das Curriculum nahelegt und wie eine anspruchsvolle Lernumgebung optimal gestaltet werden kann. Es ist Aufgabe der LehrerInnen, die Vorstellungen ihrer Gruppe mit den didaktischen und methodischen Prämissen in Übereinstimmung zu bringen. Die Raumgestaltung ist keine Frage des Geschmacks einzelner Menschen. Schule ist ein öffentlicher und kultureller Raum. Eine verantwortungsvolle Gestaltung dieses Raumes ist Teil eines anspruchsvollen pädagogischen Konzepts. Eine Schule mit neuen Arbeitsformen braucht ein gemeinsames und verbindliches Raumgestaltungskonzept. Dies schließt die Farbgestaltung, Raumaufteilung, Möblierung, Ordnungskriterien, Arbeitsmaterial usw. ein. Eltern und ihre Kinder können zur Gestaltung und Pflege dieser Räume umso besser beitragen, je mehr sie an ihrer Schule auf ein klares Raumkonzept mit einem ästhetischen Anspruch treffen. Die Schülerinnen und Schüler leisten darüber hinaus ihren Beitrag zur Gestaltung, wenn ihre Arbeiten würdevoll und in ständigem Wechsel ausgestellt werden.

In Räumen gucken, hören, riechen, schmecken, fühlen, atmen Menschen. Unsere Sprache hat viele Idiome, die Sinneswahrnehmungen in der Schule verdeutlichen.

In der Schule kann man etwas ins Auge fassen, im Auge behalten, Auge um Auge kämpfen, die Augen aufhalten, etwas nicht aus den Augen verlieren, jemandem Sand in die Augen streuen oder ein Dorn im Auge sein, mit einem lachenden und einem weinenden Auge etwas wahrnehmen, mit einem blauen Auge davonkommen. Man kann auch ganz Ohr sein, nur mit halbem Ohr zuhören, die Ohren offen oder steif halten, jemandem etwas um die Ohren schlagen oder das Fell über die Ohren gezogen bekommen, die Ohren spitzen, es faustdick hinter den Ohren haben, sich etwas hinter die Ohren schreiben, noch grün hinter den Ohren sein oder ohrenbetäubenden Lärm machen. Manche haben alle naselang die Nase vorn, tanzen jemandem auf der Nase herum, rümpfen die Nase oder tragen sie hoch, reiben jemandem etwas unter die Nase, sind naseweis und eine Nasenlänge voraus, werden mit der Nase auf etwas gestoßen, können jemanden nicht riechen, sind hochnäsig oder riechen den Braten. Man kann sich den Mund wässrig machen, mit offenem Mund dastehen, jemandem den Mund stopfen, sich den Mund verbrennen, einen großen Mund haben, jemandem das Wort im Munde umdrehen, kein Blatt vor den Mund oder den Mund zu voll nehmen, seine Zunge im Zaum halten und sich auf die Zunge beißen, es liegt einem etwas auf der Zunge, etwas ist das Zünglein an der Waage oder die Zunge hängt einem zum Halse heraus.[2]

Diese Sinneswahrnehmungen beschreiben soziale Prozesse. Sie bringen mit einem Bild komplexe, oft negative Empfindungen zum Ausdruck, die sich offensichtlich körperlich manifestieren. Die Schule ist ein Empfindungsraum. Unzählbare kleine und große soziale Interaktionen werden körperlich gespiegelt.

Die Lernprozesse könnten stark unterstützt werden, wenn die Komplexität der Sinneswahrnehmungen durch gute klimatische Bedingungen begleitet würde. Ein sensibler und bewusster Umgang mit Licht, Temperatur, Geräuschen, Gerüchen und Geschmack kann die Schulzeit in eine genussvolle Lebenszeit verwandeln und das Zusammensein vieler Menschen zu einem Zusammenspiel werden lassen. Tageslicht oder warmes Licht statt Neonlicht, ein geregelter Sauerstoffaustausch, umfassende Schalldämmung, Trinkgelegenheiten, gesunde Essensversorgung und großzügige Platzangebote würden die Qualität der Lernräume erheblich aufwerten. Wenn man neben den fünf von Aristoteles bestimmten Sinnen auch den Bewegungssinn, den Gleichgewichtssinn oder den Eigen-

---

2   Margarethe Puttkamer in Poiesis, Heft Nr. 4, 1988

sinn berücksichtigt, entstehen weitere Anforderungen an Räume, die Schülern Entfaltung ermöglichen könnten.

Im Tastsinn drückt sich die Beziehung zum Außen aus. Auch hier hält unsere Sprache treffende Bilder bereit. Man kann Hand in Hand arbeiten oder freie Hand haben, etwas von Hand zu Hand geben oder etwas aus erster/zweiter Hand haben. Manche teilen mit vollen Händen aus, schlagen die Hände über dem Kopf zusammen, haben zwei linke Hände, legen für jemanden die Hand ins Feuer oder tragen einen Menschen auf Händen. Etwas kann Hand und Fuß haben oder ist nicht von der Hand zu weisen. Man kann besser die Finger von etwas lassen, keinen Finger rühren, sich etwas an fünf Fingern abzählen, lange Finger machen, sich die Finger an etwas verbrennen, Fingerspitzengefühl haben, jemanden um den kleinen Finger wickeln oder mit erhobenem Zeigefinger mahnen.[3]

Auffällig ist die positive Beschreibung der Hand. Der Körper, die Sinne nehmen ständig wahr, ob wir dies wollen oder nicht. Nicht die Sinne würden uns täuschen, sondern der Verstand, hat der Philosoph Kant gesagt. Da, wo wir die Sinne bewusst in das Schulgeschehen einbinden, entstehen ungeahnte Synergieeffekte.

Zeiträume

»Zeit braucht einen Ort, weil sie sonst ein abstraktes Pensum bleibt.« (Rudolf zur Lippe)

Die neue Schule hat einen großzügigen Umgang mit Zeit. Sie setzt die Kinder und Jugendlichen nicht unter Zeitdruck. Wir haben viel, sehr viel Zeit, so die Grundhaltung der Erwachsenen. Es gibt nicht eine Zeit, die für alle gleich ist. Im eigenen Rhythmus zu lernen bedeutet, ein eigenes Zeitkontingent zu

---

3   Ebenda

haben. Wenn die Erwachsenen akzeptieren, dass jedes Kind seinen eigenen Zeitrhythmus hat, der nicht von uns verändert werden kann, und wenn wir kein Kind verlieren wollen, verändert sich die Schule. Denn nun haben sich die Prämissen verschoben. Der Lehrplan wird nicht länger zusammenhangslos propagiert und vorgeschoben, sondern zu jedem einzelnen Kind oder Jugendlichen in Beziehung gesetzt. Alle brauchen ihre Zeit. Wir können die Kinder (er)ziehen und drängeln, so viel wir wollen. Immer brauchen sie ihre Zeit. In allen gleichschrittigen Systemen wird diese Tatsache geleugnet. Darum verdrängt man mit den Schülern auch den eigenen Misserfolg, wenn man sie an andere Schulen weiterleitet, und rechtfertigt sich mit den zeitlichen Vorgaben im offiziellen Plan.

In einer Halbtagsschule mit altem Stundentakt ist wenig Zeit. Der Lehrplan ist voll und die Zeit knapp. Da haben die Lehrer und Lehrerinnen recht. Die logische Konsequenz aus dieser Erkenntnis ist, die Schulzeit zu verlängern oder den Lehrplan zu verkürzen. In Ganztagsschulen und mit einem neuen Lehrerarbeitszeitmodell kann wertvolle Zeit gewonnen werden. Wenn die Schulen jedoch so sinnenfeindlich sind wie oben beschrieben, kann man verstehen, dass niemand sich länger als notwendig in lauten, engen, kahlen, eben unwirtlichen Räumen aufhalten will. So entsteht in Deutschland das Gehetze durch den Tag, die Woche, das Jahr, den Lehrplan, die Gremienarbeit, die Teamarbeit, die Elternarbeit usw. Eile und Zeitnot sind in Schulen signifikant.

Aus dem Zeitmanagement hört man, dass Zeitnot auf der mangelhaften Kompetenz, Prioritäten zu setzen, beruhe. Diejenigen, die zu viel klagen, könnten ihre Fähigkeiten nicht richtig einschätzen und sich keinen passenden Zeitplan bauen. In einer Fortbildung zum Zeitmanagement wurden wir mit der Aussage konfrontiert, dass diejenigen, die am meisten klagen, oft am wenigsten tun, vor allem meist nichts zur Verbesserung der Lage.

Das Wort Schule hat seinen Ursprung im lateinischen Wort »schola«, was Muße und auch Innehalten bedeutet. Da die real existierenden Schulen heute weit davon entfernt sind, Orte der Muße, des Innehaltens, der Exerzitien statt des Exerzierens zu sein, sollten wir Erwachsenen innehalten und verantwortungsvoll über neue Zeiträume in neuen Räumen nachdenken und entscheiden.

Den Anfang der Veränderung sollten wir in guter pädagogischer Tradition bei uns selbst machen. Lehrerarbeitszeit muss Präsenzzeit sein!

Nicht nur die Schüler und Schülerinnen brauchen mehr Zeit vor Ort, um in Ruhe zu lernen, zu üben und innezuhalten. Auch die Lehrerinnen und Lehrer sind ganze Tage in der Schule anwesend. Eine Ganztagsschule für Kinder und Jugendliche machen zu wollen, ohne die Arbeitszeit der Lehrerinnen und Lehrer grundlegend zu reformieren, ist halbherzig. Lehrerarbeitszeit nach Unterrichtsstunden zu bemessen ist veraltet. Gesprächszeiten, Teamzeiten, individuelle Vorbereitungszeiten und Unterrichtszeiten machen die Gesamtarbeit aus. Diese Zeit soll in angemessenen Räumen und zu großen Teilen in der Schule verbracht werden.

Kinder- und Jugendgruppen stellen hohe Anforderungen an die physische und psychische Kondition der Erwachsenen. Darum brauchen auch sie Zeiten zur Erholung und zum Innehalten direkt vor Ort. Die langen Ferien tragen offensichtlich nicht wesentlich zum Stressabbau im Lehrerberuf bei. Trotz der von allen beneideten vielen freien Zeit scheiden über 90% der LehrerInnen vorzeitig aus dem Berufsleben aus. Das sogenannte Burn-out-Syndrom ist mit dieser Berufsgruppe erfunden worden. Die vorherrschende Präsenz als Einzelkämpfer vor einer Lerngruppe ohne Austausch, ohne regelmäßiges Feedback und Unterstützungssysteme und das Stakkato eines 45-Minuten-Takts in wechselnden Schülergruppen tragen ebenfalls zu der bekannten Berufsunzufriedenheit vieler Lehrerinnen und Lehrer bei. Diese Verhältnisse machen viele Lehrerinnen und Lehrer krank. Gepflegte Arbeits- und Besprechungszimmer sind eine wichtige Voraussetzung für ein neues Lehrerarbeitszeitmodell. In einigen europäischen Ländern kann man diese Kultur im Lehrerberuf besichtigen.

»Wenn du auf einem toten Pferd sitzt, steig ab!«, sagt eine alte Indianerweisheit. Die zeitliche Gliederung der Stundenschule kann zugunsten neuer Zeitflüsse aufgegeben werden. Wenn ein individualisierter Zeitablauf sich mit Gemeinschaftszeiten abwechselt, nennt man das Rhythmisierung. Ruhephasen und Arbeitsphasen, Erholungszeiten und Herausforderungszeiten sind zwei Seiten eines bewegten Schullebens. Auch die Übergänge individualisieren und spezifizieren sich in lernenden Organisationen. Kinder und Jugendliche wechseln in ihrem persönlichen Rhythmus in neue Schulstufen. Die Zeiträume werden flexibel und richten sich an den Menschen aus. Die alte Struktur des Fachunterrichts wird sinnvoll an diese Abläufe angepasst. Wir Erwachsenen können bessere Zeitabläufe einrichten. Wir sind verantwortlich für eine größere Harmonie in den zeitlichen Räumen.

Innenräume – Außenräume

Ein Maß für schöne Räume in der Schule ist deren Zweckmäßigkeit. Der Zweck der Schule sei nicht das Unterrichten oder Abrichten, sondern den Kindern ein Ort zu sein, an dem sie aufwachsen und erwachsen werden können (»a place for kids to grow in«, Paul Goodman).

Zu diesem Zweck muss Natürlichkeit wiederhergestellt werden, so Hartmut von Hentig auf die Frage, was schöne Räume und Zeiträume in der Schule ausmache. Erziehung und Aufwachsen seien selbst ein großes Experiment. Die Laborschule in Bielefeld habe ihren Namen von John Deweys »Laboratory school« übernommen. Das Wort bezeichnet, anders als bei ihm, für den Erziehung und Aufwachsen selbst ein experimenteller Vorgang sind, den Auftrag, die notwendige Veränderung der Schule durch Beobachten und Experimentieren vorzubereiten.

Auch die Räumlichkeiten sollten in diesem Sinne als experimentelle Räume verstanden werden. Je weniger sich eine Schule in ihren Räumlichkeiten festlege, desto größer sei die Chance der Zweckmäßigkeit. Die Schule ist eine Mehrzweckeinrichtung. Nicht alle Zwecke sind vorher planbar. Manchmal könne Unterricht auch in Fluren oder im Treppenhaus zweckmäßig sein.

Für den Neubau der Laborschule waren drei Bedingungen benannt worden:

- Jede Lerngruppe sollte ganz für sich sein können.
- Jede Lerngruppe sollte aus ihrem Raum einen direkten Ausgang ins Freie haben.
- Jede Gruppe sollte mit jeder anderen und beliebig wenigen oder vielen zusammenkommen können. Eine einzige Aula wäre dann nicht die Lösung. Und eine Turnhalle eignet sich dafür nicht. Sie ist in ihrem Zweck schon zu sehr gebunden.

Das Konzept der freien Ausgänge wurde dann nur im Haus 1 der Laborschule für die Fünf- bis Siebenjährigen umgesetzt.

Hätten sich die drei Bedingungen für die gesamte Schule umsetzen lassen, hätte das Zeitgesetz der Schule nicht länger eingehalten werden müssen, es wäre »gebrochen« worden. Der 45-Minuten-Rhythmus oder jeder andere festgelegte Takt wird durch eine Architektur mit zentralen Ein- und Ausgängen untermauert. Alle machen zur selben Zeit Pause, bewegen sich und lärmen. Ebenso wird zur selben Zeit in Ruhe gearbeitet. Lehrergewohnheiten, die Vorstellung des planbaren Unterrichts, die Deputatsgerechtigkeit und die »Verwaltbarkeit«

der Schule sind wichtige Gründe für diesen zeitlichen Rhythmus und finden auch in der Architektur ihren Ausdruck. Wichtig für die Laborschule aber sei, dass die Lehrer die Zeiträume mit ihren Gruppen selber einteilen können. Es sollte bis zum 12. Lebensjahr keine Fächer geben. Alle Aktivitäten der Kinder sollten als Lebens- und Erfahrungsbereiche verstanden werden. Bis zum Alter von 12 Jahren seien Lehrer als »Spezialisten« für einzelne Fächer nicht notwendig, ja sogar falsch. Das Fachlehrertum führe dazu, dass sich die Zeiträume nach den Lehrern richten.[4]

An dieser Stelle wird deutlich, wie unauflösbar Zeit und Raum sind und wie beide das gesamte Geschehen in der Schule dominieren. Eine Architektur mit nur wenigen Ein- und Ausgängen verfestigt den Stundentakt, begünstigt spezialisierten Fachunterricht. Bis heute ist eine statische Vorstellung von der Schule als einem umbauten Innenraum verbreitet. Erst allmählich machen sich Schulen, vor allem die Grundschulen, an die Gestaltung ihrer Außenräume.

Dabei ist der Schulhof für Kinder und Jugendliche mindestens ebenso wichtig wie die Schulinnenräume. Denn hier verbringen sie, je nach zeitlichem Rhythmus ihrer Schule und nach den vereinbarten Pausenregeln einen nicht unerheblichen Teil ihrer gesamten Schulzeit. Und hier ist, trotz geltender Regeln, nicht selten ein »gesetzloser« Zwischenraum. Der Pausenhof kann für Kinder und Jugendliche beängstigend oder befreiend sein, je nachdem wie das soziale Klima in den Innenräumen ist und wie eine bewusste Verbindung zwischen Innen- und Außenräumen von den Erwachsenen gewünscht wird. Es ist zu kurz gegriffen, wenn man diese Zeit nur unter dem Aspekt des »Frische-Luft-Holens« sieht. Es spielt sich, ob wir wollen oder nicht und unabhängig von der »Auf-Sicht«

---

4   Gespräch mit Hartmut von Hentig im Januar 2009

durch LehrerInnen, ungleich mehr in diesen Erholungszeiten ab. Und für nicht wenige Kinder und Jugendliche sind die zentralen Pausen im Freien alles andere als Erholung.

Ein gestalteter Schulhof wird noch immer als etwas Besonderes gesehen, nicht aber als Notwendigkeit für eine Schule. Die Gestaltung der Außenräume ist jedoch ein unerlässlicher Bestandteil der schulischen Erneuerung. So, wie in den Innenräumen das Denken traditionell auf die Inhalte gerichtet wird und die Form nebensächlich erscheint, wird den Außenräumen in der Regel noch weniger Beachtung geschenkt als den Innenräumen. Schule ist eben ein geschlossenes System. Dies manifestiert sich auch im Verhältnis der Innenräume zu den Außenräumen.

Jungen kommen auch in diesem Kontext an vielen Schulen zu kurz. Ihrem gesteigerten Bedürfnis nach Bewegung und körperlichem Einsatz wird mit versiegelten und langweiligen Schulhöfen nicht entsprochen.

Auf die Benachteiligung von Jungen in der Schule ist in jüngster Zeit von verschiedener Seite aufmerksam gemacht worden. Ihr Bewegungsdrang gereicht ihnen neben anderen geschlechtsspezifischen Verhaltensweisen in vielen Schulen zum Nachteil. Ein gestaltetes Außengelände ist ein wichtiger Ausgleich für die »gezähmten« Bewegungen im Innenraum Schule. Selbstverständlich genießen auch Mädchen gestaltete Außenräume und bewegen sich gerne und ungezwungen in einem ansprechenden Gelände. Ihr Bewegungsverhalten unterscheidet sich jedoch mehrheitlich und deutlich von dem der meisten Jungen.

Räume, Zeiträume, Innenräume und Außenräume sind die Koordinaten der Bildung. Würde man diese Variablen in eine Matrix eintragen, ließe sich eine große Übereinstimmung zwischen dem Grad der bewussten Raumgestaltung und dem allgemeinen Wohlbefinden sowie der Leistungsfähigkeit einer Schulgemeinschaft feststellen.

>>Man ist nicht nur für das verantwortlich, was man
tut, sondern auch für das, was man nicht tut.<<
(Voltaire)

ES GILT ALS SELBSTVERSTÄNDLICHKEIT, dass Lernräume für
Kinder und Jugendliche mit einfachen Möbeln vollgestellt
werden. In der Regel handelt es sich um Tische, Stühle und
einen Schrank. Jeder Schüler, jede Schülerin brauche schließlich einen Sitzplatz und einen Schreibplatz, so die Argumenta-
tion der Erwachsenen. Und auch die Lehrerin oder der Lehrer
muss einen eigenen Platz haben, meist deutlich unterscheidbar
durch Ausrichtung und Design. Unzweifelhaft befindet sich
in einem Schulraum eine Tafel, meist an der Stirnseite des
Raumes. In der überwiegenden Mehrzahl der Räume steht der
Lehrertisch in der Nähe der Tafel und in umgekehrter Richtung zu allen anderen Sitzplätzen. Dieses >>Setting<< wird als
normal angesehen, tagtäglich genutzt und nicht hinterfragt.
LehrerInnen, die aufgrund ihres methodischen Konzepts Veränderungen vornehmen wollen, bekommen leicht Probleme
mit nachfolgenden Kollegen, aber auch mit den SchülerInnen
und nicht zuletzt mit den Eltern.

Die Beharrlichkeit, mit der an dieser Raumordnung festgehalten wird, gibt Aufschluss über ihre Bedeutung. In ihr vergegenständlicht sich die alte Belehrungsschule. Wie bei einem
Vortrag geht man davon aus, dass das Wissen in eine Richtung
fließt, vom Lehrer zum Schüler. Das Tafelbild dahinter unterstützt das Gesagte. Eine bequeme Sitzhaltung soll es den Be-
lehrten leicht machen, die entsprechenden Mitschriften zu
führen. So stellt man sich eine optimale Lernhaltung vor.

Ganz im Gegensatz zu der Starre dieser inneren Architektur

unserer Bildungsräume ist unsere Welt aber in großer Bewegung. Die Wissens- und Kommunikationsströme fließen in ungeheuerlichen Ausmaßen um die ganze Welt und jeder kann daran teilhaben. Und auch die privaten Welten sind von Wandlungsprozessen stärker denn je betroffen. Viele Kinder und Jugendliche erleben zwei parallele Welten. Die Zeit in der Schule sollen sie möglichst ruhig und inaktiv verbringen, in ihrer freien Zeit surfen sie in umso größeren Sprüngen durch reale und virtuelle Welten. Die Attraktivität des Internets oder die Extremsportarten sind hierfür beispielhaft.

Neben der gewollten Bewegungsarmut in diesen Lernräumen symbolisiert die undemokratische Anordnung der Möbel die gewollte Eindimensionalität des Unterrichts. Wohingegen das bei Schülern und Schülerinnen so beliebte interaktive Lexikon Wikipedia bei aller berechtigten Kritik doch täglich zeigt, dass das Wissen unendlich ist, in vielen steckt und sich rasant verändert. Die Klassenräume des letzten und vorletzten Jahrhunderts mit zentralperspektivischer Ausrichtung auf eine »Lehrperson« werden so zur Karikatur. Der Lehrer vor der Klasse büßt seine Kraft als Vor-Bild ein. Wenn nur eine Person allen in die Augen schauen kann, alle anderen aber nur diese eine Person und ansonst nur Rücken und Hinterköpfe sehen, ist das gesamte Arrangement auf das alte Frage-Antwort-Spiel ausgerichtet.

Eine fest verankerte Vorstellung von Schulräumen und die mangelhafte Bereitschaft zu ihrer Veränderung zeigen, wie stark die Wirkung dieses stunden- und jahrelangen Sitzens in Schulräumen ist. Wir haben es selber erlebt, überstanden, ausgehalten oder auch genossen. Es war viel, sehr viel Zeit, die wir in Schulräumen gesessen haben. Das »lange Weilen« und die Anstrengung des Stillsitzens und Stillseins werden im Nachhinein als notwendiges Übel des Bildungserfolgs gerechtfertigt. Schnitzereien in Tischplatten oder Bemalungen auf modern resistentem Material sind das sichtbare Zeichen dieser

Qual des Stillsitzens. Nicht zu Unrecht spricht man anstelle der Einschulung auch von Einstuhlung. Stuhl und Tisch sollen in den nächsten Jahren treue Begleiter der Kinder und Jugendlichen sein.

Immer mehr Grundschulen handeln nach neurobiologischen Erkenntnissen, wenn sie Bewegung bewusst in ihr Unterrichtskonzept integrieren. Aber in den Sekundarschulen wird noch überwiegend gesessen.

Viele Unterrichtsräume haben auch einen Schrank. Oft steht er ohne Bezug in einer Ecke, manchmal ist er abgeschlossen, manchmal offen oder auch kaputt. In diesen Schulzimmerschränken werden, wenn es gut geht, Bücher oder andere Unterrichtsmaterialien aufbewahrt. Oft sind sie aber zu unsichtbaren Müllcontainern geworden, für die sich keiner verantwortlich fühlt. Oder die Schränke sind leer. Ihre eigentliche Funktion, in dieser ansonsten rudimentären Möblierung Aufbewahrungsstätte wertvoller oder wichtiger Gegenstände zu sein, haben sie verloren oder nie gehabt. Und was könnte ein einzelner Schrank auch für eine Gruppe von Menschen aufbewahren? Er kann bestenfalls als Aufbewahrungsort für Einzelne, in der Regel für LehrerInnen, dienen. Zur Aufbewahrung von Gegenständen einer ganzen Klasse oder Lerngruppe oder Arbeitsgruppe würde ein Schrank nicht ausreichen.

Ich beschreibe hier bewusst die Minimalvariante deutscher Schulräume, wohl wissend, dass es in vielen Schulen anders aussieht. Auch hier sind es wieder die Grundschulen, also die Schulform mit der größten Heterogenität, die sich am meisten verändert haben. Hier finden wir vor allem Raum für die persönlichen Gegenstände der Kinder und für die verschiedensten Arbeitsmaterialien. Es gibt Regale, Leseecken, Experimentierzonen, verschiedene Sitzmöglichkeiten, Unterrichtsmaterialien zu den Fächern und Bücher, nicht nur Schulbücher. Und es gibt das durchgängige Bestreben, die Arbeiten der Kinder auszustellen. Viele Grundschulklassenzimmer leiden dann eher unter dem Problem der Überfüllung durch Materialien und Kinderarbeiten und verhindern manchmal so eine fachliche und ästhetische Orientierung der Kinder.

In den Sekundarschulen herrscht dagegen quälende Leere. Neben den Schränken oder über einer Garderobenleiste befindet sich vielleicht eine Bilderleiste oder Pinnwand, an der Schülerarbeiten ausgestellt werden könnten. Das passiert selten, und viele Bilder und die beliebten Plakate bleiben ohne Zusammenhang manchmal länger an der Wand, als die entsprechende Gruppe in dem Raum unterrichtet wird. Als hätten die jungen Menschen nichts mehr hervorzubringen, sondern nur noch aufzunehmen. Sie sitzen in leeren Räumen, sie sehen weder eigene noch die Arbeiten anderer. Mit dem Kulturgut der Menschheit kommen sie durch die bewusste Gestaltung ihrer Unterrichtsräume nicht in Berührung. Erstklassige Bilder aus verschiedenen Epochen, Zeitleisten, moderne Prints, Muster, hochwertige Zeitschriften und Zeitungen, Bücher aller Art und die heute üblichen Medien wie Laptops, Kopierer, Scanner, Telefon, Musikanlage, Kamera, Fotoapparat, Gegenstände also, mit denen die jungen Menschen außerhalb der Schule selbstverständlich umgehen, wären Gegenstände, die in jeden Gruppenarbeitsraum für diese Altersgruppe gehören.

Die Schülerinnen und Schüler kommen mit Hightech bestens ausgerüstet in die Schule. Und auch die meisten Schulen verfügen über eine technische Ausstattung. Ihre Medien sind jedoch zentral gelagert und werden hinter verschlossenen Türen von den Fachlehrern verwaltet, nicht jedoch von den eigentlichen Nutzern, den Schülerinnen und Schülern. So gibt es zwei parallele Technikwelten in den Klassenzimmern, die häufig miteinander in Konflikt geraten. Die Mobiltelefone verbinden mit der äußeren Welt, unter dem Tisch surft man im Internet oder schreibt »short messages«, die Verstöpselung und Abkapselung vom Augenblick werden durch weiße Kabel am Hals – oder gleich in den Ohren – offensichtlich. Diesen Tatsachen kann man nicht mehr mit einer Raumgestaltung aus dem 19. Jahrhundert begegnen. Nach klaren Absprachen könnten die vorhandenen technischen Möglichkeiten in den Gesamtkontext des Unterrichts eingebunden werden. Als einmal eine Gruppe der 10. Jahrgangsstufe innerhalb von zwei Stunden eine »Weltbar« im Foyer unserer Schule als künstlerische Performance aufbaute, wurden diese Möglichkeiten sichtbar. Vor schwarz verhangenem Hintergrund mit schummrigem Barlicht und den Städtenamen dieser Welt mit passender Uhrzeit wurden aus Kannen und Krügen in Ermangelung eines Besseren verschiedene »Wasser« ausgeschenkt. In Windeseile war auch Barmusik über einen Ipod an eine Box angeschlossen worden. Und schon wurde eine Tanzfläche auf dem Boden aufgemalt und man erkannte das Schulfoyer nicht wieder.

Jede Lerngruppe der Sekundarstufe braucht einen zentralen Gruppenraum. Auch die Jugendlichen wollen sich in der Schule »verorten«. Dieser Raum sollte Ateliercharakter haben und darf auch an ein Großraumbüro erinnern. Jugendliche könnten auf diese Weise an ihrem Arbeitsplatz in der Schule einen Teil der Erwachsenenwelt, die sie aus tausend Filmen und Bildern kennen und zu der sie selbst bald gehören, wiederfinden. In der alten Raum- und Sitzordnung werden sie entmündigt. Sie werden durch die Nichtgestaltung der Räume zur Inaktivität verbannt und spüren täglich die Künstlichkeit dieser Situation. In der Berufswelt sitzt man nicht mehr hintereinander und hört zu. Je höher die Position oder die Selbstbestimmung, umso mehr Bewegung, Kommunikation, Reisen, Austausch usw. Das wissen die Jugendlichen.

Bevor ich zu konkreten Gestaltungsvorschlägen komme, will ich auf den Dinosaurier des Schulzimmers eingehen – die Tafel. Keine richtige Schule ohne Tafel!

Das deutsche Wort »Tafel« hat seine Wurzeln im lateinischen »tabula«, womit ein rechteckiges Brett, eine Tafel, eine Schreibtafel gemeint war. Gleichzeitig versteht man darunter auch einen (festlich gedeckten) Tisch. Dieser wurde in früheren Zeiten oft nur für eine Mahlzeit aufgebaut. Eine große Platte wurde für ein Essen über Holzböcke gelegt und nach dem Mahl wieder weggeräumt, man hob die Tafel buchstäblich auf! Zahlreiche Wortverbindungen zeigen die Vielfalt der Tätigkeiten, die sich mit der Tafel verbinden. Der Tafelanschrieb, das Tafelbild, die Tafelmalerei, das Tafelwasser, das Tafeltuch, der Tafelschwamm, der Tafeldienst und das Tafelwerk sind unmittelbar mit der Schule in Verbindung zu bringen. Tafelmusik, Tafelbesteck, Tafelwein, der Tafelaufsatz, das Tafelsilber erinnern eher an festliche Anlässe. Man »tafelt«, wenn man in großer Runde ein Essen genießt und es sich mit Gesprächen, Musik und vielleicht auch Tanz gut gehen lässt. Damit sind weniger schulische Erinnerungen verknüpft.

Aus dem französischen »table« ist in der Verkleinerung das Tablett geworden, ein kleines Tischchen, das sehr flexibel einsetzbar ist. Aus dem lateinischen »tabula« leitet sich auch das Wort Tabelle ab, früher in Form von kleinen Brettchen und Merktäfelchen, heute in Listen, Übersichten, Zusammenstellungen und »Excel« zu einem unerlässlichen Instrument der Verwaltung (und Kontrolle) in unserer Gesellschaft geworden.

Die Tafelmalerei entstand erst in der Renaissance, einer Zeit des Aufbruchs und des Wissens. Von nun an stellte sich das Wissen neben den Glauben. Bilder auf Holztafeln und später auf Leinwand konnte man im Gegensatz zu Wandmalereien bewegen. Damit wurden sowohl die Künstler als auch die Auftraggeber flexibler.

In unseren Schulen heute sind die Tafeln fest an den Wänden verschraubt. Meist sind sie dreiteilig und erinnern an das alte Triptychon, den Altaraufsatz in der Kirche. Damit bieten sie nicht nur viel Platz, sondern können auch für Überraschungen und Aha-Effekte sorgen, wenn sich im Innenraum ein vorbereitetes Tafelbild befindet, das zum rechten Zeitpunkt aufgeklappt und den Blicken freigegeben wird. Die Koinzidenz mit der kirchlichen Sitzordnung und Blickrichtung ist auch aus einem weiteren Grund unübersehbar: Die Tafeln tragen das Wissen. Nicht selten müssen die Kinder oder Jugendlichen das, was dort geschrieben steht, eher glauben, als dass sie es verstehen.

Diese Tafeln kann man nicht einfach »aufheben«. Da das unendliche Wissen auf keiner Tafel Platz hat, hat man mit der Kreide- und Wischtechnik ein probates Mittel, um immer wieder eine neue Tafel zur Verfügung zu haben. Der Unterschied zwischen Kreidetafel und Whiteboard ist eher marginal. Beide Flächen können ohne große Anstrengung gereinigt werden. Evident ist dagegen der spürbare Unterschied beim Umgang mit Kreide oder Filzstiften. Die weißen Finger der Lehrer, die Kreidespuren im Klassenzimmer und an den Kleidern und die ewig verschmierten Tafeln waren lange das sinnlich greifbare Zeichen eines Berufstandes. Dies wird nun zunehmend durch das Klicken der Filzstiftkappen oder den Mausklick an den verschiedenen virtuellen Medien ersetzt.

Die Tafel im Klassenzimmer befindet sich nicht an einer beliebigen Stelle. Sie ist an der Stirnseite des Raums angebracht. Der Lehrer, die Lehrerin steht oder sitzt vor dem Wissen und vor den Schülerinnen und Schülern. Er/sie steht sozusagen dazwischen. Dies muss man wörtlich und ernst nehmen. Bei der durchaus üblichen Dauerwissensvermittlung über mehrere Stunden am Tag, steht der Lehrer tatsächlich zwischen den Schülern und dem Wissen. Niemand kann nacheinander nur einatmen. Eine Stunde Französisch, dann eine Doppelstunde Deutsch, dann Mathematik, eine Stunde Chemie, vielleicht Sport, danach Englisch und zum Abschluss Physik. Dazwischen zwei längere und mehrere kleinere Pausen zum Umzug in andere Räume. So sieht es noch immer vielerorts an Schulen aus. Die Tafel hat als vermittelndes Medium in den einzelnen Unterrichtsstunden eine stabilisierende Bedeutung. Sie ist verlässlich da. Kreide (Filzstifte) und Schwamm haben viele LehrerInnen vorsorglich in ihrer Tasche. Das Wissen, der Lehrstoff kann ausgeatmet und fixiert werden. Die SchülerInnen können sich durch Mitschrift oder Abschrift des Tafelanschriebs dieses Wissen zu eigen machen. Sie können es, zumindest auf Papier, mitnehmen.

Wenn man sich einmal vorstellt, wie viele unterschiedliche Themen an einem Schultag auf eine Tafel geschrieben und wieder weggewischt werden, wie viele unterschiedliche Bereiche den Schülern an einem Schultag auf diese Weise vor-geschrieben werden, versteht man leicht, warum sich dieses primitive Medium so lange in einer hochtechnisierten Welt halten konnte. Es ist ideal für kurzzeitige Fixierungen, bevor man zum Nächsten übergeht. Die dauerhaft beklagte Fülle der deutschen Lehrpläne ist nur mit dem Ex-und-hopp-Medium Tafel und einer Flut von Arbeitsblättern zu bewältigen.

Eine vertiefende Auseinandersetzung mit einem Thema ist in den üblichen kurzen Zeitrhythmen gar nicht möglich. Eigene Fragen zu stellen, die Fragen anderer zu hören und in das eigene gedankliche Konstrukt einzuweben, Hypothesen zu entwerfen und zu verwerfen, kontemplativ einen Gedanken wirken zu lassen, dies alles sind Arbeitsweisen, die in einem Tafelunterricht nur selten Platz haben. Der Blick ist zu einseitig auf das Grün gerichtet. Jeder weiß, dass bei allen fragend-entwickelnden Gesprächen das richtige Wissen längst feststeht und in der Person des Lehrers, der Lehrerin nur kurzzeitig aus pädagogischen Gründen zurückgehalten wird. Es ist ein trickreiches Spiel, das schon kleine Kinder durchschauen: »Aha, der stellt eine Frage und weiß die Antwort schon. Jetzt muss ich so tun, als ob ich nachdenke. In Wahrheit aber muss ich seine Antwort finden, die längst feststeht.« Die *richtige* Antwort, nicht eine Antwort, steht dann an der Tafel.

Schüler und Schülerinnen haben sich der Tafel meist außerhalb des Unterrichts bemächtigt – ein populäres Beispiel ist im Film »Die Feuerzangenbowle« zu besichtigen –, und dies weniger, um eigene Ideen zum Unterricht zu produzieren, sie zu verwerfen und wieder neu zu entwickeln, sondern um mit ihr »Quatsch« zu machen.

Die Tafel ist kein Experimentierfeld für Schüler. Sie erlaubt es allenfalls den Lehrern, sich zu versuchen. Korrekt wird sie mit einem wohldurchdachten Tafelbild genutzt. Dies lernt man sorgfältig und praxisbezogen in den Seminaren der Referendariatszeit.

Noch ein letzter Gedanke soll diesen Exkurs zu einem der wichtigsten Medien schulischen Lernens beenden.

Manchmal teilt der Lehrer seinen einsamen Platz vor der Tafel mit einem Schüler oder einer Schülerin. Dann nämlich, wenn man aufgerufen wird, »an die Tafel zu kommen«. Dann darf man sich einmal an der großen Fläche versuchen oder geht den Weg durch die Klasse, um eine richtige Antwort zu fixieren. Von den beschämenden Vorstellungen des Herumlaborierens an der Tafel und vor der Gruppe, ohne die gewünschte richtige Antwort parat zu haben oder gar ohne irgendeinen inneren Plan, vielleicht sogar mit einem Blackout vor der Blackboard, soll hier nicht die Rede sein. Es gibt viele, die sich an diese Tafelerlebnisse auch viel später noch erinnern. Können wir davon ausgehen, dass diese Vorführungen heute nicht mehr stattfinden?

Erst kürzlich hörte ich zu meinem großen Erstaunen, dass eine durchaus fortschrittliche Lehrerin störende SchülerInnen namentlich an die Tafel schreibt. Bei weiteren Störungen wird an den Namen ein Strich gemacht und ab einer bestimmten Anzahl von Strichen muss eine Extraarbeit erledigt werden. Gleichzeitig können auch Striche bis hin zu dem Erstanschrieb des Namens wieder gelöscht werden, wenn eine Verhaltensbesserung eingetreten ist. Diese kann auch durch die Fürsprache anderer SchülerInnen eingefordert werden. Schließlich sehe man ja nicht alles. Mit dieser Methode wird der Unterricht von einer öffentlichen Disziplinierung begleitet, die nicht unerhebliches Interesse abziehen dürfte. Viel schwerwiegender aber ist die immanent eingestandene Selbstverständlichkeit, dass der Unterricht gestört wird. Die unausgesprochene Botschaft an die SchülerInnen lautet:»Ihr werdet stören. Unser Mittel dagegen heißt Veröffentlichung und Strafe mit noch mehr vom selben.« Diese Prophezeiung wird in Erfüllung gehen, und es werden in aller Regel immer dieselben mit Aufmerksamkeit bedacht. Der Unterricht bleibt von einer negativen Beziehungsebene dominiert. Die eigentlich herausfordernde Frage wird so verdrängt:»Warum wird der Unterricht gestört?«

Eine Antwort lautet: Weil das Setting nicht mehr passt! Wir können 25 bis 30 Kinder oder Jugendliche nicht in einem Raum an Tischen und Stühlen Platz nehmen lassen und sie dauerhaft um Aufmerksamkeit bitten. Dies kann nur für kurze Zeiträume funktionieren. Mehrmals hintereinander an einem Tag, über eine Woche, ein Schuljahr, ein ganzes Schulleben hindurch verursacht dieses Lernarrangement mehr Anpassung als Initiative und mehr Wiederholung als Kreation.

Die Beschreibung der weitverbreiteten Schulraumrealität hat einige Anklänge an längst vergangene Zeiten. Die Statik der zentralperspektivischen Ausrichtung, die gewollte Bewegungslosigkeit im Stillsitzen auf Stühlen, das dauernde Schreiben und Abschreiben an Tischen, die Wissens-Tafel in Form eines Triptychons, der einzelne Schrank, der Glaube an das Wissen und seinen mühseligen Erwerb, das Repetieren und die Abarten des An-den-Pranger-Stellens oder die Fürsprache für Abtrünnige erinnern an mittelalterliche Kirchenanordnungen und Klosterunterricht. Mats Eklund, ehemaliger schwedischer Bildungsdirektor, hat einmal den 45-Minuten-

Takt des Unterrichts auf den Betrhythmus der Mönche im Mittelalter zurückgeführt. 45 Minuten beten, dann eine Viertelstunde Pause und wieder 45 Betminuten.

Wenn es stimmt, dass die überwiegende Zahl der Kinder und Jugendlichen in unserem Land ihre Schulzeit zumeist sitzend und inaktiv verbringen, dann sollte man hier mit Veränderungen beginnen. Die Schulräume sollten beweglich werden, die Schule in Bewegung geraten. Und dies geschieht nachhaltig mit der Veränderung von Raum und Zeit.

Fangen wir mit den Räumen an!

Eine Funktionsanalyse für einen modernen Schulraum wird verschiedene Tätigkeiten und Anforderungen ergeben. Die Möbel sind flexibel an die unterschiedlichen Tätigkeiten anzupassen. Die mittelalterliche Tafel, die auf Böcke gelegt und von ihnen wieder aufgehoben werden kann, könnte hier wieder zu Ehren kommen. Als Konferenztisch oder für großflächige Arbeiten erfüllt sie darüber hinaus auch den ihr eigenen Gemeinschaftszweck, wenn alle an einem Tisch sitzen, sich ansehen und miteinander sprechen können. Ebenso gut können viele kleine und bewegliche Tische zu einem großen Tisch zusammengeschoben werden. Damit wären wir bei einer Form der Tabletts, den kleinen und flexiblen Unterlagen, die für individualisierende Lernformen unerlässlich sind. Eine bewegliche Schreibunterlage, die sowohl an entsprechenden Tischen als auch in verschiedenen Höhen in Regale eingeklackt oder auch als Schreibunterlage auf dem Schoß benutzt werden kann, wäre hilfreich. So ergeben sich Steh- und Sitzplätze, die jederzeit veränderbar sind.

An die Stelle des (verschließbaren) Schrankes treten offene Regale, in denen alle notwendigen Lernmittel für die Schüler frei zugänglich sind. Wie sorgfältig und passend diese Lernmittel für die Altersgruppe ausgewählt und gepflegt werden, ist eins zu eins an ihrem Gebrauch und ihrem Zustand ablesbar. Kaum etwas kommt weg, ist unvollständig oder sichtbar bedeutungslos, wenn die Ausstattung des Gruppenraums durch die verantwortliche Lehrkraft ernst genommen wird. In einem lebendigen Unterricht bilden sich die Räume immer wieder neu. Dies bezieht sich auch auf die notwenigen Gegenstände, die kontinuierlich hinzugefügt oder weggenommen werden. Alle Dinge haben eine Wirkung. Erst durch eine bewusste Auswahl und Anordnung kann Resonanz zwischen den Menschen, den Dingen und den Räumen entstehen.

Dann brauchen wir Raum zum freien Sprechen. Ein Sitzkreis, möglichst mit einem runden Teppich, auf dem sich eine gemeinsame Mitte mit Bildern, Büchern, Pflanzen, Modellen usw. abbildet, ist jederzeit schnell zu gestalten. Dafür sind Hocker besonders geeignet, denn sie erfordern und befördern eine gute Haltung und sie sind stapelbar schnell wegzuräumen. Die bekannten schweren Schulmöbel sind für die Flexibilisierung der Schulräume nicht geeignet. Sie sind die Materialisierung der alten Sitzordnung, die oft über lange Zeit dafür sorgt, dass Kinder, Jugendliche und auch Erwachsene vorwiegend an einem festen Platz sitzen, buchstäblich »festsitzen«, und ihre Mitmenschen aus der immer gleichen Perspektive sehen. Gerade aber die Fähigkeit zum Perspektivwechsel ist in unserer Welt von unschätzbarem Wert und geradezu eine unerlässliche Qualifikation. Potenziell sollte man in der Lage sein, seinen Platz unkompliziert zu ändern und mit allen Gruppenmitgliedern wenigstens punktuell zusammenzuarbeiten. Neben allen sitzen zu können ist hierzu ein notwendiger erster Schritt. Dies kann in einer sich verlässlich ändernden Sitzordnung mit leichten Möbeln hervorragend geübt werden.

Es gibt auch Schulen, die sich bewusst entschieden haben, ihren jeweiligen SchülerInnen einen festen persönlichen Arbeitsplatz anzubieten. In einer Haupt- und Realschule in Bürgeln, Schweiz, bauen sich die Jugendlichen zu Beginn ihrer Schulzeit selber einen Arbeitstisch, der ihnen verlässlich zur Verfügung steht. Auch die Lehrer und Lehrerinnen haben in diesen »Lernzentren« einen festen Arbeitsplatz. Die verlässliche Anordnung der Möbel und Materialien führt an dieser Schule zu einer besonderen Atmosphäre und Arbeitsintensität. Perspektivwechsel üben die Jugendlichen in den anderen großzügigen Schulräumen. Dieses Beispiel zeigt, dass jede Schule den für sie passenden Umgang mit ihrer Inneneinrichtung finden muss. Eine bewusste Auswahl und Anordnung der Dinge in den Räumen ist dessen ungeachtet ein Kennzeichen innovativer Schulen.

Wenn die Sitz- und Schreibmöbel flexibel werden, dann auch die Tafel. Sie ist nicht mehr so groß, was die Beschränkung der LehrerInnen auf das Wesentliche fördert. Und sie ist beweglich, sodass sich der Standort des Lehrers, der Lehrerin verändern kann. Dies ist von großer Bedeutung. Mal steht er/sie damit in der Kreisrunde, mal vor der Gruppe, mal am hinteren Ende des Konferenztisches. Und immer häufiger stehen nun auch Schülerinnen und Schüler vor der Tafel, die ihrerseits die Lehrerrolle übernehmen, wenn sie präsentieren, was sie erarbeitet haben. Die Tafel oder das Whiteboard wird von einem Flipchart begleitet, das, sorgfältig verwendet, den Unterschied zwischen wegwischbaren und aufzuhebenden Notizen deutlich macht. Es sollte Arbeitsschwerpunkte oder Ergebnisse geben, die aufzubewahren und für alle zu einem späteren Zeitpunkt wieder einsehbar und mit aktuellen Ergebnissen vergleichbar sind. Um es auch an dieser Stelle deutlich zu machen: Der Lehrervortrag ist unerlässlicher Bestandteil jedes guten Unterrichts. Er braucht seinen Raum und seine Zeit und die Tafel hat auch in dieser neuen Anordnung eine wichtige Funktion. Bei einer Flexibilisierung der Räume bekommt der Lehrervortrag an der Tafel endlich seine gleichwertige Bedeutung neben anderen Lernformen.

Abschließend will ich noch ein Wort zu Dekorationen sagen. Die Fensterdekoration an Gebäuden ist ein untrügliches Zeichen, dass man es mit einer (Grund-)Schule oder Kindertagesstätte zu tun hat. Vielfach handelt es sich um Schablonen, die von den Kindern ausgeschnitten werden und, jahreszeitlich passend, den Raum verschönern sollen. Oder es gibt Pflanzen in Schulräumen, die als Lebewesen nicht selten ein kümmerliches Dasein führen und trotzdem für eine freundliche Atmosphäre sorgen sollen.

Schulräume sollten in jedem Detail bewusst gestaltet sein. Schmuck oder Dekoration haben ihre Bedeutung bei Festen oder besonderen Anlässen. Für die Gestaltung einer Lernumgebung sind sie hinderlich, solange die dekorativen Gegenstände nicht in einem bewussten Zusammenhang zu den Inhalten und zur Lerngruppe stehen. Für die ästhetische Gestaltung der Schulräume gilt der hohe Anspruch, für Kinder und Jugendliche aus dem unübersehbar reichen Schatz unseres kulturellen Erbes das Beste und Passendste auszusuchen und es den Umständen entsprechend hinzuzufügen und auch wieder wegzunehmen.

Der beliebigen Dekorationssucht unserer Zeit setzt die Schule gestaltete Bildungsräume entgegen. In Sporthallen, naturwissenschaftlichen Laboren, Gruppenräumen, Sprachzentren, in Treppenhäusern, Foyers und in Fluren, in Bibliotheken und Speiseräumen, überall, wo Kinder, Jugendliche und Erwachsene sich in Schulen aufhalten, sollten allgemeine kulturelle Leistungen oder die eines Fachgebietes aus der Geschichte und der aktuellen Gegenwart kombiniert mit den Produkten der Schülerinnen und Schüler sichtbar werden. Auch hier ist wieder auf die Proportion zu achten, jede Überladung auszuschließen und der Wandel der Ausstellung als konstituierender Teil von Anfang an mitzudenken. Die Schulzeit ist ein ausgiebiger Zeitraum, in dem die jungen Menschen mit den sichtbaren Errungenschaften der Zivilisation in Kontakt gebracht werden können. Wir sollten diese kostbare Zeit nicht mit Dekoration verschwenden.

Sitzordnungen

DIE VIELEN BESUCHER UNSERER Schule sind vor allem von der großen Ruhe in den Unterrichtsräumen und im gesamten Schulhaus angetan. Dies äußern sie verlässlich zu Beginn jedes Auswertungsgesprächs. »Obwohl die Kinder und Jugendlichen sich so viel bewegen und die Sitzordnung sich dauernd verändert, ist es sehr ruhig, manchmal geradezu still. Das ist überaus angenehm!«

Bei einem Wechsel von Einzelarbeit zu Gruppenarbeit, vom Lehrervortrag zum Kreisgespräch, von einer Konferenz am großen Tisch zu Aktivitäten innerhalb und außerhalb der Räume entsteht Bewegung. Diese Bewegung ist gewollt und wird bewusst gefördert. Die Erfahrung zeigt, dass Ruhe und Ausgeglichenheit nicht trotz, sondern nur mit und durch Bewegung entstehen.

Das Wort »Sitzordnung« bezeichnet das Sitzen und die Ordnung, zwei gestaltgebende Faktoren in der Schule. In unserem Verständnis von Unterricht wollen wir weder das eine noch das andere eliminieren, denn in Ergänzung mit Bewegung kann auch das Sitzen wieder zu einer neuen Ordnung führen. In einer schülerorientierten Schule ist das Sitzen eine Körperhaltung unter anderen. Es hat seine Bedeutung, aber es ist nicht länger die *einzige* Körperhaltung.

Um Ruhe und Bewegung in ihrer Abwechslung an unserer Schule deutlich zu machen, ist es sinnvoll, die Tagesabläufe von Grundschulkindern und Sekundarstufenschülern einmal nachzuzeichnen und auf wesentliche Details hinzuweisen.

Zwischen 7.30 und 8.30 Uhr kommen die Kinder zu unterschiedlichen Zeiten in die Schule.

In der Grundschule beginnen sie den Tag mit ihrer persönlichen Arbeit. Diese setzen wir bewusst an den Anfang, um die Kinder direkt zum Tun anzuregen und sie nicht durch Reden, z. B. im Morgenkreis, abzulenken. Die Lehrerin begrüßt jedes Kind einzeln. Sie fragt, was es arbeiten möchte. Hat es keine eigene Idee, macht sie selber einen Vorschlag, beruhend auf ihren Beobachtungen zum individuellen Entwicklungsstand. Die dann gewählte Arbeit kann auf einem Teppich am Boden, im Sitzen am Tisch, im Stehen an einem Stehpult, an der Tafel, mit dem Blick zur Klasse oder mit dem Blick aus dem Fenster, im Laufen im Klassenraum, auf dem Flur, manchmal auch auf dem weiteren Schulgelände verrichtet werden. Es ist wichtig für eine individuelle Arbeit, die passende Körperhaltung und die passende soziale Umgebung zu finden. In der Freiarbeit sind die Sitzordnungen und Körperhaltungen höchst verschieden. Allerdings neigen auch schon viele junge Schulkinder zu einer statischen Sitzhaltung an immer gleichem Ort mit immer gleichen Nachbarn. Manche Mädchen ziehen die Tischarbeit mit den Freundinnen vor. Beschäftigt mit ihren Papieren und Schreibarbeiten bleiben sie unauffällig und werden zu oft in Ruhe gelassen. Jungen sind lieber am Boden, sie bewegen sich großräumiger und verstecken sich nicht so häufig hinter »braven« Arbeiten. Um alle Kinder in den Genuss unterschiedlicher Arbeitshaltungen zu bringen, muss man sie mit ihnen üben. Dabei sind die Wahrnehmung und das Einschreiten der Lehrerin gefragt. Freundlich, aber bestimmt Kinder an andere Plätze zu führen, zu anderen Körperhaltungen aufzufordern und die Zusammenarbeit mit neuen Partnern zu initiieren ist eine Hauptaufgabe der Lehrerinnen und Lehrer. Wie gute Gastgeber sollten sie sich überlegen, welche Kinder sie wann miteinander in Kontakt bringen, indem sie sie nebeneinandersetzen und ihnen gemeinsame Aufgaben anbieten. Nachdenken über die aktuelle Sitz-, Steh- und Bewegungsordnung ist ein wesentlicher Teil der Unterrichtsvorbereitung in offenen Systemen. Differenzierung im Unterricht schließt differenzierte Angebote des Ortes, der Zeit und der körperlichen Bewegung und Haltung ein. Bei einem bewussten Umgang mit dieser Aufgabe ist es genauso wichtig, die Kinder an passender Stelle ihren Ort auch selbst wählen zu lassen.

Die Nichtbeachtung dieser Aufgabe führt schon in der Freiarbeit der Grundschule zu einem herausforderungsarmen Lernansatz, da die Heterogenität der Gruppe so nicht ausgeschöpft wird. Die Bedeutung des richtigen Arbeitsplatzes wird nicht nur in traditionellen Anordnungen unterschätzt. Gerade vor dem Hintergrund der größeren Entscheidungsfreiheit und Mitsprache der Kinder in offenen Systemen wird die Wahl des Ortes und der Partner oft den Kindern überlassen. In dieser falsch verstandenen Freiheit der Platzwahl wird Potenzial vergeudet. Viele Kinder sind mit der Entscheidung, ob sie alleine, mit einem Lernpartner oder in einer Gruppe lernen sollten, überfordert. Die Nähe der Freunde ist ihr erstes Entscheidungskriterium. Freundschaften ergeben jedoch nicht automatisch gute Arbeitsgemeinschaften. Im Gegenteil blockieren viele Kinderfreundschaften die Ausformung der individuellen Intelligenz, da Anpassung und Rücksichtnahme die Beziehung dominieren. Durch Kinder gewählte Sitzordnungen führen leicht zu Ausgrenzungen und Verfestigungen im sozialen Gefüge der Lerngruppe. Sie beschränken die Einzelnen auf eine feste Rolle. Erst wenn die Kinder ihre unterschiedlichen Fähigkeiten offen in immer neuen Arbeitsweisen und mit wechselnden Arbeitspartnern anwenden können, werden sie wirklich kreativ. Denn nun sind sie bereit, häufig die Perspektive zu wechseln und neue Eindrücke von anderen emphatisch aufzunehmen. Jedes einzelne Gruppenmitglied kann, zeitlich begrenzt, ihr Arbeitspartner sein. Kurze gemeinsame Arbeitsaufträge, deren Ergebnisse anerkennend wahrgenommen werden, sind eine wichtige Begleiterscheinung dieser »angeordneten« Arbeitsgemeinschaften.

Durch eine bewusste Platzierung der Kinder wird die gewünschte Anerkennung der Vielfalt von ihnen selbst erlebt und demonstriert. Dies ist eine notwendige Voraussetzung für Solidarität und Toleranz in der Schule. Lerngruppen, in denen Kinder sich erlauben können, die Zusammenarbeit mit anderen Kindern oder deren Nachbarschaft abzulehnen, sind weit von der Ausschöpfung ihres Potenzials entfernt. Ein bekanntes Beispiel ist die Wahl von Sportmannschaften: Zwei SchülerInnen setzen sich nach dem Klassenranking ihre Mannschaft zusammen. Die vermeintlich Schwächsten bleiben bis zum Schluss übrig. Diese öffentliche Beschämung hat eine starke negative Auswirkung auf die gesamte Gruppe. Die Rollenzuschreibung verfestigt mit jedem Mal die Defizite auf allen Seiten und etabliert Dilettantismus und Ausgrenzung.

Eine übersichtliche und sorgsam vorbereitete Lernumgebung ist eine weitere unerlässliche Bedingung, um neue Lernformen und Bewegungsordnungen zu entwickeln. Offene Regale mit vielfältigen Lernmaterialien, flexible Tische, Hocker, Sitzkissen, Arbeitsteppiche und der große runde Gemeinschaftsteppich geben die Bewegungslinien, nicht eine Sitzordnung vor. Jedes Kind bedient sich aus dem reichhaltigen Angebot mit Material und braucht dann den passenden Platz.

Die Bewegungsvielfalt in der Freiarbeit wird im Laufe des weiteren Schultages von der Zusammenkunft im Kreis abgelöst. Wir sitzen in einem Stuhlkreis. Auf dem runden Teppich in der Mitte liegt ein besonderes Anschauungsmaterial, das, anders als an der Tafel, auch dreidimensional sein kann. Die Dinge in der Mitte stehen im Bezug zum Thema, sie haben eine besondere Qualität. Nicht irgendetwas macht uns aufmerksam, sondern etwas Besonderes. Wir brauchen diese gemeinsame Mitte, auf die wir uns aus dem gleichen Abstand beziehen können. »Die Welt liegt im Zwischen«, sagt Hannah Arendt. Dieses »Zwischen« zu gestalten und zu pflegen ist eine wichtige Aufgabe der Lehrerinnen und Lehrer. Hier haben sie ihr »Impulsfeld« und können inspirieren.

Und wir brauchen eine Sitzform, die für eine bestimmte Zeit alle gleichstellt. Das ist der Kreis. Hier kann man auf Augenhöhe diskutieren, man kann allen in die Augen schauen und man wird selbst von allen gesehen. So herausfordernd konfrontativ diese Sitzordnung ist, so verantwortungsvoll ist sie gleichermaßen. Nicht hierarchische Systeme sind für alle eine große Herausforderung. Dies zeigt sich besonders dann, wenn LehrerInnen den Kreis auf die gleiche Weise wie früher benutzen, ihn nicht bewusst gestalten oder indem sie die Kinder oder Jugendlichen dominieren. Die Aufmerksamkeit lässt sofort nach, wenn die SchülerInnen spüren, dass die Form unangemessen ist. Dann gibt es auch im Kreis Störungen wie im frontalen Unterricht. Eine gleichberechtigte Sitzordnung entfaltet ihren Wert erst im passenden inhaltlichen Kontext. Organisatorische Ansagen, Disziplinierungen und Belehrungen mit einer Lehrerdominanz gehören nicht in den Kreis. Das Gespräch, der Austausch, der Diskurs, die gemeinsame Anschauung, eine Lesung oder Darbietung sind adäquate Anlässe, sich in der geometrischen Idealform zu treffen. Einen Prozess mit offenem Ausgang zu initiieren ist die Aufgabe, denn: »So fühlt man Absicht, und man ist verstimmt!«, sagt Goethe.

Die Schule endet um 14.30 Uhr. Neben der freien Arbeit in differenzierten Raumordnungen und dem Sitzkreis haben die Kinder vielleicht einen Lehrervortrag oder einen Beitrag ihrer Mitschüler gehört. Dazu haben sie sich in der Kinoformation, d. h. in mehreren Stuhlreihen hintereinander mit einer Schreibunterlage auf dem Schoß, zusammengefunden. Jetzt redet hauptsächlich einer oder eine und die anderen hören zu. Für anschließende Fragen bewährt es sich, seine Hand zu heben, sich zu melden und zu warten, bis man »drangenommen« wird.

Vielleicht hat man zwischendurch für ein gemeinsames Frühstück die Tische zu einer großen Tafel zusammengestellt und anschließend für andere Arbeiten genutzt. Vielleicht haben die Kinder im sogenannten »Üben und Vertiefen«, der Schulaufgabenzeit in einer Ganztagsschule, an einem Tisch gesessen und still vor sich hin in einem Heft gearbeitet. Mit großer Wahrscheinlichkeit ist ein Grundschulkind während der langen Mittagspause neben der gemeinsam eingenommenen Mittagsmahlzeit im Speisesaal auch auf dem weitläufigen Schulhof gewesen und hat sich ausgiebig beim Laufen, Klettern, Springen bewegt. Der beschriebene Schultag hat jedem Kind mehrere Aktions- und Sozialformen angeboten. Ein Wechsel zwischen Ruhe und Bewegung, individueller und gemeinschaftlicher Arbeit ist möglich gewesen.

In sechs Schulstunden wurde gesessen, gehockt, gelaufen, gestanden, gelegen, gerannt, gesprungen, geklettert, gekniet. Die Kinder konnten oft entscheiden, welche Körperhaltung sie einnehmen und wann sie diese ändern. Sie konnten den Raum selbstständig verlassen und wiederkommen, und sie haben vielleicht vier- oder fünfmal umgeräumt: von der individualisierenden Anordnung der Möbel in der langen Freiarbeitsphase zu einem großen zusammengeschobenen Frühstückstisch, dann zu einem Stuhlkreis, zu einer Kinoformation und abschließend zu Gruppenarbeitstischen. Sie haben sich viel bewegt.

In der Sekundarstufe beginnt der gemeinsame Unterricht um 8.30 Uhr mit einem Morgenkreis. Jugendliche haben ein großes Bedürfnis nach Kommunikation. Mit den anderen zu sprechen, sich zu zeigen, sehen und gesehen zu werden birgt für

Das Gebäude der Montessori-Schule ist klein und wenig attraktiv. Allein das großzügige Außengelände und die Lage der Schule in der Nähe des berühmten Schlossparks von Sanssouci geben dem Schulstandort ein besonderes Flair. Seit 2009 befindet sich auf dem Dach eine der größten Bürgersolaranlagen Deutschlands.

Der großzügige Schulhof ist in vielen Schritten von Schülern, Eltern und Lehrern gestaltet worden. Der große Brunnenstein, ein 200 Millionen Jahre alter Variogranit, ist der Mittelpunkt.

Türen stehen offen, denn die Entdeckungsfreude der Kinder kennt keine Grenzen.

In diesem »Klassenzimmer« gibt es Regale mit vielen Arbeitsmitteln, Einzelarbeitsplätze, einen Gruppentisch und Freiraum in der Mitte mit einem runden Teppich.

Der »Geschichtsraum« für die Sekundarstufe ist bewusst mit historisierenden Elementen ausgestattet: z. B. einem Bauernschrank, einem Klostertisch, alten Stühlen, einer Schulbank, und auf die Gardinen sind die Namen großer Persönlichkeiten der Weltgeschichte aufgedruckt.

Umräumen ist gewollt, bringt Bewegung und neue Perspektiven.

Durch Umräumen werden die SchülerInnen mit den Räumen, den gemeinschaftlichen Gegenständen und auch den Dingen der anderen vertraut.

Große Formate können gut auf dem Boden bearbeitet werden. Auch hier ist wieder der Flur ein willkommener Arbeitsbereich.

Und es gibt auch »normale« Sitzordnungen: jede/r für sich und an Tischen hintereinander.

Kleine Kinder entspannen sich in unterschiedlichen Arbeitshaltungen. So brauchen nicht alle zur gleichen Zeit einen Tisch und einen Stuhl.

Es fällt leichter, sich um eine gemeinsame Mitte zu einem Stuhlkreis zu versammeln. Hier sitzen Jugendliche mit ihrer Lehrerin zusammen.

Auch im Stehkreis können die SchülerInnen an einem Thema arbeiten. Ein Schüler hält einen Vortrag. Auf dem Teppich liegen die passenden Arbeitsmittel.

Auch wenn die Arbeitsmittel viel Platz beanspruchen, eignet sich der Boden als Arbeitsfläche besonders gut.

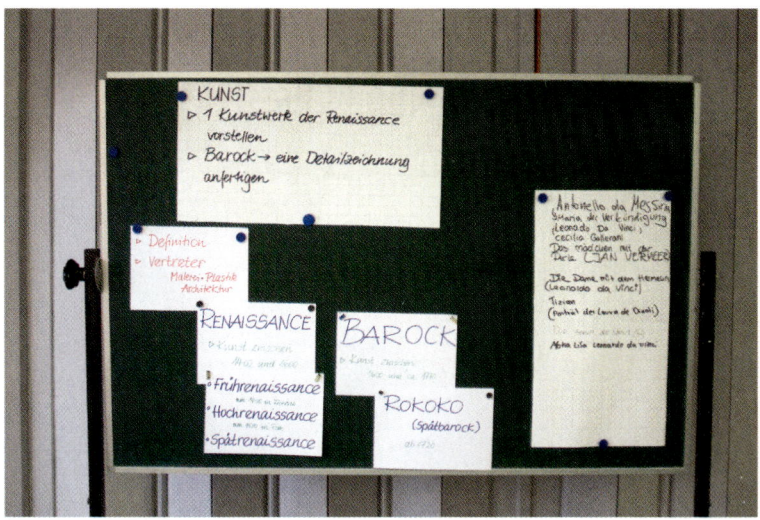

Diese beweglichen Tafeln haben sich bewährt. Sie sind klein, flexibel und bieten dennoch genug Platz.

Im sogenannten Studierraum sind Bücher und PC zusammengebracht. »Das Wissen der Welt« ist so durch verschiedene Medien erreichbar.

In dieser Holzwerkstatt arbeiten alle Kinder und Jugendlichen der Schule. Hier wurden auch vier Kanus gebaut.

Ein Beispiel für eine gemeinsame gestaltete Mitte, die mit dem augenblicklichen Thema des Unterrichts zu tun hat.

Im Unterricht zu lesen ist eine Selbstverständlichkeit!

Der Flur wird oft zum improvisierten Arbeitsraum.

Fast japanisch mutet der Respekt vor der Arbeitsfläche an. Die Kinder würden nicht mit den Schuhen über den Teppich laufen.

»Das ist ein Fach, in das wir unsere Schuhe stellen.« (Soraya)
(siehe Kapitel »Experten in der Schule«)

»Ein Schrank« (Laina). Diese Möbelstücke wurden von den Kindern in Frankreich entworfen. (siehe Kapitel Experten)

Immer wieder gibt es Probleme mit den Hausschuhen: Wo können sie gut untergebracht werden, bequem zugänglich und ordentlich verwahrt? Bisher haben wir keine zufriedenstellende Lösung gefunden. Auch nach Umzügen in neue Räume muss diese Frage immer wieder neu bedacht werden.

Gute Garderoben und Ablagemöglichkeiten für Rucksäcke sind wesentlich für die Ordnung in einer Schule mit vielen Arbeitsmitteln. Die persönlichen Dinge der Kinder und Jugendlichen sollen einen Ort haben.

Eine Jugendgruppe genießt das gemeinsame Mittagessen. Das Essen wird abwechselnd von den MitschülerInnen serviert. Wasser und Schorle werden in Kannen gereicht.

Der Flügel, neben einer Sonnenuhr und einer Bronzebüste von Karl Liebknecht eines der wenigen Stücke, das aus der alten Schule übrig geblieben ist, hat in dem neuen Speiseraum erstmalig einen guten Platz gefunden. Die Größe des Raumes entspricht dem Klangkörper des Flügels.

Eine kleine Schülergruppe arbeitet an dem »Klostertisch«. Trotz der wohnlichen Atmosphäre ist dieser Schulraum kein Wohnzimmer, denn er ist mit bewusst ausgesuchten Arbeitsmitteln und Einrichtungsgegenständen für die Schulstufen 7/8 ausgestattet.

sie im Gemeinschaftsraum Schule die stärkste Anziehung, aber auch die stärkste Gefahr.

Die Bedeutung der sozialen Gruppe und der eigenen Stellung darin ist groß. Das Gespräch ist nun ein wichtiges Arbeitsinstrument. Jugendliche wollen und brauchen die sprachliche Auseinandersetzung mit Gleichaltrigen und Erwachsenen. Die Schule ist der Ort, an dem dieses Gespräch gepflegt werden muss. Ein Morgenkreis mit Schülerinnen und Schülern zwischen 12 und 15 Jahren muss Impulse setzen und Meinungsäußerung herausfordern. Ein Brautschleier in die Mitte gelegt, eine kurze kontemplative Phase, in der sich alle ihre ersten Assoziationen auf einem kleinen Zettel notieren und dann ein Gespräch über das Heiraten in verschiedenen Kulturen machen Jugendliche wach. Oder eine Zweiteilung des Kreises, bei der jede/r seine Seite wählen kann, und eine Pro-und-kontra-Diskussion zu einem Thema von Belang. Ein Gedicht und seine Interpretation, ein Zeitungsartikel vom selben Morgen, eine Feedbackrunde zur letzten Gruppenfahrt nach selbst entwickelten Bewertungskriterien fordern zur Meinungsbildung auf. Jugendliche wollen reden. Sie wollen ihre Meinung äußern und mit der Meinung anderer abgleichen. Um diese Fähigkeit zu entwickeln, brauchen sie große Themen und Zeit.

Der tägliche Morgenkreis dauert im Gegensatz zu anderen Gesprächsrunden nur eine halbe Stunde. Wenn eine Gesprächskultur entwickelt ist, führt diese zeitliche Begrenzung zu Disziplin in den Redebeiträgen. Alle fassen sich kurz, unnötige Wiederholungen werden vermieden, viele beteiligen sich, und nach Beendigung des Gesprächskreises wird in kleinen Gruppen manchmal noch lebhaft weiterdiskutiert. Im Fortgang des Schultages wechseln sich instruktive und aktive Phasen ab. Die Jungen und Mädchen wechseln zwischen den Räumen und arbeiten in unterschiedlichen Anordnungen. Im Sprachenraum sollte die Möglichkeit bestehen, an Einzeltischen und mit Kopfhörern individuelle Sprachtrainings durchzuführen. Kommunikationsrunden können schnell im selben Raum zusammengestellt werden. Rollstühle zeigen hier ihre Qualität. Im Naturwissenschaftsraum experimentiert man an Gruppentischen. Im Studierraum steht man an den Computerarbeitsplätzen oder sitzt an dem großen Büchereitisch. Hier wird nicht gesprochen. In einem Besprechungszimmer sitzt man auf dem Teppich, in den anderen auf Hockern. Die Lerngruppenräume haben Einzelarbeitstische, Stehpulte und Einhängebretter für Regale, an denen man im Stehen oder Sitzen arbeiten kann. Besonders beliebt ist ein großer Tisch, für den alte Stühle gesammelt wurden. Ein Bauernschrank, eine alte Schulbank mit Pult, ein Kandelaber und Gardinenschals mit aufgedruckten großen Namen aus der Weltgeschichte haben den Geschichtsraum zu einem beliebten Aufenthaltsraum gemacht. Auf dem Schulhof kann man auf Bänken sitzen oder in Hängebänken lümmeln. Im Sommer sitzt man auf kleinen Mauern oder der grünen Wiese. Jugendliche »hängen gerne ab«. Aufgrund ihrer starken körperlichen Entwicklung fällt es ihnen schwer, dauerhaft eine gerade und aufrechte Haltung zu bewahren. Was früher »lümmeln« hieß, ist heute zu »chillen«, »rumhängen«, »abhängen« geworden. Es beschreibt den körperlichen Ausdruck im Übergang von der Kindheit zur Jugend. Auch in einer jugendgerechten Schule muss die körperliche Verfassung der Jugendlichen bewusst in die Unterrichtsplanung einfließen. Jugendliche müssen zu unterschiedlichen Bewegungsformen und Körperhaltungen in jedem Unterricht, nicht nur im Sportunterricht, angehalten werden. Sie sollen sich viel bewegen. Laufen, Stehen und Sitzen sind an einem Schultag in einem ausgewogenen Verhältnis. Sobald die strengen Sitzordnungen und das übermäßige Sitzen aufgehoben werden, verbessert sich die Körperhaltung der jungen Menschen zusehends.

Wieder ist es die erste Aufgabe der Lehrerinnen und Lehrer, für Abwechslung in den Körperhaltungen zu sorgen. Und wie in der Grundschule sind sie auch hier aufgefordert, auf die Wahl der Arbeitsplätze zu achten. Ein Klima gegenseitiger Toleranz und Akzeptanz entwickelt sich unter Jugendlichen ebenfalls nicht von alleine. Auch sie wählen, mehr noch als Grundschulkinder, ihre Freunde zu Nachbarn und Arbeitspartnern. Auch für sie gilt, dass Freundschaften nicht folgerichtig gute Arbeitsgemeinschaften sind. Unter der Dominanz vieler Gefühle ist das Eingreifen der Erwachsenen bei der Wahl eines Arbeitspartners oft eine Rettung.

Jugendliche zu »platzieren« ist ungleich schwerer als bei Grundschulkindern. Man muss gesprächsbereit sein und mit reizvollen Arbeitsaufträgen eine zeitliche Festlegung treffen.

Die wichtigste Aufgabe der Lehrer und Lehrerinnen in der siebten und achten Jahrgangsstufe (also im Alter von 12 bis 14, 15 Jahren) besteht darin, den Jugendlichen eine respektvolle Haltung entgegenzubringen und ihnen einen respektvollen Umgang untereinander zu ermöglichen.

Das Gefühl, beschämt werden zu können, erstickt jede natürliche Lernbereitschaft. Öffentliche Ablehnung (»Neben der sitze ich nicht!«) einer Person vergiftet das Klima für alle. Die Abwechslung in den Sitz-, Steh-, Laufordnungen und die zeitweilige Platzierung sind dabei von großem Wert. Wie immer istder Lehrer, die Lehrerin hier Vorbild. Auch ihr Platz ist nicht mehr feststehend. Die Lehrer wechseln den Standort und den Sitzplatz ebenso häufig wie die Jugendlichen. Im Kreis sitze ich an allen Stellen und neben jedem. Ich wechsle ständig die Perspektive und fordere die Schülerinnen und Schüler auf, dies auch zu tun: »Jeder sucht sich einen neuen Platz im Kreis mit zwei neuen Nachbarn!« Diese Aufgabe zu erfüllen und bei den anderen zu überprüfen, dass sie sich wirklich umgesetzt haben, ist eine intellektuelle Herausforderung, die den Jugendlichen gefällt. Ein Gespräch über die Basisqualifikation des Perspektivenwechsels in einer modernen Gesellschaft, vielleicht mit Erfahrungen aus dem Berufsleben der Eltern angereichert, gibt der spielerischen Übung einen tiefen Sinn. Körperhaltungen in unterschiedlichen Gesellschaften und Kulturen zu erforschen und nachzustellen bzw. auszuprobieren bringt die dominante Sitzkultur unserer Gesellschaft ins Bewusstsein der Jugendlichen. Im Kontext der Kulturen der Welt bekommt das Hocken oder Knien einen anderen Stellenwert und die eigene Begrenztheit wird zum Ausgangspunkt für neue Überlegungen.

Wenn die Jugendlichen die Schule um 15.30 Uhr verlassen, sollten auch sie bei ihrer Arbeit gehockt, gekniet, gesessen, gestanden haben und gelaufen sein. Auf das Liegen der Grundschulkinder verzichten wir aus verständlichen Gründen, und das Klettern, Springen und Rennen werden in dieser Altersgruppe außer im Sportunterricht, durch entspanntes »Hängen« ersetzt.

Um Jugendliche zu bewegen, braucht es Vertrauen. Ein Lehrer kennt nicht nur die Namen seiner Schüler und Schülerinnen, er kann auch ihre Eigenarten berücksichtigen und dafür sorgen, dass es in der Gruppe keine Beschämungen gibt. Und er oder sie ist Bewegungsvorbild, ist körperlich und geistig beweglich, wechselt von der Zentralperspektive in die Mehrperspektivität.

Die Abwechslung der »Settings« ist neben allen angesprochenen Zusammenhängen auch auf die verschiedenen Zeiteinheiten zu beziehen: auf die einzelne Unterrichtssequenz, den gesamten Unterrichtsvormittag mit verschiedenen Themenschwerpunkten, die Woche, die Zeit zwischen zwei Ferien, ein Schuljahr, eine gesamte Schulzeit. Für jede Altersgruppe gelten andere Gesetze, wird die Lernumgebung anders gestaltet, sind andere Methoden adäquat. Für alle Gruppen gilt, dass sie noch viel mehr außerhalb der Schule in der Natur, in den unzähligen gesellschaftlichen Institutionen und im öffentlichen Raum arbeiten sollten. Dabei entsteht Bewegung von alleine.

Im Schulalltag bedeutet die Aufhebung der alten Sitzordnung den Beginn einer neuen Kultur. Erst wenn alle in Bewegung geraten, kann verantwortungsvolles Lernen entstehen.

Das alte Bild von der Schule ist fest verankert: Lehrer, Tafel und Tische in einer Ausrichtung; da sitzen die Schüler, arbeiten alle zur selben Zeit an demselben Thema und melden sich, wenn sie die richtige Antwort haben. Auch an unserer Schule spürt man immer wieder einmal den Wunsch der Kinder und Jugendlichen, »richtig« zu lernen, »wie in einer richtigen Schule«. Dann haben wir schon manchmal den Klassenraum umgestellt und Schule gespielt. Viele Kinder haben schnell genug von der Fremdbestimmung und der einseitigen Sitzordnung. Es gibt jedoch auch Kinder, die es genießen, sich alles vorsetzen zu lassen und für bruchstückhafte Beiträge gelobt oder getadelt zu werden. Einmal hatten wir einen neuen Lehrer, der nach wenigen Wochen seine Grundschulklasse in die frontale Sitzordnung umräumte. Seine Kolehrerin war eine Kollegin, die von der ersten Stunde am Aufbau unserer neuen Schule beteiligt war. Sie stand morgens fassungslos in meinem Zimmer und forderte mich auf, sie jetzt zu unterstützen. Die Begründung des neuen Kollegen für sein Handeln war die altbekannte: Die Kinder würden nicht rechnen können, er müsse sie erst alle auf einen Stand bringen. Dazu brauchte er die Sicherheit der alten Sitzordnung.

Wir haben die Klasse wieder zurückgebaut. Der Kollege hat nach einem Jahr unsere Schule verlassen.

Über das Melden

Zu dem alten Bild von der Schule gehört das Melden. Kinder oder Jugendliche sitzen an Tischen und heben einen Arm in die Höhe. Damit zeigen sie an, dass sie etwas sagen wollen. Der Lehrer steht vor der Klasse und entscheidet, wer seine Gedanken laut äußern darf. Er ruft die Betreffenden auf, indem er sie beim Namen nennt oder auf sie zeigt, je nachdem, ob er sie namentlich kennt oder nicht. Man wird »drangenommen«, so der aktuelle deutsche Sprachgebrauch. In manchen Gegenden spricht man auch vom Aufzeigen. Gemeint ist auch hier der hochgestreckte Arm mit ausgestrecktem Zeigefinger. Oft berühren sich der Daumen und der Mittelfinger in einer Vorstufe des Schnipsens, das beim langen Warten und wachsender Ungeduld dem disziplinierten Schüler Erleichterung verschafft. Eigentlich ist das Melden aber ein stilles Zeichen, um sich unter vielen bemerkbar zu machen. Und es ist eine zivilisierte und kultivierte Geste, denn es sorgt für Verständigung in größeren Gruppen. Es können schließlich nicht alle durcheinanderreden, wenn man gemeinsam zu einem Gedankenaustausch oder gar zu einer Entscheidung kommen will. Alle, die etwas sagen wollen, disziplinieren sich selbst im Abwarten, haben sich aber dennoch bemerkbar gemacht.

Das Melden macht nur Sinn, wenn es jemanden gibt, der die Redefreudigen auch zu Rednern macht. Jemand muss autorisiert sein, der Geste zur Sprache zu verhelfen.

In der Schule dauert es oft lange, bis man »drankommt«. Manchmal hat der Unterrichtsfortgang den eigenen Beitrag dann schon überflüssig gemacht. Aus physiologischen Gründen wird der zweite Arm oft zur Stütze des Meldearms umfunktioniert, der dann allerdings nicht mehr ganz so steil in die Höhe gereckt bleiben kann. Durch Abwechseln der Arme kann man Wartezeiten ebenfalls erträglich machen.

Bei allen individuellen Strategien bleibt es in einem lehrergelenkten Unterricht nicht aus, dass immer nur wenige sich erfolgreich »zu Wort melden« können, d. h. dass sie dann auch reden können. Wenn wir von einer großen Beteiligung im Unterricht ausgehen, führt diese Kommunikationsform also bei vielen unweigerlich zu einer starken Impuls- und Gedankenunterdrückung. Rechnerisch hätten in einem 45-minütigen Unterricht 28 Schülerinnen und Schüler zwei Minuten Redezeit, wenn der Lehrer gar nichts sagt. Bei dem bekannt hohen Sprachanteil der Lehrer in dieser Unterrichtsform kann man sich leicht ausdenken, wie viel Zeit für Redebeiträge aus der Klasse bleibt. Dies führt zu Frustrationen.

Wie viele Gespräche finden zu Hause oder in der Schule statt, in denen sich die Kinder oder Jugendlichen darüber beschweren, dass sie nicht reden können? »Ich melde mich ja die ganze Zeit, aber ich werde nicht drangenommen.« Ob dies im Einzelfall stimmt oder nicht, ist unerheblich. Tatsache ist, dass nur wenige Schülerinnen oder Schüler zu Wort kommen können, wenn die Grundkonstruktion des Unterrichts auf dem Hin und Her zwischen LehrerInnen und SchülerInnen besteht und das Melden Ausdruck von Beteiligung ist. Und die einzelnen Redebeiträge sind angesichts der knappen Zeit kurz. Wenn es nur auf richtige Antworten ankommt, bestehen sie manchmal nur aus einem Wort. Unzählbar viele Gedanken und Fragen bleiben unausgesprochen und werden nicht von der Gruppe wahrgenommen, reflektiert und in die Arbeit integriert. Das kann wütend, traurig, lustlos und albern machen und vermittelt ein Gefühl von der Bedeutungslosigkeit des eigenen Denkens. Der Lehrer, die Lehrerin trifft die Auswahl. »Es kann eben nicht jeder zu Wort kommen« – so wird dieser Zustand meistens gerechtfertigt.

Die freiwillige Beschränkung auf eine Person, die Fragen stellt oder Impulse setzt, und eine andere, die darauf antwortet oder reagiert, verschließt den wahren gedanklichen und emotionalen Schatz einer (beteiligten) Gruppe unter der Oberfläche. So passiert es auch leicht, dass ein einzelner Gesprächsbeitrag die ganze Gruppe von einem fruchtbaren gemeinsamen Pfad wegführt. Das Hin und Her in der Öffentlichkeit lässt nur wenig Spielraum für »die allmähliche Verfertigung der Gedanken beim Reden« (Heinrich von Kleist). Diese ist nur in kleinen Gesprächsrunden sanktionsfrei möglich. Man kann ins Unreine sprechen, verwerfen, neu formulieren und doch aus dem vorher Gesagten Bruchstücke in die neue Rede übernehmen.

Immerhin vermittelt vielfaches Melden des Einzelnen oder der ganzen Gruppe den Eindruck von Interesse und Verständnis. Wir wollen hier nicht über getäuschte Meldungen sprechen, die nur den Zweck haben, so zu tun, als ob man etwas wüsste. Nicht wenige Jungen und Mädchen versuchen auf diese Weise Wissen vorzutäuschen, um ihre »mündliche Note« zu verbessern. Dieses Verhalten ist vornehmlich in dem bekannten, Fragen entwickelnden Unterricht anzutreffen, denn da geht es in der Regel um richtige oder falsche Antworten auf Lehrerfragen, also auf Antworten, die längst feststehen.

Es gibt auch die Situation, dass sich niemand oder nur wenige oder immer die Gleichen melden. Ganz gleich welche Erfahrungen dem zugrunde liegen: Auch hier, wie bei zu vielen Meldungen, ist das gleich-wertige Gespräch, das an die Stelle des direktiven und opportunen Verhaltens von Lehrern und Schülern tritt, die Alternative.

Ausgangspunkt für ein Gespräch ist ein gemeinsamer Bezugspunkt, eine gemeinsame Mitte.

Etwas, nicht irgendetwas, muss das Interesse erregen. Das

können ein Gegenstand, eine Frage, ein Problem, ein Bild, Musik, eine Bewegung, eben ein Teil des Lehrplans sein. Nun fängt man an zu assoziieren und zuzuhören. Man achtet auf das, was die anderen sagen, und man findet den passenden Punkt, um selbst seine Gedanken zu äußern. Wie bei der Ordnung der Personen im Raum (siehe Kapitel Sitzordnungen) liegt die Aufgabe der Pädagogen darin, die Gedanken herauszufordern und ihnen den richtigen Platz zu geben. Um die einfache Gesprächsform des Fragens und Antwortens, des Meldens und Aufrufens, also des Selektierens, zu überwinden, brauchen alle ihren gedanklichen Platz. Nicht nur Einzelne, die Sprachgewandten, Redelustigen, Schlauen, sollen in der Gesprächsrunde zu Worte kommen. Alle Kinder, alle Jugendlichen, die in einer Gruppe anwesend sind, denken sich etwas. Sie herauszufordern, diese Gedanken einzubringen, ist Aufgabe der LehrerInnen. Wenn wir so tun, als würden nur die Redner das Geschehen beeinflussen, lassen wir uns täuschen. Alle Anwesenden haben eine direkte Wirkung. Es ist von herausragender Bedeutung, dass alle ihren persönlichen Beitrag zum Unterricht beisteuern. Jeder muss seine Steuer entrichten, nur nicht jeder die gleiche. In dieser Grundannahme wird deutlich, dass wir mit dem Melden nicht mehr weiterkommen und es auch nicht mehr brauchen.

Bei wichtigen Themen wissen die Kinder oder Jugendlichen, dass alle individuellen Beiträge einen Wert, eine Bedeutung haben können. Sie wissen, dass diese Beiträge in Art und Umfang höchst verschieden sein dürfen. Sie haben die Sicherheit, dass es in diesem Gespräch nicht um eine Bewertung geht. Man kann Fragen stellen und sich mit den Antworten Zeit lassen. Man hat Zuhören gelernt.

Es führt zu einer Veränderung der Gesprächsform, wenn die Schüler die Fragen stellen.

»Welche Fragen habt ihr und was wisst ihr schon?« Die dann folgende Visualisierung aller thematischen Fragen und

Äußerungen verändert die Aufmerksamkeit in der Gruppe spontan.

Das Thema steht im Mittelpunkt, alle sind aufgefordert, ihre Gedanken zu äußern, und bekommen den dafür notwendigen Raum. Die Wertschätzung dieser gedanklichen Öffnung ist Grundlage eines neuen Gesprächsstils. Jede/r ist hier wichtig, jede/r bekommt Raum, jede/r hat damit auch Verantwortung für das Ganze.

Wie kann man sich Unterricht ohne Melden konkret vorstellen?

Wichtige Themen und Aufgaben werden im Kreis besprochen. Wenn die oben benannten pädagogischen Grundsätze – gemeinsame Mitte (Thema), differenzierte Beteiligung aller, Wertschätzung aller Beiträge und Fragen, zuhören können, Visualisierung und Beurteilungsfreiheit – etabliert sind, kann sich das Gespräch entwickeln. Jede/r achtet darauf, den eigenen Beitrag passend einzufügen, Rücksicht auf andere zu nehmen, Wiederholungen zu vermeiden und bereits Gesagtes in die eigenen Überlegungen einzubeziehen. Es entsteht in diesen diskursiven Gesprächen gleichermaßen eine Kultur der Stille und des Wartens. Nicht selten gibt es Denkpausen, in denen keiner etwas sagt, sei es aus Betroffenheit oder weil die Beiträge der Vorredner noch nachklingen. Genauso häufig ist es schwer, sich in der Fülle der Beiträge einen Platz zu erobern. Aber die Einzelnen können mit der Empathie der Gruppe rechnen.

Ich habe einige Gesprächsrunden erlebt, in denen dicht und verbunden Fragen von großer Wichtigkeit besprochen wurden. Besonders beeindruckend waren diese Runden bei den kleinen Kindern der Grundschule. Wenn sie in der Schule die Balance von individueller Herausforderung und persönlicher

Wertschätzung in der Gruppe erleben, können sie gemeinsam äußerst entfaltete Gespräche führen. Sie reden dann unverstellt auf ihrem jeweiligen Sprachniveau und bringen ihre »Wahrheit« ans Licht. Als Lehrerin konnte ich mich dann nur auf das Beobachten beschränken. Das Melden als ordnungsstiftendes Element war überflüssig.

Auch bei der individuellen Freiarbeit ist das Melden abgeschafft. Kinder und Jugendliche, die etwas brauchen, ein Material oder eine Hilfestellung, machen sich auf den Weg. Sie gehen z. B. zu ihrer Lehrerin, weil sie mit ihrer Arbeit nicht weiterkommen und eine Frage haben. Oft ist die Lehrerin gerade mit einem anderen Kind beschäftigt. Dabei kann man nicht stören. Also wartet man. Dabei geschieht meist dreierlei: Während des Wartens schaut man der Arbeit der Lehrerin mit dem anderen Kind zu (neuer Anreiz oder Vergewisserung über Altes), man schaut auf die Lerngruppe und sieht, was die anderen machen (Einordnung des eigenen Tuns in das Ganze), oder man schaut aus dem Fenster (kontemplative Pause, Latenzphase). Manchmal muss man beharrlich warten, da die eigene Frage keinen Aufschub verlangt. Nicht selten aber löst sich in diesem Warten bereits das eigene Problem, und das Kind kann scheinbar unverrichteterdinge zurück an seinem Platz seine Arbeit mit neu gewonnenen Impulsen fortsetzen.

Kinder und Jugendliche, die als Quereinsteiger später in freie Lernformen eingeführt werden, sitzen oft an ihrem Platz und melden sich, damit der Lehrer, die Lehrerin zu ihnen kommt. Die Statik der Belehrungsschule erlaubte ihnen nicht, sich selber auf den Weg zu machen und für notwendige Unterstützung zu sorgen. Stattdessen warten sie auf die Bedienung durch die LehrerInnen. Man könnte sie für die enorme Ausdauer, die sie dabei haben, fast bewundern. Meistens erkläre ich ihnen dann leise und persönlich, wie es besser geht: »Wenn du etwas brauchst, mach dich selber auf den Weg. Es ist wie im ganzen Leben. Man sollte sich bewegen, wenn man weiterkommen will.« Das leuchtet den meisten ein, heißt aber nicht, dass sie ihre inaktive und abwartende Haltung leicht überwinden könnten. Das Melden geht ja gerade mit Bewegungslosigkeit einher. Die Lektion der alten Schule sitzt tief. Sich bewegen zu können schafft dagegen unnötiges Melden ab.

Viele Lehrerinnen und Lehrer unterstützen unbewusst die Inaktivität ihrer SchülerInnen, wenn sie deren Melden als Aufforderung begreifen, sich vor ihrer Klasse »statisch« zu bewegen. Bei individualisierten Lernformen hingegen kann man mit Kindern und Jugendlichen gut auf Augenhöhe arbeiten, wenn man auch am Tisch oder auf dem Boden sitzt. Eine sich durch die aufgereckten Finger bewegende Lehrerin bleibt dagegen in ihrer alten Rolle. Sie behält die Übersicht und steht über den Schülern. Die genau gegenteilige Reaktion mancher junger Lehrer, neben am Tisch sitzenden Schülern in die Hocke zu gehen und so ihre Unterstützung anzubieten, hat auf komische Art denselben Effekt: Es wird nicht auf Augenhöhe, d. h. in gegenseitiger Verantwortung, geredet.

Ein letzter, aber sehr verbreiteter Nebeneffekt des permanenten Meldeunterrichts soll hier, ich gebe zu ein wenig sarkastisch, beschrieben werden. Da in dieser Unterrichtsform von vielen immer nur einer oder eine sprechen kann und alle anderen ihre Gedanken unterdrücken müssen, kommt leicht Unruhe auf. Eine Maßnahme der LehrerInnen, diese Unruhe im Zaum zu halten, besteht in dem Laut »Pssst« oder »Pscht«, der sich lang gezogen wie ein smarter Pfeifton über die Klasse legt. Für die Beliebtheit dieses Tones gibt es sicher viele Gründe. Das »Pscht« ist im schulischen Alltag ebenso dominant wie das Stillsitzen. Beides hängt voneinander ab. Könnte man alle anderen Geräusche dieser Welt an einem Schultag einmal abstellen und nur das tausendfach ausgeatmete »Pscht« aller Lehrer und Lehrerinnen hörbar machen, es wäre wahrscheinlich ein Sturm, der über das Land zöge.

So, wie das Ausatmen schnell vom Einatmen abgelöst wird, nützt auch das »Pscht« nur kurzzeitig. Und je häufiger es angewendet wird, umso weniger nützt es. Letztlich wird es nicht viel weniger ernst genommen als Lehrer, die vor der Klasse »Ruhe« brüllen. Denn das eigentliche Problem, die festgehaltenen Gedanken und Bewegungen und ihr Ausdruck in unerwünschter Unruhe, ist ja nicht gelöst. Wenn der Meldeunterricht abgeschafft ist, verschwindet das »Pscht«. Denn da, wo Bewegung zugelassen wird, entsteht Ruhe von ganz alleine.

Das Melden hat auch seinen Sinn!

Man kann sich durch Meldungen schnell einen Überblick über Meinungen verschaffen. Mehrheitsverhältnisse können so erfasst werden. In größeren Runden oder in einem Plenum kann man mit Meldungen effizient zu Entscheidungen und Ergebnissen kommen. Melden ist sinnvoll bei kurzen Absprachen zu organisatorischen Fragen, besonders wenn sich die einzelnen Redebeiträge auf Wesentliches beschränken. Und nicht zuletzt ist es immer noch ein stolzes Zeichen der Gleichberechtigung in demokratischen Gesellschaften. Überall, wo größere Gruppen zusammenkommen, kann es hilfreich und ordnend sein, wenn man sich meldet.

Ursprünglich bedeutete das Tätigkeitswort melden »ein Geheimnis preisgeben, etwas verraten«. Später verstand man darunter, etwas anzukündigen, mitzuteilen, zu nennen, heute benutzt man es in dem Sinne, etwas pflichtgemäß mitzuteilen. Das mittelhochdeutsche »meldaere« bezeichnet einen Verräter.

In der Schule sollten wir wieder mehr auf den alten Wortsinn zurückgreifen, wenn wir die Kinder und Jugendlichen auffordern, ihr persönliches Geheimnis, ihre Einmaligkeit, preiszugeben. Dazu müssen sie in unserer Zeit mehr tun, als pflichtgemäß die Hand zu heben.

Bücher und Schulbücher und andere Papiere

ES GIBT BÜCHER UND es gibt Schulbücher. Schulbücher unterscheiden sich von Büchern durch ihre abgezählte Menge gleicher Exemplare und durch ihren Aufbau. Sie sind für alle SchülerInnen einmal da. Das gleiche Buch ist also entsprechend der Anzahl der Mitglieder einer Lerngruppe vorhanden. Schulbücher beinhalten in der Regel den »Lernstoff« einer bestimmten Altersgruppe in einem bestimmten Fach. Dieser Lernstoff wird in einem Schulbuch mit Aufgaben versehen, die bearbeitet werden können. Da alle die gleichen Schulbücher haben, können auch alle die gleichen Aufgaben bearbeiten. Schulbücher sind die logische Konsequenz aus dem gleichschrittigen Unterricht, in dem alle zur selben Zeit mehr oder weniger mit einer Fragestellung beschäftigt sind. Ergänzt werden sie durch Arbeitsblätter, in denen die Aufgaben vertieft und gefestigt werden sollen.

Demgegenüber sind Fach- oder Sachbücher »Unikate« und beschäftigen sich mit einem Thema. Sie beinhalten die Erkenntnisse oder Erfahrungen und Reflexionen ihrer Autoren und sind in der Regel nicht mit Aufgaben für den Leser versehen. Oft ist es nur ein »großer« Gedanke, der in einem Buch fixiert und veröffentlicht wird und manchmal, wie bei Darwins »Über die Entstehung der Arten«, die ganze Welt verändert. Oder ein »Detail« wird in aller Ausführlichkeit in einem Buch abgehandelt. Je wissenschaftlicher die Bücher, umso mehr gehen sie im Laufe des Geschriebenen ins Detail.

Bücher sind individuell gestaltet, oft sind sie unverwechselbar. Dreißig Sachbücher zu einem Thema sind dreißig verschiedene Bücher. Dreißig Schulbücher zu einem Fach und für eine Altersgruppe sehen gleich aus.

Aus diesem Unterschied zwischen Büchern und Schulbüchern ergeben sich in der Schule Probleme, von denen einige hier besprochen werden sollen.

Die Achtung der Schülerinnen und Schüler vor den Schulbüchern lässt von jeher zu wünschen übrig. Die Klagen der LehrerInnen über den Zustand der Bücher nach Gebrauch durch die SchülerInnen sind so alt wie die Schule. Eselsohren, bemalte Seiten, eingetragene Lösungen, herausgerissene Seiten oder gar ihr vollständiges Verschwinden sind eine Dauerplage im Schulbuchunterricht. Wie stark die Probleme ausgeprägt sind, richtet sich nach der sozialen Zusammensetzung einer Schülergruppe, ihrer allgemeinen Affinität zum geschriebenen Wort und ihrem Lerneifer. Aber auch in privilegierten Schülerkreisen hält sich die »Liebe« zum Schulbuch in Grenzen. Auch hier haben die Schulbüchereien mit einem nicht unerheblichen Schwund zu kämpfen. Ob die Schulbücher in Zeiten der Prosperität übereignet werden oder ob sie ausgeliehen oder gekauft werden müssen: Die Sorgfalt im Umgang mit Schulbüchern lässt zu wünschen übrig. Um das Schulbuch und die sogenannte Lehrmittelfreiheit ranken sich politische Diskussionen, solange ich denken kann. Schulbücher haben schon viele Familien in Konflikte gebracht, wenn sie die notwendigen Kosten nur mühsam oder mit Unterstützung aufbringen konnten, und viele Eltern mögen sich angesichts der lieblos behandelten Exemplare ihres Kindes schon gefragt haben, wozu der Aufwand eigentlich nötig war. Allerdings erhalten sie bei Interesse einen Einblick in den Lernstoff und einen Überblick über das Kommende.

Es gab Zeiten, da war das gemeinsame Einschlagen der Schulbücher mit Mutter oder Vater ein Genuss, denn man staunte gleichermaßen über die Intelligenz der Lösung und über ihre Fingerfertigkeit. Dass Titel und Fach in einem Papiereinschlag nicht mehr zu erkennen waren, wurde durch die anerkennenden Blicke des Lehrers an nächsten Tag mehr als aufgewogen. Klarsichtfolien waren hier eine Innovation.

Wie die Schulbuchfrage sich heute konkret darstellt, kann ich nur vermuten, denn an unserer Schule haben wir Schulbücher weitestgehend abgeschafft. Aus der Flut von Prospekten aus Schulbuchverlagen, den immer wieder aktualisierten Gesetzesvorschriften und meinen Beobachtungen leite ich ab, dass Schulbücher weiterhin eine große Rolle im Unterricht spielen. Ab und zu hört und liest man auch, dass die Kinder und Jugendlichen enorme Gewichte in Form von Büchern täglich zur Schule und nachmittags wieder nach Hause tragen. Bei der Dominanz des Fachunterrichts, der Abstinenz einer gestalteten Lernumgebung, in der die notwendigen »Lehr- und Lernmittel« verlässlich vorhanden sind, und der Beibehaltung der Hausaufgaben ist dies kein Wunder. Wie sonst sollten die Schülerinnen und Schüler alleine oder mit Unterstützung zu Hause oder beim Nachhilfeunterricht lernen, wenn sie nicht das passende Schulbuch hätten? Ein schulinternes Curriculum können noch nicht alle Schulen ihren SchülerInnen in die Hand geben. So können sie nicht wissen, was sie wissen müssen. Und wie sollten alle zur selben Zeit an einem Thema arbeiten können, wenn sie nicht ein Buch oder einen Bildschirm vor sich hätten?

Die Vereinheitlichung der Themen, und was noch maßgeblicher ist, die Vereinheitlichung der von außen vorgegebenen Fragen in einem allzu gleichmäßigen Unterrichtsschema, sind ein Grund für die mangelnde Achtung im Umgang mit Schulbüchern. Alles, was in der Schule in großer Menge vorhanden ist, verliert an Wert. Ein anderer Grund ist das intuitive Gespür der Kinder und Jugendlichen, dass es hier nicht um *ihre* Fragen geht, sondern die Fragen in den »Lehrbüchern« von anderen und Unbekannten gestellt werden.

Schulbücher fassen in der Regel ein Kompendium von Themenbereichen eines Fachgebietes zusammen. Viele verschiedene Schwerpunkte werden jeweils angerissen und abgehandelt. Einzelne Bereiche stehen gleichberechtigt nebeneinander, alles ist gleich wichtig und es entsteht der Eindruck von Vollständigkeit. Der Stand der Wissenschaft, die Geschichte der Erkenntnisse zu diesem Thema, widerstreitende Ansichten in der Fachwelt und die mögliche Vielfalt kreativer Lösungen anderer werden in der Regel in einem Schulbuch nicht dargestellt. Das Wissen erscheint statisch, gesichert und wird gleichzeitig nur oberflächlich angerissen. Die neuen Medien machen dagegen deutlich, dass das Wissen unendlich, unübersehbar und stets im Wandel ist. Die Fülle des Wissens zu allen schulischen Lernbereichen ist schwerlich in einem Schulbuch unterzubringen. In der enzyklopädischen Anhäufung von Fakten spiegeln sich der alte Wunsch und Anspruch, dass man alles lernen könne und es eine sinnvolle Abfolge von einzelnen Lernsequenzen gebe, die für alle passend ist. Dies führt zu einer didaktischen Aufbereitung für eine anonyme »Kundschaft«, die nicht selten verniedlichend (bei kleinen Schulkindern) oder bemüht verständnisvoll (bei Jugendlichen) auf die angeblichen Themen der Altersgruppe abhebt.

»Schulbücher lenken ab und halten ab!«, hat ein ehemaliger Schüler mir auf meine Fragen geantwortet. Die Bilder und die Vielfalt der Einzelthemen würden einen beim Durchblättern immer wieder verleiten, seine Aufmerksamkeit zu zerstreuen und so von der vertieften Arbeit an einem speziellen Thema letztlich abhalten. Ein Erwachsener sagt: »Ich fand Schulbücher nur langweilig. Alles wurde kurz angerissen und nichts vertieft. Das hat man doch genau gespürt!« Eine Lehrerin vermutete: »Vielleicht sind Schulbücher ja auch nur ein Leitfaden für LehrerInnen ohne Fantasie?«

Auch ihre Begrenzung auf ein Fach und ihre Begrenzung auf Papier sind vielfach benannte Kritikpunkte an Schulbüchern.

Viele Einzelheiten aus einem Fachgebiet stehen in einem Schulbuch oft unvermittelt und ohne Zusammenhang zu anderen Fachbereichen nebeneinander. Auch wenn, wie in modernen Rahmenplänen, Querverweise zu anderen Fächern gegeben werden, bleibt man doch in dem geschlossenen System dieses einen Schulbuches. Nicht umsonst üben Lexika, in denen man zwischen den Disziplinen nur so hin und her springen kann, besonders auf Kinder eine Faszination aus. Das Vermittelnde wird in ihnen zwar nicht geleistet, klingt aber in der bunten Vielfalt mit an.

Alexander von Humboldts Buch »Kosmos – Entwurf einer physischen Weltbeschreibung« zeigt Kindern und Jugendlichen schon durch seine imposante Größe, dass es hier um mehr als ein Fach gehen muss. Beliebig herauskopierte Einzelseiten habe ich mit Grundschulkindern oder Jugendlichen gelesen und zu verstehen gesucht. In einem Gruppengespräch, in das alle ihre Verständnisbrocken einbrachten, wurde wieder deutlich, wie viel Wissen schon vorhanden ist, aber auch wie stark Humboldts Weltverständnis »zwischen den Fächern« angesiedelt war. Die Verbindung unter den Fächern herzustellen, eine der größten Herausforderungen in der »schönen« Schule, sollte auch bei zunehmender Komplexität der Inhalte ein Hauptziel sein.

Viele Inhalte von Schulbüchern könnten vom Papier in eine materialgebundene Form überführt werden. Besonders junge SchülerInnen brauchen den handelnden Umgang mit Gegenständen, um Lerninhalte zu be-greifen. Ein wesentlicher Vorteil, der gegenständliches Lernen vom akademischen Lernen über Büchern unterscheidet, ist das Prinzip der »Isolation der Schwierigkeiten« (Maria Montessori). In einem guten Material ist nur ein Lernziel oder ein klar umrissener Lernzielkomplex vergegenständlicht. Mit allen Sinnen kann sich ein Kind auf eine Arbeit konzentrieren. Nichts anderes lenkt es ab.

Dieses Prinzip wird heute in vielen Arbeitszusammenhängen, auch und besonders außerhalb der Schule, immer mehr berücksichtigt. Man kann sich nur mit einem Problem zu einer Zeit beschäftigen, und dies umso besser, je weniger Ablenkung von anderen Themen ausgeht. Prioritätenlisten, Visualisierungen oder die wachsende Anzahl bewusst aufgeräumter Schreibtische von Erwachsenen sind Beispiele dafür.

Was ergibt sich aus diesen Überlegungen für den Umbau der Schulen?

Kinder und Jugendliche brauchen Bücher, solange die primäre (lesen lernen) und sekundäre Alphabetisierung (Textverständnis und kreativer Umgang mit Texten) erklärtes Ziel der Schule sind. Also brauchen die Schulen Bibliotheken und Räume, in denen ein zeitgemäßer Umgang mit dem geschriebenen Wort möglich ist. Dies bedeutet heute, dass neben der hervorragenden Vielfalt guter Bücher auch ein angemessener Umgang mit technischen Medien möglich sein muss. Ist diese Vielfalt vorhanden und jederzeit frei zugänglich, kann sich Unterricht »konstruieren«, d. h. an den vorgegebenen Aufgaben, den konkreten Bedingungen und, vor allem, an den konkreten Menschen orientieren. Dann würden sich die Aufgaben und die Fragen aus der Lerngruppe entwickeln und mit den Fragen aus anderen Fachgebieten in Austausch und vielleicht in Zusammenhang bringen lassen.

Auch hier könnte wieder das »mis en place«, in dem viele passende Bücher für einen differenzierten Unterricht am Anfang bereitgestellt werden, zum Tragen kommen.

Der Begriff »Handapparat« bezeichnet in seiner Eigentümlichkeit doch letztlich das Notwendige: Eine ausgesuchte Kollektion von Büchern ist einem bei der Bearbeitung eines Themas zur Hand. Die virtuellen Medien, die in vielen Schulen übrigens weder von den SchülerInnen noch von den LehrerInnen wirklich genutzt werden, geben dem Begriff eine neue Bedeutung, denn hier hat man es wirklich mit einem Apparat von unübersehbarem Ausmaß zu tun. Zu dieser Auswahl würden dann auch einige Schulbücher passen, genau wie die anderen Bücher jeweils mit einem Exemplar vorhanden. Sie könnten ihre alte und auch in Teilen gute Funktion als Kompendium und zur Beschreibung des näheren Umfeldes haben. Es kann auch hilfreich sein, sich an den Fragen anderer und ihren Übungsvorschlägen abzuarbeiten. Ihren Alleinstellungswert als Basis des Unterrichts hätten die Schulbücher jedoch verloren.

Vor Jahren haben wir an unserer Schule mithilfe des Fördervereins die erste Bibliothek eingerichtet. In einem kleinen Raum wurden Bücher und Zeitschriften frei zugänglich und ohne Aufsicht durch Erwachsene aufgestellt. Nach kürzester Zeit mussten wir feststellen, dass wir auf diesem Weg nicht weitermachen konnten. Es gab Kinder und Jugendliche, die den Raum nutzten, um sich vor der Arbeit in der Gruppe oder alleine zu verstecken. Schon bald waren die Bücher in Unordnung und die Zeitschriften lagen verstreut in den Ecken. Von den anfänglichen Sitzkissen verabschiedeten wir uns schnell wieder und kauften Hocker und später Sessel. Entscheidend änderte sich die Lage erst, als eine Mutter ihre Freude am Bibliothekswesen entdeckte, aufräumte, archivierte und einen Ausleihdienst installierte. Seitdem ist die Bibliothek sukzessive gewachsen, andere Mütter kamen dazu und wechselten sich bei der Betreuung zuverlässig ab. Immer neue Bücher wurden durch die Spenden der Eltern angeschafft. Mittlerweile ist der Bestand auf 5000 Bücher und Zeitschriften angewachsen. Im Rahmen des Ganztagsschulprogramms wurde ein neuer Bibliotheksraum gebaut, groß, hell und mit der Idee, in diesem »Studierraum« sowohl die Bücher als auch die virtuellen Medien zusammenzubringen. Der Studierraum wird kontinuierlich von Erwachsenen, LehrerInnen und Eltern betreut, Bücher können ausgeliehen und Arbeiten an den Computern durchgeführt werden.

Damals, als wir noch mit der kleinen Bibliothek zurechtkamen und stolz auf unseren »Mütterdienst« waren, machten wir mit 25 Kolleginnen eine Reise nach Finnland. In beiden Schulen in der Nähe von Helsinki standen auf allen Fluren offene Bücherregale und Computer. Die Kinder und Jugendliche gingen an die Regale, nahmen sich die Bücher und gaben ihre Ausleihe selbstständig im Computer an. In einem offenen Raum waren viele Laptops, die man sich mit seiner Unterschrift in einem Heft, ebenfalls ohne jeden Erwachsenen, ausleihen konnte. Ein großzügiger Umgang mit der nachfolgenden Generation, der sich über viele Jahre in besten Lernbedingungen ausdrückte, trug offensichtlich seine Früchte. Von dieser Freiheit sind wir noch ein gutes Stück entfernt. Bücher und virtuelle Medien stehen noch nicht offen jederzeit zur selbstständigen Verfügung.

Neil Postman hat 1982 in seinem Buch »Das Verschwinden der Kindheit« beschrieben, wie nach Erfindung des Buchdrucks durch Gutenberg das Phänomen »Kindheit« entstand. Erwachsene konnten lesen lernen, Kinder nicht oder erst ab einem gewissen Alter. Die Alphabetisierung ist eine Trennlinie zwischen zwei Lebensphasen. Mit dem Fernsehen (und den heutigen virtuellen Medien) würde die Kindheit verschwinden, da sich Kinder und Erwachsene vor den Geräten und den Bildern nicht mehr unterscheiden.

Die Kindheit (und auch Jugend) als besonderen Zustand und zivilisatorische Errungenschaft zu schützen und zu erhalten ist ein erklärtes Ziel der Pädagogik und drückt sich in einem altersgerechten Umgang mit Kindern und Jugendlichen aus. Bücher, in denen das »Wissen der Welt« und Geschichten aufbewahrt und veröffentlicht werden, sind dabei ein wesentliches Hilfsmittel.

Ordnung und Sauberkeit

JAHRELANG HABEN WIR VERSUCHT, in den beengten Verhältnissen unserer Schulräume ein funktionales Lehrerzimmer einzurichten. Auch drei Umzüge in verschiedene Räume haben letztlich nicht dazu geführt, dass ein Raum entstand, in dem die Erwachsenen arbeiten, sich besprechen und ausruhen konnten. Schon nach kürzester Zeit waren alle Möbel mit Arbeitsmaterialien vollgestellt, in den Ecken und auf Schränken und Regalen türmten sich Bücher, Plakatrollen, weitere Arbeitsmaterialien und technische Geräte. Die Frühstücksutensilien und andere persönliche Gegenstände der Lehrerinnen und Lehrer machten das Bild eines mehr oder weniger großen Durcheinanders komplett. Im Gegensatz zu manchen strukturiert gestalteten Schulräumen wirkte das Lehrerzimmer eher wie ein großer Abstellraum und befriedigte die unterschiedlichen Bedürfnisse des Kollegiums im Laufe der Schultage nur unzureichend. Kaum jemand »verirrte« sich in diesen Raum, um still zu arbeiten. Die Geräusche des Kopierers verhinderten Konzentration, und die Teeküche mit ihrem Kaffeegeruch machte aus dem Raum eine Durchgangsstation mit viel Unruhe.

Auch hier war die Störung der Ausgangspunkt für Veränderung. Wollte man gute Arbeits- und Erholungsmöglichkeiten für die Lehrerinnen und Lehrer einer Ganztagsschule schaffen, musste man sich Zeit für das Problem nehmen.

In einem Workshop mit einer Aufräumberaterin[5] widmeten

---

5   Ulrike Lindemann, www.kontakt@communico-moderation.de

wir uns dem Thema. Die Ausgangslage wurde beschrieben und visualisiert. Es gebe zu wenig Raum und Ruhe, umständliche Arbeitsabläufe, physische Enge, Unordnung und mangelnde Ästhetik. Die Tische seien unbekannt okkupiert, Ablagemöglichkeiten für Arbeitsmaterialien fehlten und auch die persönlichen Gegenstände seien trotz der vorhandenen Schließfächer nicht gut aufgehoben. Als oberstes Ziel für ein neues Lehrerzimmer wurden mehr ruhige und freie Arbeitstische mit PC-Arbeitsplätzen und davon getrennte andere Funktionsbereiche benannt.

Wir nahmen uns eine Woche Zeit, um diese Wünsche umzusetzen, und entwickelten nach dieser Bedarfsanalyse einen Plan für die Arbeiten, die auf uns zukamen: Ausräumen, Renovieren, Putzen, Möblierung, Einräumen und Resümee. Da es sich um eine normale Unterrichtswoche handelte, einigte man sich darauf, dass alle ihre freien Zeiten für aktuell anstehende Arbeiten nutzen würden. Ein Arbeitsplan in kleinen Schritten, in dem erledigte Tätigkeiten abgehakt wurden, die Anwesenheit der Koordinatorin und die tatkräftige Unterstützung durch Hausmeister und Reinigungskräfte waren Voraussetzung für dieses Vorgehen. Tatsächlich wurde das Lehrerzimmer an einem Tag ausgeräumt und von allen persönlichen Dingen befreit. Dabei stellte sich heraus, dass es im Kollegium große Unterschiede bei der Inanspruchnahme von Platz auf Flächen, in Schränken und Schließfächern gab. Während einige ganze Umzugskartons mit ihren persönlichen Gegenständen entfernten, waren andere mit dieser Aufgabe nach einem Gang fertig.

Ein Malermeister renovierte den Raum und die Lehrerinnen und Lehrer begannen mit Putz- und Planungsarbeiten. Für saubere Lichtschalter, klare Fenster, ausgewischte Schränke und staubfreie Fußleisten sorgten die LehrerInnen, wenn sie Zeit hatten. Der Putzmann reinigte und versiegelte den Fußboden.

Am dritten Tag konnte mit den Planungen zum neuen Lehrerzimmer begonnen werden. In der Mitte des leeren und sauberen Raumes standen zwei Pinnwände, auf denen drei alternative Einrichtungsvorschläge an Plänen diskutiert wurden. Es wurden viele Ideen besprochen und auf Karten festgehalten. Zum Schluss konnten alle mit einem roten Punkt zwischen den drei Einrichtungsvorschlägen entscheiden. Der neue Plan sah vor, dass es zukünftig vier voneinander getrennte Bereiche geben sollte: ein ruhiges Arbeitszimmer mit freien Einzeltischen, Schreibtischinseln für Gruppen und PC-Plätzen sowie zwei Sesseln und einem Tisch zum Lesen. Ein Garderobenbereich wurde durch Schließfachschränke von diesem Arbeitsbereich abgetrennt. Deutlich unterschieden waren nun Fächer und Ablageflächen für »Allgemeingut« und solche für »mein Gut«. Daneben wurde ein Aufenthaltsraum mit Teeküche, kleinen Tischen und Sesseln eingerichtet, und Kopierer, Laminierer und andere Arbeitsgeräte wurden in einem separaten Raum an ganz anderer Stelle untergebracht. Die bis dahin übliche und stets überfüllte Pinnwand für Informationen wurde abgeschafft und durch ein übersichtliches kleines Klarsichtsystem auf dem Tisch in der Leseecke ersetzt.

Während dieser arbeitsreichen Woche staunten auch die Schülerinnen und Schüler oft im Vorbeigehen über die große Anzahl von Gegenständen, die zwischenzeitlich auf dem Flur gelagert wurden. Am Ende konnten sie mit uns erleben, wie sich das Chaos lichtete und ein übersichtlicher und einladender Raum entstanden war, der eine neue Würde ausstrahlte. Die enorme Produktivität von wohldurchdachten gemeinschaftlichen Aktionen war sichtbar geworden.

Zusätzlich wurden Ordnungsregeln vereinbart. Unter der Überschrift »Das Leben ist zu kurz, um es mit Suchen zu verbringen« wurden sechs Punkte festgehalten:

Regelmäßig (wöchentlich) Ordnung schaffen, Respekt vor dem »Vorgarten« anderer, bei Veränderungen keine Einzelentscheidung, sondern Abstimmung mit allen, auch mal den »Müll« anderer wegräumen, jedem eine Chance zur Veränderung geben und den Verursacher direkt ansprechen, wenn einem etwas nicht gefällt.

Das Aufräumen des Lehrerzimmers war ein Projekt. Innerhalb einer Woche hatten wir gemeinschaftlich ein Problem gelöst. Das Projekt war erfolgreich, was sich an den Gesichtern der Beteiligten und den neuen Räumen ablesen ließ, und es war folgenreich, denn die neuen Arbeits- und Erholungsbedingungen sorgten für eine größere Zufriedenheit und haben sich bis heute bewährt. Scheinbar kleine Nebeneffekte wären ohne die bewusste und gemeinschaftliche Planung und Durchführung nicht entstanden. So hat z. B. die Auslagerung des Kopierers dazu geführt, dass der Papierverbrauch für Kopien – also Arbeitsblätter – zurückging, oder die Abschaffung der ständig überladenen Pinnwand, dass Informationen gezielter weitergegeben und eingeholt werden.

Wie bei allen gelungenen Projekten waren Theorie und Praxis gleichwertig miteinander verknüpft und »ganz nebenbei« konnte man viel über den Wert von Planung, Struktur, Visualisierung, Abstimmung, Ästhetik, Effizienz und Professionalität lernen. Ordnung in einer öffentlichen Institution war plötzlich nicht länger Frage des individuellen Geschmacks oder persönlicher Vorlieben und Abneigungen, sondern nachvollziehbare Grundlage für bessere Arbeitsabläufe und größeres Wohlbefinden. Gespräche über sinnvolle Ablagesysteme wurden am Rande geführt und einige Kolleginnen haben anschließend auch in ihrem privaten Bereich aufgeräumt.

Ordnung und Sauberkeit herzustellen ist eine Daueraufgabe in der »schönen« Schule. Man muss sich nur vorstellen, wie man in seinen privaten Räumen regelmäßig für beide Bereiche sorgen muss, dann wird schnell klar, wie viel umfangreicher und notwendiger Aufräumen und Putzen in einer gestalteten Lernumgebung sind. Eine um ein Vielfaches größere Menschengruppe hält sich viele Stunden am Tag in einem proportional kleineren Raum auf. Wie viele Handgriffe, wie viel Sich-etwas-Nehmen und Wegstellen, Rein- und Rausgehen, Hin und Her finden in einem Schulraum statt? So wie die Verantwortung für die Innenräume mit ihren vielfältigen Materialien wächst auch die Verantwortung für deren Pflege und Anordnung.

Reinigungskräfte werden hierfür weder bezahlt, noch wären sie die Richtigen, um diese Arbeit zu erfüllen. »Was ich mir nehme, stelle ich nach Abschluss meiner Arbeit wieder an seinen Platz!« ist ein Grundgesetz in freien Arbeitsformen. Wie sonst sollte sich der/die Nächste zurechtfinden? Und auch das Saubermachen – Staubwischen, Fegen, Wischen – ist ein selbstverständliches Zeichen jeder entwickelten Lerngemeinschaft. So übernehmen die Kinder, Jugendlichen und Erwachsenen tagtäglich die Verantwortung für ihr unmittelbares Umfeld – für mich eines der wichtigsten Lernziele, bevor man über größere Veränderungen in der Welt nachdenken sollte. »Meister, wie erlange ich höchste Weisheit?«, fragt ein buddhistischer Mönch. »Hast du deinen Reis gegessen«, antwortet der Meister, »dann geh' und wasch deine Reisschale!« Die Verantwortung für seine unmittelbare Umgebung zu übernehmen, sie zu gestalten und zu pflegen ist eine tägliche Übung in Demokratie.

Es gibt Schülerinnen und Schüler, die diese Aufgabe mit großer Zuverlässigkeit ausführen, und es gibt diejenigen, die sich stets davor drücken. In den meisten Fällen kann man einen direkten Zusammenhang zu ihrem sonstigen Verhalten feststellen. Und es gibt die Möglichkeit, sein Verhalten zu verändern, indem man lernt. Immer wieder kann man beobachten, wie die Verantwortung für die Pflege der Umgebung sich allmählich wandelt. Manche Jungen oder auch Mädchen, besonders in höheren Jahrgangsstufen, tun sich schwer mit dem Besen in der Hand. Persönliche Gespräche und auch Gruppengespräche können deutlich machen, dass es nicht nur darauf ankommt, was man macht, sondern auch, wie man es macht. Respekt vor allen ernsthaften Arbeiten ist ein wesentliches Ergebnis der gemeinschaftlichen Pflege von Räumen. Wir haben es in Potsdam nicht geschafft, das Geld für Reinigungskräfte durch Eigenarbeit zu verdienen. Dies hat neben vielen Nachteilen und erheblichen Umwegen aber auch zu einer intensiven Zusammenarbeit mit den Reinigungskräften geführt. Sie alle haben den freundlichen Umgang der Kinder, Jugendlichen und Erwachsenen mit ihnen hervorgehoben. Absichtsvoller Müll käme viel seltener vor und besonders auffällig sei die Arbeitserleichterung, weil kaum noch Kaugummis entfernt werden müssten. Auch unsere Schülerinnen und Schüler kauen Kaugummis, aber offensichtlich sind sie bei ihrer Entsorgung (unter Tischen oder auf dem Boden) rücksichtsvoller geworden. In einem Interview für das letzte Jahrbuch hat unser Putzmann gesagt, dass er seinen Beruf liebt. Er hält es für möglich, dass man mit jeder Arbeit glücklich werden kann, Voraussetzung sei, dass man die richtige Einstellung habe, das sei entscheidend.

Aus der Glücksforschung wissen wir, dass er damit recht hat. Glücklich ist, wer seine Arbeit liebt. In dem Interview wird auch deutlich, dass er manchmal verzweifeln könnte, wenn er den Dreck sieht, und das jeden Tag aufs Neue. Bei dem weitgehend unbefestigten Außengelände – entsiegelte Bodenflächen haben auch Nachteile! – und der großen Anzahl von Menschen auf kleinem Raum konnte es trotz vereinter Anstrengungen bis heute nicht gelingen, die Schule permanent in einen sauberen Zustand zu versetzen. So wie Unordnung sich steigert, scheint auch Dreck sich zu vermehren. Und Dreck ist ein Stressfaktor. Dies kann man deutlich im Vergleich zu saubereren und gleichwohl gestalteten Schulen erleben.

Es war eine wesentliche Maßnahme, als wir auf die Idee kamen, das professionelle Putzen nicht im Anschluss an die

Schule, also am späten Nachmittag oder Abend, sondern während der Schulzeit stattfinden zu lassen. Seitdem sehen die Kinder und Jugendlichen, wo und wie geputzt werden kann. Sie lernen Hilfsmittel kennen, lassen sich beraten oder probieren selber die verschiedenen Techniken aus. Eine lebhafte Erinnerung habe ich an eine Gruppe kleiner Jungen, die hinter unserem Putzmann in einem leer geräumten Klassenraum stand und mit großer Bewunderung zusah, wie eine glänzende Flüssigkeit auf den gewischten Boden aufgetragen wurde. Mit einem großen Spezialwischer wurden geschwungene Linien auf dem Fußboden aufgetragen. Es war offensichtlich, dass dazu eine lockere Hand und geschickte Bewegungen gehörten. In gleichmäßigem Rhythmus wurden immer größere Flächen schwungvoll einbalsamiert. Die Jungen, obwohl sie keinen Wischer in der Hand hatten, vollzogen die Bewegungen mimetisch nach. Sie »tanzten« immer weiter an das Ende des Raumes und waren fasziniert von dem Anblick. »Kann ich auch mal?«, kam es irgendwann wie aus einem Mund.

Eine weitere Maßnahme gegen den Schmutz, die wir seit Jahren unternehmen, sind Hausschuhe. Ihr großer Vorteil liegt in der wachsenden Sorgfalt im Umgang mit dem Schulgebäude und in der Umwidmung offizieller Räume. Sie werfen jedoch wieder neue Probleme auf, wenn adäquate Unterbringungsmöglichkeiten fehlen. Dann kann es leicht passieren, dass sie das Bild der Schule allzu sehr prägen. Hausschuhe gehen leicht verloren oder liegen überall herum. Auch hier erinnere ich wieder das angenehme Bild einer finnischen Grundschule, in der alle Kinder auf Strümpfen durch die Schule liefen. In einem alten und kalten Gebäude mit Steinfußböden wäre dies allerdings keine gute Option.

Auch die Rucksäcke oder Mappen der Jugendlichen und Kinder, in denen sie zwar keine Schulbücher, aber ihre persönlichen Arbeitsmaterialien und ihr Frühstück zur Schule bringen, stellen ein Ordnungsproblem dar. Damit sie in den

Schulräumen nicht zu einer Bahnhofshallenatmosphäre und ständiger Beschäftigung mit dem persönlichen Eigentum führen, bleiben sie, wie Jacken, Mützen usw., draußen auf dem Flur. Ein angemessenes Ordnungssystem für diese Menge persönlicher Dinge zu etablieren ist schwer. Schließfächer für persönliche Gegenstände auf den Fluren und offene Regalsysteme mit allen nur denkbaren, auch wertvollen, Arbeitsmaterialien und Geräten bilden eben einen gewissen Widerspruch. Die amerikanischen Highschools mit ihren meterlangen Spinden sind allen Jugendlichen aus entsprechenden Filmen oder Fernsehserien wohlbekannt. Sie sind eine Möglichkeit, persönliche Dinge zu verstauen. Die Frage ist, ob es nicht auch entwickeltere Formen im Umgang mit Allgemeingut und persönlichem Eigentum gibt.

Ordnung und Sauberkeit in einer gestalteten Schule herzustellen und auf Dauer zu etablieren ist eine große Herausforderung. Etwa so wie zu Hause reicht es nicht, einmalige Appelle an die Jungen und Mädchen zu richten. Auch die bekannten »Dienstpläne« führen zu viel Verdruss und oft auch zu Ungerechtigkeiten und einseitiger Verantwortungsübernahme durch immer die Gleichen. Über diese wichtige Aufgabe dauerhaft zu reden und sie gemeinsam zu tun scheint mir die bessere Lösung. Feste Zeiten zum Aufräumen und Saubermachen, die nicht am Ende des Schultages liegen, sind eine weitaus überzeugendere Lösung.

Auch hier sind wieder die Verantwortlichkeit, Freude und Vorbildfunktion der Erwachsenen proportional zum Grad der »Passung« in einem Arbeitsraum. Dies zeigen die deutlichen Unterschiede zwischen den verschiedenen Räumen. Vor einiger Zeit haben wir einmal Kriterien für geordnete Schulräume entwickelt. In kleinen Gruppen sind die KollegInnen durch die verschiedenen Räume gegangen und haben Bewertungen vorgenommen. Das war heikel und machte große Unterschiede deutlich.

Raum der Lerngruppe _____

Bewertungskriterium	trifft voll zu	trifft zu	trifft weniger zu	trifft gar nicht zu
Der erste Eindruck beim Betreten des Raumes ist positiv.				
Regale und Sitzordnung harmonieren in ihrer Anordnung.				
Der ästhetische Gesamteindruck (Farben, Material, Bilder, Schülerarbeiten usw.) ist positiv.				
Es gibt ausreichend Material für die freie Arbeit.				
Das Material hat einen Aufforderungscharakter (Präsentation, Vollständigkeit, Ästhetik).				
Es gibt ausreichend Bücher und Nachschlagewerke.				
Der Arbeitsplatz der Lehrerin /des Lehrers, so vorhanden, ist vorbildlich (Ordnung, Anteil am Gesamtraum, kommunikativ).				
Der Raum ist sauber und gepflegt.				
Es gibt keine »Schmuddelecken«.				
Die Persönlichkeiten der Schülerinnen und Schüler werden in dem Raum sichtbar (Geburtstagsrituale, Ordnungssysteme, Namen).				
Die Lichtquellen begünstigen das Arbeiten.				
Es gibt einen funktionierenden PC-Arbeitsplatz.				
Es gibt ein gut ausgestattetes Klassenbüro.				
Es gibt funktionstüchtige Reinigungsutensilien.				
In diesem Raum würde ich mein eigenes Kind gerne lernen lassen.				
In diesem Raum würde ich selber gerne arbeiten.				

Folgende Hinweise, Vorschläge und Ideen möchten wir gerne an die verantwortlichen Lehrerinnen/Lehrer weitergeben (bitte Rückseite benutzen):

Da diese interne Evaluation nicht besonders beliebt wurde, haben wir sie nicht konsequent fortgeführt. Dies liegt nicht zuletzt daran, dass Ordnung und Sauberkeit oder die Gesamtgestaltung eines Raumes kein alleiniges Kriterium für die Arbeit eines Kollegen, einer Kollegin sein können.

Es gibt Lehrerinnen oder Lehrer, die sehr ordentlich sind und manchmal gerade deswegen für Kinder oder Jugendliche zu einer Qual werden können. Und umgekehrt gibt es Erwachsene, die in ihrer Unordnung oder ihrer eigenen Ordnung eine wunderbare Bereicherung für die Kinder und Jugendlichen sind. Es gibt Schulen, die hervorragend gepflegt sind und einen leeren und kalten Eindruck machen, und es gibt Schulen, die in ihrem individuellen »Durcheinander« ihren SchülerInnen viel Respekt entgegenbringen und ihr persönliches Wachstum in den Mittelpunkt stellen. Und wir dürfen nicht vergessen, wie stark sich die Ordnungsvorstellungen der Kinder und Jugendlichen von denen der Erwachsenen unterscheiden und wie wichtig es ist, dass sie auch ihre eigenen Ordnungssysteme entwickeln können. Wie in allen anderen mikropädagogischen Bereichen der »schönen« Schule ist auch hier wieder die innere Haltung der LehrerInnen gegenüber den Kindern oder Jugendlichen allesentscheidend.

Die Ordnung und Sauberkeit in den Schulräumen werden zu einem erheblichen Teil auch von den Arbeitsmaterialien der Kinder und Jugendlichen geprägt. Hefte, Hefter, Schreibblöcke und vor allem »Federtaschen« oder das, was man heute darunter versteht, prägen das Bild der Lernräume erheblich. Besonders Jugendliche lieben es, sich mit ihren diversen Materialien auszubreiten und sie auf Tischen und anderen Ablagen zu stapeln. Manchmal sind es reine Papierberge, die sich vor ihnen auftürmen. Viele verschiedene Stifte werden in der Schule benutzt. Ein ganzer Industriezweig lebt von der Versorgung der Kinder und Jugendlichen mit »Schreibzeug«, wie es genannt wird. Unter »Zeug« versteht man Gegenstände, die nicht besonders wertvoll sind. Und das sind die meisten Papiere und Stifte auch nicht. Quantität hat Vorrang vor Qualität. Papier wird zwar in großen Mengen verbraucht, die unterschiedlichen Qualitäten von verschiedenen Papieren werden aber in der Schule selten ausprobiert und der passende Gebrauch der Papierqualitäten wird im Alltag wenig geübt. DIN A4 ist das gängige Format. Meist wird auf Linien und Karos geschrieben. Abreißblöcke hinterlassen überall kleine Papierschnipsel. Auch Stifte sind massenhaft vorhanden, selten dagegen solche, die eine besondere Qualität haben. Die Federtaschen sind voll, und es sind immer die Gleichen, die um besondere Utensilien von ihren MitschülerInnen gebeten werden: »Hast du mal ...?« Obwohl die Schülerinnen und Schüler so viel schreiben oder auf Papier arbeiten, wird auf die Qualität ihres Handwerkszeugs vergleichsweise wenig geachtet. Vielleicht müsste man auch sagen: Weil sie zu viel auf Papier arbeiten, wird dem Werkzeug keine Bedeutung mehr zugemessen. Erwachsene, die viel schreiben, haben meist ausgesuchte Schreibwerkzeuge, besondere Stifte, ansprechende Hefte oder Papiere. Das findet man in der Schule selten. Entsprechend ist der Umgang vieler Kinder und Jugendlicher mit ihren Schreibutensilien. Papierseiten werden schnell zerknüllt, wenn ein Strich nicht passt. Die Papierkörbe sind voll davon. Und eigentlich kann das auch kaum verwundern. Die Wertlosigkeit dieser Massenwaren ist offensichtlich. Und auch das, was geschrieben wird, ist doch vielfach nur von kurzzeitigem Wert.

Mit Portfolios zu arbeiten ist ein Grund, um sich über die verwendeten Gebrauchsmaterialien mehr Gedanken zu machen. In Portfolios werden neben schriftlichen Dokumenten auch andere Arbeitsergebnisse gesammelt: Fotos, Filme, Zeichnungen, Modelle und vieles mehr werden aus anderen Materialien hergestellt. Die Vielfalt dieser Materialien begrenzt die einseitige Papierflut und steigert auch das Qualitätsempfinden gegenüber Papier und Stift. Ein bewusster Umgang mit diesen beiden Basisinstrumenten der Schule ergibt sich überdies als natürliche Konsequenz aus einer gestalteten Lernumgebung. Wenn alle Gegenstände mit Sorgfalt ausgewählt und bedacht sind, zählen früher oder später auch die »Verbrauchsmaterialien für die Hand der Schülerinnen und Schüler« dazu.

Mittagessen

MATS EKLUND, DER BEKANNTE schwedische Bildungsexperte, hat einmal auf die Frage, was er am deutschen Schulsystem am problematischsten finde, geantwortet:»Dass es nichts zu essen gibt!« Bei unserem Besuch in Finnland bewunderten wir die großzügigen Speiseräume und das gute Essen, das alle finnischen Schülerinnen und Schüler jeden Tag kostenlos bekommen. Unsere Anerkennung für diese sozialstaatliche Maßnahme konnten die Finnen nicht verstehen. Das hätten die Eltern doch längst mit ihren Steuern und ihrer Erziehungsarbeit bezahlt, sagten sie.

In Deutschland sind wir von diesen Verhältnissen noch weit entfernt. Selbst mit der Umwandlung vieler Schulen in Ganztagsschulen bleibt die Teilnahme am Mittagessen eine Privatentscheidung der Eltern oder ihrer Kinder. Und daraus erwachsen viele Probleme.

In unserer Ganztagsschule nehmen ca. 400 Menschen regelmäßig am Mittagessen teil. Bei einer Gesamtzahl von 500 Kindern, Jugendlichen und Erwachsenen müsste man sofort fragen: Und was machen die verbleibenden 100 Personen? Es fällt jedoch auf, dass bei der Nennung dieser Zahlen stattdessen Anerkennung geäußert wird. Das sei ja eine gute Beteiligung. Denn die Teilnahme am Schulessen ist freiwillig. Und so kommt es, dass immerhin 20% sich »privat« oder gar nicht verpflegen.

Essen ist eine sehr persönliche und intime Angelegenheit.

Mit den Essgewohnheiten eines Menschen verbinden sich seine (familiäre) Lebensgeschichte und seine Zugehörigkeit zu einer bestimmten Kultur. In den ersten sechs bis sieben Lebensjahren werden die Weichen für das Essverhalten gestellt. Essgewohnheiten sind schwerer als viele andere Gewohnheiten aufzulösen. Das Essverhalten und der Essgeschmack sind individuell höchst verschieden. Und über Geschmack lässt sich ja angeblich nicht streiten. Nicht allen fällt es leicht, diese persönlichen Vorlieben und Abneigungen in der Schule zu veröffentlichen.

Als Alfred Hinz, der ehemalige Schulleiter der Bodensee-Schule, einmal bei uns war, machte er mit einer kommentierenden Geste deutlich, warum an seiner Schule alle Lehrer und Lehrerinnen selbstverständlich mit ihrer Gruppe gemeinsam essen: »Wir essen hier alle dasselbe!«, sagte er und führte dabei eine Hand vom Kopf bis zum Bauch. Es war deutlich, dass er darunter gleichermaßen physische und geistige Nahrung verstand. Umgekehrt kann man sich leicht vorstellen, welche Botschaft an Kinder und Jugendliche übermittelt wird, wenn ihre LehrerInnen nicht mit ihnen essen. Die Entschuldigung, dass man am Abend noch kochen müsse, wird zwar akzeptiert, täuscht aber in Wahrheit nicht über den Umstand hinweg, dass man auf die vielschichtige Kraft des gemeinsamen Essens an dieser Stelle verzichtet. Denn zum Essen gehört, wie nirgends sonst, die Kommunikation. In allen Kulturen der Welt ist das gemeinsame Essen ein Zeichen für Freundschaft und Gastfreundschaft. In der Schule wird auf diese Gastfreundschaft oft freiwillig verzichtet.

In der DDR war die »Schulspeisung« obligatorisch. Es war selbstverständlich, dass man in der Schule zu Mittag aß und dass dies nicht viel kostete. Die Speisung wurde vom Staat vorgenommen. Ob man viel Einfluss auf diesen Vorgang hatte, weiß ich nicht zu sagen. Einige Lehrerinnen haben erzählt, dass sie damals auch häufig das Gefühl hatten, »abgespeist«

worden zu sein. Die gute Tradition, sich für die Ernährung der Kinder und Jugendlichen während des Schultages verantwortlich zu fühlen, ist jedenfalls in den neuen Bundesländern verankert.

Auch vor 15 Jahren wurde das Essen den öffentlichen Schulen in Potsdam noch zugewiesen. Der Schulträger beauftragte einen Caterer, der täglich das Essen lieferte und das Personal stellte. Auf 45 m² aßen bei uns immer weniger Schülerinnen und Schüler. Die Qualität des Essens und ein diktatorisches Verteilungssystem nach Vorlieben und Abneigungen durch das Küchenpersonal hatten die Anzahl der Portionen immer mehr zurückgehen lassen.

Dann wurde die Wahl des Essenanbieters den Schulen überlassen. Wir stellten unsere eigenen Kriterien für ein gutes Mittagessen auf. Neben den ernährungswissenschaftlichen Überlegungen stellten wir an den neuen Caterer die Bedingung, dass man seine Essensreste nicht mehr selbst in eine bereitstehende Schüssel kratzen musste, was einem nach jedem Essen gründlich den Appetit verderben konnte. Wir machten uns auf den Weg. Nach einigen Recherchen in Großküchen veranstalteten wir ein Probeessen mit sechs verschiedenen Anbietern. Einige Eltern waren mit ihren Kindern gekommen. Nach dem Essen konnte man abstimmen und sich für eine Firma entscheiden. Glücklicherweise fiel die eindeutige Wahl auf eine Firma, die sich gesundes Schulessen auf die Fahnen geschrieben hat. Seitdem wird auch für unsere Schule jeden Tag in Berlin ein Mittagessen mit 70% Bioanteil frisch gekocht und dann geliefert, denn eine eigene Küche können wir aus Kostengründen nicht unterhalten. Dieses Essen zeichnet sich durch gute und frische Zutaten aus, ist abwechslungsreich und hat eine konstante Qualität. Es kostet 2,41 € und beinhaltet täglich rohes Gemüse zum Knabbern, Salat oder einen Nachtisch.

Im Rahmen des Ganztagsschulprogramms wurde ein neuer

Speiseraum gebaut. In der Übergangszeit aßen wir zwei Jahre in einem Container auf dem Schulhof. Angesichts der Primitivität dieser Behausung ist es ein Wunder, dass die Zahl der Teilnehmer am Mittagessen nicht drastisch abgenommen hat.

Täglich standen lange Schlangen an der Essensausgabe, die seit dem Wechsel der Firma von kompetenten Frauen geleitet wird. Die wichtigste von ihnen, die die Rolle der Küchenfrau besonders gut ausfüllt, kennt die Kinder mit Namen, weiß genau, wer was mag und was nicht, und kann die gelieferte Menge so einteilen, dass Nachschläge nicht auf Kosten zu spät kommender Fußballspieler gehen. Bei diesen besonderen Fähigkeiten war es schwer, sie von der Einführung eines gemeinsamen Schüsselessens bei Übernahme des neuen Speiseraums zu überzeugen. Wie sollte sie den Überblick über die Mengen behalten, wenn Küchendienste das Essen in Schüsseln an die vorher gedeckten Gruppentische bringen würden?

Bevor wir diese Veränderung umsetzten, hatten wir uns an verschiedenen Schulen umgesehen. In Berlin-Schöneberg werden zwei Grundschulen von dem gleichen Caterer bedient. In einer der beiden Schulen wird selbst gekocht. Die Besuche waren aufschlussreich. Die Schulleiterin und der Schulleiter bestehen schon bei der Anmeldung der Kinder auf der Teilnahme am Mittagessen. So kommen sie auf 100% Teilnahme und kennen das Hauptproblem unserer Schule nicht mehr: dass nämlich die Kinder, die nicht essen, den anderen das Essen schlechtreden. Alle essen, und so kommt es nicht zu der ärgerlichen Situation, dass hungrige oder anders ernährte Kinder sich in etwas einmischen, an dem sie nicht teilhaben. Diese Erkenntnis sahen wir auch in einem Landerziehungsheim am Ammersee und in Schloss Salem bestätigt. Wenn alle essen, es feste Regeln und genügend Freiheit für individuelle Vorlieben und Abneigungen gibt, ist das gemeinsame Mittagessen ein Ritual, das weit über die notwendige Nahrungsaufnahme an einem langen Schultag hinausweist. Hier werden wichtige Gespräche geführt, Neuigkeiten ausgetauscht und Probleme gelöst, genau wie es in der Familie oder unter Erwachsenen üblich ist. Und eine weitere Erkenntnis hat diese Besuche für uns lohnend gemacht: Es gab viel weniger Essensreste als an unserer Schule. Wenn die Kinder oder Jugendlichen sich selber das Essen auftun, wird viel weniger weggeworfen. Wir hatten die wichtige Kompetenz, sich mit einer passenden Essensmenge zu bedienen, nicht abgerufen. Jetzt findet das Mittagessen im neuen Speiseraum unter anderen Bedingungen statt.

Die Kinder und Jugendlichen übernehmen abwechselnd den Tischdienst, decken die Tische und bringen ihren MitschülerInnen die gefüllten Schüsseln. Man fängt gemeinsam mit dem Essen an und beendet es gemeinsam, wenn alle fertig sind. Der Tischdienst sorgt abschließend für eine ordentliche Übergabe an die nächste Gruppe. Ab und zu wird an weiß gedeckten Tischen gegessen, in regelmäßigen Abständen spielt die Musiklehrerin Kaffeehausmusik, während zu Mittag gegessen wird.

Trotz des neuen und großen Speiseraumes muss das Essen in drei »Schichten« eingenommen werden. Von 11.30 Uhr bis 13.30 Uhr zieht sich dieser Prozess hin und verlangt, wie man sich leicht vorstellen kann, Konzentration und Übersicht, damit alle die Mittagspause als eine angenehme Unterbrechung des Tages erleben können.

Warum nehmen unter diesen Bedingungen noch nicht alle am Mittagessen teil?

Einige Gründe sollen hier aufgezählt werden.

Es gibt Eltern, die es sich nicht leisten können, 50 € im Monat pro Kind für das Mittagessen zu bezahlen. Seit 2008 können sie von der Stadt einen Zuschuss bekommen. Man weiß aber, dass die Beantragung solcher Gelder mit Scham verbunden sein kann. Hier muss die Schulleitung vermittelnd eingreifen.

Dann gibt es Eltern, die das Essen nicht bezahlen wollen.

Sie argumentieren damit, dass ihrem Kind das Essen nicht schmecke, dass es zu teuer sei oder ihr Kind sich auch anderweitig ernähren könne. Viele Kinder und Jugendliche haben bereits ein einseitiges Essverhalten ausgeprägt und ihnen schmeckt das angebotene Mittagessen nicht. Sie versorgen sich lieber mit Brötchen oder Baguettes.

Und nicht zuletzt gibt es Kinder, die über ihre Allergien Auskunft geben, wenn man sie fragt, warum sie nicht mitessen.

Wie tief die Bindung von Eltern zu ihren Kindern an das Essen geknüpft ist, wie viel Aufschluss man über alle Arten von Störungen am Essverhalten ablesen kann und wie wichtig eine genussvolle und gesunde Ernährung ist, kann man an vielen Stellen nachlesen. Besonders zu empfehlen ist hier Jesper Juuls Buch»Was gibt's heute?«, in dem er auf die Bedeutung des gemeinsamen Essens eingeht und wertvolle Hinweise zum Umgang mit Schwierigkeiten gibt.

Das tägliche Essen liefert einen bedeutenden Beitrag zur»schönen« Schule. Es sollte nicht länger ein Nebenschauplatz sein und der individuellen Entscheidung Einzelner überlassen sein. Das Essen ernst zu nehmen, ein verbindliches Konzept für alle zu entwickeln und auch Sonderwünsche zu berücksichtigen ist eine wichtige Aufgabe der LehrerInnen und der Schulleitung. Das tägliche Mittagessen ist auch ein Projekt. Dauerhaft kann an den folgenden Qualitätsmerkmalen gearbeitet werden:

● Das Essen hat eine objektiv, d. h. ernährungswissenschaftlich nachweisbare, hohe Qualität.
● Es ist abwechslungsreich, appetitlich und besteht aus mehreren Teilen (Vorspeise, Hauptgericht, Nachspeise.)
● Es wird mit Kultur und mit einem Ritual eingenommen.
● Dabei sind die Schüler und Schülerinnen selbst aktiv (Tischdienste etc.).

- Alle Mitglieder der Schule essen und schätzen das Essen als kommunikativen Mittelpunkt des Tages.
- Sonderwünsche sind möglich und werden respektiert.
- Ständige Sonderwünsche werden zum Anlass für Gespräche genommen.

Es ist wichtig, Kindern und Jugendlichen in der Schule eine neue Welt zu eröffnen, die ihnen das Elternhaus nicht bieten kann. Neben den Bildungserlebnissen ist die Gemeinschaft der Gleichaltrigen unersetzbar. Auch zeigt die Ernährung in der Schule Alternativen zu den familiären Gepflogenheiten auf. Flexibel mit anderem Essen umgehen zu können ist auch ein Ausdruck von Selbstsicherheit. In einer globalisierten Welt wird Flexibilität beim Essen zunehmend zu einer Grundqualifikation. Wie das Essen produziert und verteilt wird, ist darüber hinaus eine der wesentlichen Zukunftsfragen auf unserem Planeten. Die eigenen Vorlieben und Abneigungen beim Essen vor diesem Hintergrund und zugunsten des wichtigen Gemeinschaftserlebnisses respektiert zu wissen und gleichzeitig nicht in den Mittelpunkt zu stellen ist auch ein bedeutsames Lernziel.

Unterricht

Das »Kerngeschäft« der Schule ist Unterricht. In guten Schulen ist dies guter Unterricht.

Was guter Unterricht ist, wird und wurde diskutiert, seitdem es ihn gibt. Remo Largo, der Schweizer Kinderarzt und Kindheitsforscher, hat in seinem Vortrag beim Kongress des »Archivs der Zukunft« in Bregenz 2008 die Ziele guten Unterrichts benannt: Er vermittle ein gutes Selbstwertgefühl, entwickle Stärken, zeige, wie man mit Schwächen umgehen kann; er unterstütze die Entwicklung eigener Lernstrategien und vermittle gutes Grundwissen und Fertigkeiten. Lernen sei nach seiner Erfahrung nur dann sinnvoll, wenn es selbstbestimmt und aktiv sei; es komme darauf an, das zu stärken, was Kinder bereits in sich tragen, denn dies sei letzten Endes stärker als das, was wir ihnen geben können. Diese These sieht er durch seine langjährigen wissenschaftlichen Untersuchungen bestätigt. Sie machen deutlich, dass die Menschen (Kinder, Jugendliche) im Laufe ihres Lebens immer verschiedener werden, wobei die Körpergröße oder die körperliche Beschaffenheit nur den kleinsten Unterschied ausmachen. Alle anderen Unterschiede seien wesentlich größer. Wörtlich sagt Largo und unterstreicht dies eindrücklich mit kurzen Filmsequenzen, in denen kleine Kinder auf pädagogische Anleitung reagieren: »Sie können den Kindern nicht einfach etwas beibringen. Es geht nicht!«

Vielleicht ist es kein Zufall, dass in Schweden, einem Land mit einem anerkannt fortschrittlichen Bildungssystem, das

Wort »erziehen« eine andere Bedeutung hat. Das Äquivalent zu dem deutschen Wort mit seiner einseitigen Richtungsvorgabe heißt im Schwedischen »uppfostra« und bedeutet »helfen, lernen, schützen, sich kümmern«. Die Kraft der Kinder, das, was sie mit auf die Welt bringen, ist stärker als Unterricht und findet in diesem Erziehungsbegriff mehr Anerkennung. Es wird von einer bereits vorhandenen Kompetenz ausgegangen, die die Kinder haben.

Um guten Unterricht zu entwickeln, ist es sogar notwendig, noch weiter zu gehen. Wir dürfen dabei nicht übersehen, was und wie viel wir von den Kindern und Jugendlichen bekommen und lernen können. Sie wissen bereits ohne unser Zutun sehr viel. Ich möchte behaupten, dass hier ein wesentlicher Schlüssel zur »Verschönerung« der Schule liegt: dass Lehrer und Lehrerinnen davon ausgehen, dass die ihnen anvertrauten Kinder und Jugendlichen schon sehr viel wissen, und sie nun die komplexe Aufgabe erfüllen dürfen, sich an der jeweils entsprechenden Stelle schützend und initiativ um die weitere Entwicklung zu kümmern. Diese Entwicklung, den Lernprozess der Kinder, sollen sie als ein neues Drittes auch auf sich selbst beziehen. Es versteht sich von selbst, dass ein solchermaßen verstandener Unterricht nicht zweimal gleich sein kann, denn auch gleiche Themen werden mit neuen Individuen und in neuen Zeit-Räumen immer wieder neu konstruiert.

Die bewusste Subjektivität jedes Unterrichts ist seine eigentliche Erneuerung. Dazu gehört es, bereits vorhandenes Wissen und Erfahrungen auf allen Seiten anzuerkennen und sichtbar zu machen.

Ich möchte dies mit einem Beispiel verdeutlichen. Auf dem Dachboden unserer Schule hat eine Lehrerin einmal einen Gang durch die Geschichte der Menschheit unternommen. Der Dachboden ist riesig und so lang wie die Schule. Aufgrund des beschriebenen Platzmangels in unserer Schule ist hier ständig alles abgeladen worden, was in den Schulräumen keinen Platz mehr fand. Alte Möbel und Gerätschaften wurden auf der großen Fläche meist lieblos entsorgt oder für spätere Verwendungen aufbewahrt. Auch eine einmalige Aufräumaktion aller Lehrerinnen und Lehrer konnte das Sammelsurium nicht ordnen. Um alles zu archivieren, fehlten ein Konzept und die verlässliche Betreuung durch »Archivare«. Zwei großartige Theatervorstellungen hatten den rudimentären Raum allerdings kurzzeitig in ein anderes Licht getaucht und große Bewunderung hervorgerufen. Seitdem zieht es die Kinder und Jugendlichen immer wieder auf den Dachboden.

Für diesen Gang durch die Geschichte nahmen sich alle einen Klappstuhl und gingen auf den besagten Dachboden.

Die Jugendlichen der 7. und 8. Jahrgangsstufe, befragt, wo sie mit einer Expedition durch die Menschheitsgeschichte beginnen wollen, waren sich sofort einig: am Anfang, in der Steinzeit! Sie wollten ihre Kenntnisse grundlegend und in chronologischer Reihenfolge erneuern.

So begannen sie also am äußersten Ende des Speichers mit der Steinzeit: »Stellt euch vor, ihr seid Archäologen, die ihr Wissen von ausgegrabenen Gegenständen anderer Epochen ableiten. Welche Gegenstände könnt ihr auf dem Dachboden finden, die in diese ferne Zeit passen?« Sofort verstreuten sich alle und kamen nach kurzer Zeit mit Gegenständen zurück, die sie zwischen sich in die Mitte legten. Nun wurde engagiert darüber diskutiert, ob die Holzschüssel oder der Metallstab, der Stoffrest oder der Steinbrocken hier ihren richtigen Platz haben. Einzelne Kenntnisse wurden ausgetauscht, Geschichten wurden erzählt, ergänzt oder verändert. Man kam auf das Licht, das spärlich Eingang fand, und prüfte es auf seine »Höhlentauglichkeit«; wie kalt war es damals, und war der Schutz durch das Dach nicht zu komfortabel, verglichen mit der damaligen Zeit?

Ein erster großer Effekt entstand beim Voranschreiten in die Eisenzeit. Die Mitte zwischen den Stühlen füllte sich mit

auffällig mehr Gegenständen als vorher die steinzeitliche Aus-
stellungsfläche. Eine Diskussion über den enormen Wert des
Metalls, seine gefährliche und arbeitsaufwendige Gewinnung
und seine Verbreitung und Bedeutung bis in die heutige Zeit
entstand wie von alleine. Alle waren gespannt auf die nächsten Schritte, denn nun hatte jeder verstanden, dass man sich
als Sammler beteiligen und seine Fundstücke von dem Wissen
der Gruppe bestätigen lassen konnte. So ging es weiter durch
das Mittelalter und anschließend bis zur Renaissance und Reformation. Die Gegenstände wurden immer vielfältiger, die
Geschichten komplizierter.

In kleinen Rollenspielen wurden wichtige Etappen der
Menschheitsgeschichte nachgespielt. Eine Musiklehrerin
konnte mit Liedern die Epochen untermalen, ein Kanon wurde eingeübt, spontane Vorträge wurden gehalten. Die Lehrer-
vorträge wurden von den Jugendlichen mit großer Aufmerksamkeit verfolgt und trugen weitere Kenntnisse zum Leben
und Werk von bekannten Persönlichkeiten wie Christoph Co-
lumbus oder Martin Luther zusammen. In der kalten Dunkel-
heit des Dachbodens suchten die Jugendlichen auf einem Glo-
bus die eroberten Länder, spekulierten über die Gefahren der
alten Zeiten und ob sie damals hätten leben wollen. Alle Jugendlichen hatten sich beteiligt, waren zu »Archäologen« auf
dem eigenen Dachboden geworden und hatten die Chance, bei
dieser Forschungsexpedition ihre persönliche Verbundenheit
mit der Geschichte der Menschen nachzuempfinden.

Die enorme Attraktivität dieses Unterrichts wurde uns jedoch erst in der folgenden Woche ganz bewusst. Die Schülerinnen und Schüler holten die Lehrerin zum Unterricht ab: Jetzt
hätten sie doch wieder ihre gemeinsame Unterrichtszeit, und es
stünden schon alle mit ihren Klappstühlen vor der Bodentür.
Dieses Mal wurde die Französische Revolution mit schnell gebauten Barrikaden und einer alten Karl-Liebknecht-Fahne, die
eindrücklich von den aufgebrachten Massen geschwungen

wurde, in einem Detail nachgestellt. Die Wörter Égalité, Fraternité, Liberté wurden leicht gelernt und laut gerufen.

Was begeisterte die Jugendlichen?

Neben vielen anderen bekannten Kriterien für gelungenen Unterricht wie Beteiligung, Zielorientierung, Handlungsorientierung und Lernerfolg wird an diesem Bespiel deutlich, dass auf bereits vorhandenem Wissen aufgebaut wurde. Auch kleinstes Detailwissen konnte im Kontext des Gemeinschaftswissens zur Geltung kommen.

Zunächst wurde festgestellt, wer was weiß, welches Wissen also bereits in der Gruppe vorhanden ist. Und es wurde deutlich, was man sich wünscht, nämlich einen vollständigen Überblick über die Menschheitsgeschichte zu erhalten. Diese ersten Bausteine wurden in Beziehung gesetzt, miteinander verglichen und mit neuen Fakten, die selbstverständlich auch maßgeblich von den Lehrerinnen beigetragen wurden, angereichert. Daraus entstand ein neues Drittes. Dieses »Gesamtwissen« war eine einmalige Konstruktion und in dieser Form eine unwiederholbare Verbindung einzelner Fakten. Alle wussten, dass es diese spontane Aneinanderreihung so nie wieder geben würde, denn der Ausgang und die konkrete Gestaltung dieser »Exkursion« waren, bei gleichzeitig klaren inhaltlichen Eingrenzungen, offen. Man war auf dem Dachboden »in Gedanken geschritten« und hatte sich das »Potenzial der Dinge«[6] dabei zunutze gemacht. Die Ideen waren während des Handelns und Darüberredens entstanden: »L'idée vient en parlant.« Der Architekt Arno Lederer[7] hat dies in einem Aufsatz über das Entwerfen mit einer Überschrift sehr treffend bezeichnet: »Vagabundierendes Denken.« Auch er macht deutlich, dass Gegenstände und Tätigkeiten zunächst unabsicht-

---

6 Titel einer Ausstellung des Künstlers Tony Crag im Herbst 2005 in der Akademie der Künste, Berlin

7 Arno Lederer in »ach«, Zeitschrift für Architektur, Nr. 23/24, Dezember 2006

lich genutzt werden, um in einer gelassenen Tätigkeit schließlich zu einem konkreten Ergebnis, dem Entwurf, zu führen. Und noch etwas unterscheidet diesen Unterricht: Es ging nicht um Präsentation, sondern um Aktion und Reflexion. Hartmut von Hentig hat in einem Vortrag einmal sehr leise und umso eindringlicher gesagt, dass Präsentation nicht das Ziel des Unterrichts sein könne. Es sei ein zu schwaches Ziel, eine Sache nur zu präsentieren. Diese Bemerkung hat mich berührt, denn in offenen Unterrichtsformen präsentieren die Kinder und Jugendlichen sehr viel. Manche Lehrerinnen und Lehrer verstecken sich sogar hinter den Präsentationen ihrer SchülerInnen und rechtfertigen häufige Schülervorträge nach außen als besonderes Zeichen ihrer Selbstständigkeit.

Rücksichtsvolles soziales Verhalten unter den Schülern hat sicherlich den Nebeneffekt, dass mittelmäßige oder gar schwache Präsentationen respektvoll von der Gruppe angehört werden. Aber oft sind die Kinder und Jugendlichen noch nicht in der Lage, die Qualität eines Beitrags richtig einzuschätzen. Und sie können nicht wissen, dass ein Qualitätssprung im Unterricht eng an seine Folgen, seine Nachhaltigkeit, eben an die Konstruktion eines neuen Dritten, gebunden ist.

Die Anbahnung dieses Neuen ist die große Herausforderung für Lehrer und Lehrerinnen in offenen Systemen. Falsch verstanden sind die vielen Präsentationen häufig nur ein moderner Ausdruck des alten Repetierens. Die Kinder oder Jugendlichen eignen sich bereits vorhandenen Stoff an und geben diesen in einer neuen Zusammenfassung, oft durch Plakate illustriert, an andere weiter. Dies ist wichtig und sinnvoll, jedoch als vorwiegende Schüleraktivität noch weit davon entfernt, neue Entwürfe zu gestalten. Auch auf dem Dachboden wurde ja kein neuer Entwurf für die Geschichte der Menschheit kreiert. Aber ein Ansatz zum forschenden Lernen ist in der offenen Anlage des Unterrichts mit seinen vielen Rückgriffen auf individuelles Wissen allemal zu sehen.

Ein zweites Beispiel beschreibt einen forschenden Unterricht. Inspiriert durch die »Initiative Humboldt-Forum« und in Vorbereitung eines Beitrags für einen Jugendkongress hat der Künstler Christoph Riemer mit Jugendlichen der 10. Jahrgangsstufe einen Workshop zu dem Thema »Wissen und Wahrnehmung« durchgeführt. Ziel dieses Workshops war es, den Jugendlichen forschendes Lernen an einem Gegenstand zu ermöglichen. Alexander von Humboldt mit seinem einmaligen Forschergeist war das Vorbild.

Wir hatten uns einen Tag Zeit genommen. Im Kreis stellten sich alle auf eine besondere Weise vor: Jeder bekam ein aus getrockneten Bananenschalen geflochtenes Essschälchen, wie sie in Thailand üblich sind, und wurde mit diesem Gegenstand bei seiner/ihrer Vorstellung fotografiert. Auf dem Boden waren 14 verschiedene Gewürze aus verschiedenen Kulturkreisen der Welt in ebensolchen Schälchen ausgestellt. Alle Jugendlichen entschieden sich für ein Gewürz. Ausdrücklich ging es nicht darum, herauszufinden, wie das Gewürz heißt oder woher es kommt, also auf schon vorhandenes Wissen zurückzugreifen. Die Aufgabe bestand vielmehr darin, seine Eigenschaften wahrnehmend zu erforschen.

Schnell wurde der Klassenraum zu einem Laboratorium. Verschiedene Gerätschaften wie Mörser, Bunsenbrenner, Messer, Wasserschalen und vieles mehr wurden besorgt und für den Erforschungsprozess genutzt. Die Gewürze wurden zerschnitten, zerstampft, zerrieben, verbrannt, eingeweicht, aufgelöst, vermischt, gerochen, geschmeckt, befühlt, mikroskopisch angeguckt, gezeichnet usw. Auf Platzdecken wurden die verschiedenen Begriffe zur Wahrnehmung notiert, die zunächst noch allgemein und oberflächlich waren: geil, cool, scharf, brennend …

Dann »besuchten« die Schülerinnen und Schüler die Gewürze der anderen, probierten, nahmen wahr und notierten ihre Erfahrungen ebenfalls mit Wörtern auf den Platzdecken, die sich allmählich mit immer mehr Adjektiven und Partizipien füllten wie »auf der Zungenspitze langsam schärfer werdend«. In sechs Stunden hatten die Jugendlichen unermüdlich geforscht, sich beratschlagt, neue Experimente entwickelt und neue Wörter gefunden. Am Ende zählten sie 270 Beschreibungen für die Gewürze aus aller Welt!

Mittlerweile hatte sich in der Schule ein angenehmer, fremdartiger Geruch entfaltet. Die Jugendlichen überlegten, wie sie diese Erfahrung mitteilen oder ihr zu einer Nachhaltigkeit verhelfen könnten. Eine Gruppe kam auf den Gedanken, in der Kaffeeküche der LehrerInnen ihre Experimente aufzubauen. Auf die Frage, warum sie unbedingt dort mit ihren starken Gerüchen zur Geltung kommen wollten, antworteten sie spontan, der Kaffeegeruch würde so endlich einmal überdeckt werden. Die Frage, ob und warum ihnen dieser Geruch nicht gefalle, beantworteten sie ebenfalls spontan und einhellig: »Kaffeegeruch bedeutet, dass Erwachsene nicht gestört werden wollen. Jetzt wollen wir sie einmal beim Kaffeetrinken stören!« Zunächst schrieben sie diesen Gedanken auf ein Papier, das sie neben die Gewürzexperimente auf den Fußboden legten. Dann nahmen sie das Papier weg. Die Sache spreche für sich selbst und brauche keine Erklärung.

Die hohe Motivation bei der forschenden Arbeit hatte zu vielfältigsten Erfahrungen, sprachlichem Reichtum, dem Wunsch nach Wirkung und darüber hinaus zu ästhetisch anspruchsvollen Präsentationen geführt, bei denen die Bananenblattschälchen vom Anfang wieder zur Geltung kamen. Wesentlich war jedoch die Erfahrung, dass man sich einer Kleinigkeit, einem einzelnen Gewürz, in dieser Genauigkeit mit seinen Sinnen nähern kann und dabei zu neuen Erfahrungen und einer präzisen »Sprache« gelangt. Diese Entwicklung vollzog sich in der Gruppe zunächst als individuelle Handlung und dann durch die vergleichende Wahrnehmung und Einordnung der anderen. Die Jugendlichen hatten sich selber mitgeteilt und waren in ihrer Lerngemeinschaft zur Aktion gelangt. Wie von selbst ergaben sich Gespräche über die Kulturen der Welt, ihre Essgewohnheiten und den zunehmenden Austausch unter den Völkern – und dies alles über die Sinneswahrnehmung des Geschmacks beim Essen!

Natürlich kann sich Unterricht nicht ausschließlich in dieser Form vollziehen. Es wäre falsch, die Kinder und Jugendlichen alle Wissensgebiete selbstständig erforschen zu lassen. Vieles kann einfach gelernt werden, und vieles muss immer und immer wieder geübt werden. Aber auch dieses »Üben« lässt sich verändern! Man kann das Üben als bittere Medizin verstehen, die nun einmal sein muss. Man kann es aber auch in seinen verschiedenen Varianten ganz neu entdecken. Dann geht es nicht mehr darum, stur etwas zu wiederholen, bis es buchstäblich »sitzt«, »still sitzt«, sondern mit dem Üben zu etwas Neuem, etwas Einmaligem zu gelangen.

Auch das Üben knüpft an bereits gemachte Erfahrungen an. »Man kann nur etwas lernen, wovon man schon etwas weiß«, sagt Maria Montessori. Wenn wir diesen Satz ernst nehmen, hat er starke Auswirkungen auf die Praxis des Übens. Üben heißt, an schon Bekanntes anzuknüpfen und in der Wiederholung neue Facetten zu entdecken. Dies kann nur freudig gelingen, wenn man dabei Fehler machen darf. Versuch und Irrtum kennzeichnen den Weg wissenschaftlicher Forschung. Dieses Vorgehen können wir besonders bei kleinen, noch vom herkömmlichen schulischen Lernen unverdorbenen Kindern beobachten. Reinhard Kahl hat das »Lob der Übung« in seiner Kolumne »P.S.« in der Zeitschrift »Pädagogik« beschrieben. Am Beispiel der Musikgeschichte macht er deutlich, wie sich das Üben erst allmählich verändert hat. »Der Sinn des Übens als Selbstzweck wurde ersetzt durch den neuen der ›vorbereitenden Übung‹. Das kostete dem Üben seine Seele, die hellwache Präsenz, das Glück, ganz gegenwärtig zu sein. Konrad Lorenz nannte dies ›Funktionslust‹ und Mihaly Csikszentmihalyi hat dafür das Wort ›flow‹ geprägt, zum Beispiel die Selbstvergessenheit des Bergsteigers, die Hingabe an eine Sache, der Ernst des Spiels. Eine Haltung, wie man sie bei Kindern, Künstlern, Forschern und guten Handwerkern beobachten kann. Das ist das Gegenteil des aufgeschobenen Lebens, des Darbens auf dem dornenreichen Weg, der keinen Eigenwert hat und dessen Ziel nur selten erreicht wird.«[8]

Zeitgenössisches Synonym für stures Üben sind Arbeitsblätter. Die häufigste Tätigkeit besteht dabei im Ausfüllen von Leerstellen. Wenn es gut geht, hat sich der Lehrer das Arbeitsblatt selber ausgedacht, d. h. auf seine spezielle Lerngruppe hin entwickelt. Oft sind diese Blätter aber für die jeweilige Altersgruppe vorgefertigt und orientieren sich eher an den offiziellen Lernplanvorgaben als an den tatsächlichen Voraussetzungen einer bestimmten Lerngruppe.

Schon als ganz junge Lehrerin erlebte ich die Zauberkraft dieser Blätter. Man teilt sie aus und es wird still. Die Jungen und Mädchen sind zunächst mit der Leseaufgabe stark beschäftigt. Darüber hinaus aber wirkt der Glaube, dass auf geschriebenem Papier – und heute sehen diese Papiere oft, aber nicht immer, wie »professionell gedruckt« aus – nichts Unwichtiges stehen kann. Also entsteht der Eindruck, etwas wirklich Ernsthaftes zu tun; hier hat man mit Schule und Lernen zu tun.

Das Ausfüllen ist auch eine Entlastung vom vielen Schreiben. Da dieses vielen SchülerInnen verleidet wurde oder sogar Angst erzeugt, gehen die jungen Menschen bereitwillig auf das Angebot des Ausfüllens ein. Sie suchen sich ihren Weg durch die Aufgabenstellung und haben nach Beendigung ihrer Arbeit das kurzfristige Gefühl des Erfolgs.

»Arbeitsblätter sind eine Beleidigung für das Denken der

---

8   Reinhard Kahl, P.S. in *Pädagogik*, 50. Jg., 1998, Heft 10, S. 64

Kinder!«, sagt ein Wissenschaftler, der in Sommercamps der Jacobs Foundation dazu beiträgt, dass schwache SchülerInnen in den Sommerferien ihre Defizite auf erstaunliche Weise überwinden und anderthalb Schuljahre in kürzester Zeit aufholen.

Arbeitsblätter sind kurzfristig »abrufbar«. Dies ist ein weiterer Grund für ihre Beliebtheit. Angeblich kann man sich mit ihrer Hilfe einen schnellen Überblick über den Kenntnisstand seiner Lerngruppe verschaffen. Dass mit den Arbeitsblättern die Fähigkeit, zu schreiben, zu lesen, sich selbst auszudrücken und darüber in der Gruppe zu reden, verloren geht, ist ein Effekt, dem dabei viel zu wenig Bedeutung beigemessen wird (siehe auch Kapitel »Bücher und Schulbücher«). Arbeitsblätter sind nicht nur eine Beleidigung für das eigenständige Denken der Kinder und Jugendlichen, sie gaukeln Lerneffekte vor, die nicht von eigener Erfahrung und Übung getragen sind. Denn irgendjemand hat dieses Arbeitsblatt vorab konzipiert. Die Subjektivität des Entwurfs tritt hinter seiner scheinbaren Objektivität zurück.

Wenn eine der Hauptaufgaben der Schule darin besteht, die Schüler und Schülerinnen lesen und schreiben zu lehren, dann sollten sie auch die Möglichkeit haben, dies in immer neuen Zusammenhängen und Variationen übend zu lernen. Der Entwurf, und hier komme ich wieder an den Anfang dieses Kapitels zurück, ist von ebenso großer Bedeutung wie die letzte Abschrift, die zur Bewertung vorgelegt wird. Dass ein großes Bedürfnis nach Entwürfen und Selbstausdruck besteht, zeigen die vielen, vielen freiwilligen Aufschriften und Randbemalungen auf Heften, Notizblöcken, Schulbänken, Häuserwänden …

In der Freiarbeit und im Projektunterricht gibt es viele Möglichkeiten für Entwurf und Selbstausdruck. Darum sind diese beiden Methoden in Schulen, die sich um neue Lernformen bemühen, so dominant. Sich auf seinem ganz persönlichen Niveau einer Arbeit ausdauernd widmen zu können ist das Ziel der Freiarbeit. Ein Problem mit anderen gemeinsam zu lösen, aus dem bereits Vorhandenen durch Handeln eine neue Lösung zu entwickeln ist Ziel der Projektarbeit. So wie es aussieht, ist die Projektmethode eine – vielleicht die einzige – erfolgreiche pädagogische und methodische Antwort auf die Lösung vieler Probleme.

In allen gesellschaftlichen und wirtschaftlichen Bereichen gibt es heute Menschen, die gemeinsam in Projekten an der Lösung unterschiedlichster Aufgaben arbeiten. Offensichtlich können Einzelne immer weniger ausrichten, und der interdisziplinäre Ansatz der Projektmethode ist der steigenden Komplexität gegenwärtiger Probleme besser gewachsen als vereinzelndes Expertentum. Für die Schule könnte man die Freiarbeit als den Ort der Aneignung von Grundfertigkeiten und die Projektarbeit als ihren Anwendungskontext beschreiben. In beiden Unterrichtsformen ist die Lehrerpersönlichkeit gestaltende und strukturierende Kraft und der Lehrervortrag in seinem sparsamen Einsatz ein unverzichtbares Mittel. Wenn beide Unterrichtsformen in einem ausgewogenen Verhältnis stehen und eine angemessene Beurteilungskultur entwickelt ist, können Kinder und Jugendliche ihre Bewährung in einer Gemeinschaft erleben und zu persönlichen Bestleistungen gelangen. Sich seine Themen und Schwierigkeitsgrade selbst wählen zu können, genügend Zeit für vertiefende Übung zu haben, klare Rückmeldung zu bekommen und in einer gemeinschaftlichen Anstrengung seinen individuellen Beitrag zur Konstruktion neuer Lösungen leisten zu können führt zu einer großen Befriedigung. Dazu braucht es klare Ziele, kleine Zwischenschritte und einen offenen Ausgang. Die SchülerInnen lernen im besten Fall, dass Projekte nur erfolgreich sind, wenn sie folgenreich sind. »Wir haben unsere Schultoiletten in angenehme Orte verwandelt«, »An unserer Schule wird nicht mehr gestohlen«, »Die Klassenzimmer reinigen wir in der gesamten

Schule selber zuverlässig«,»Wir fühlen uns für die Menschen in dem nahe gelegenen Altersheim verantwortlich« usw. sind Projektthemen, an denen sich praktisches Handeln und theoretische Reflexion bewähren können. An ernsthaften und wirklichen Problemen zu arbeiten und zu einer Verbesserung zu gelangen schenkt Kindern und Jugendlichen die unersetzliche Erfahrung, in dieser Welt etwas bewirken zu können. Diese Erfahrung ist viel wertvoller als alle Formen des Lobes, die in letzter Konsequenz an den Lobenden binden. Ergebnisse, die für sich sprechen, erzeugen eine ungleich höhere Befriedigung.

Das weite Feld der Beurteilung aufgrund von Wettbewerb und Konkurrenz möchte ich hier nicht bearbeiten. Aus meiner beruflichen Erfahrung mit und ohne Noten lässt sich jedoch zweifellos der Schluss ziehen, dass oberflächliche Bewertungssysteme oberflächliche Arbeit und oberflächliche Beziehungen zur Folge haben. Die Ausrichtung an einer schlichten, sechsstufigen Bewertungsskala lässt viele Kompetenzen unsichtbar bleiben und manchmal für immer verloren gehen. Die Beurteilten werden auf ein grobes Muster festgelegt, das Objektivität für sich in Anspruch nimmt. Dabei wird meist übersehen, dass die schädigenden Auswirkungen einer oberflächlichen Bewertung nicht nur die leistungsschwachen, sondern auch die leistungsstarken Kinder und Jugendlichen treffen. Wie anders als durch eklatante Fehleinschätzung ist zu erklären, dass Mädchen in der Schule eindeutig besser als Jungen bewertet werden, die Jungen im späteren Berufsleben aber trotzdem in weitaus größerer Zahl in Führungspositionen aufrücken? Wären die guten schulischen Leistungen der Mädchen wirklich so bedeutsam, wie in der Schule prognostiziert, müssten Frauen die wichtigsten Stellen besetzen. Offenbar sind es andere Kompetenzen und Bedingungen, die Jungen später (noch) eher in erfolgreiche Positionen befördern als Mädchen.

Um Leistungen realistisch einschätzen zu können, brauchen wir unsere differenzierte Sprache in Wort und Schrift. Die Lehrerinnen und Lehrer sollten zeigen, dass sie sich genau über ihre Schülerinnen und Schüler äußern können. Mit ihren mündlichen und schriftlichen Einschätzungen können sie ein Vorbild und ein Anreiz für Bildung sein. Sie können zeigen, wie man aus Beobachtungen zu einer Diagnose, einer Prognose und abschließend zu einer pädagogischen Entscheidung gelangt. Dies ist eine Hauptaufgabe aller LehrerInnen in offenen Unterrichtsformen. Ein Verzicht auf Bewertung führt zu Beliebigkeit.

Abschließend soll die viel beklagte Stofffülle angesprochen werden. Sie ist das Hauptargument gegen Erneuerungen und bei der Umwandlung von Schulen in kind- oder jugendgerechte Orte. Der Lehrplan steht wie ein Gebot (auch hier wieder die Affinität zu Glauben und Kirche) über der Schule. Dieses und jenes gilt es zu lernen.

Der Lehrplan ist Gesetz. Dass dieses Gesetz von vielen nicht befolgt wird oder aufgrund der konkreten Bedingungen gar nicht befolgt werden kann, wissen alle. Anders wären die großen Abweichungen der Leistungen von den offiziellen Vorgaben in den bekannten vergleichenden Untersuchungen nicht zu verstehen. Zwei wesentliche Veränderungen sind hier in die Wege zu leiten:

Jeder Lehrplan muss zunächst an die jeweilige Lerngruppe angepasst werden. Viele Lehrerinnen und Lehrer haben dies intuitiv immer schon gemacht, denn sie interessieren sich mehr für den tatsächlichen Lernfortschritt ihrer Schülerinnen und Schüler als für eine offizielle Planerfüllung. Auf lange Sicht nützt es nichts, wenn man behauptet, man habe keine Zeit für die individuelle Passung des Plans, und über die Köpfe seiner Lerngruppe hinweg unterrichtet.

Ein beeindruckendes Beispiel gab der Schulleiter Günter

Offermann, dessen Gymnasium in Neckarsteinach 2007 für sein ausgeprägtes Förderkonzept mit dem Deutschen Schulpreis ausgezeichnet wurde. Wenn ein Schüler, eine Schülerin in seinem Mathematikunterricht schlechter als Vier »steht«, fühlt er sich selbst so lange für Übung und Förderung verantwortlich, bis ausreichende Leistungen erreicht werden.

Und zweitens müssen die Lehrpläne auf Wesentliches gekürzt werden. Angesichts der täglich wachsenden Fülle des Wissens ist niemand mehr in der Lage, alles zu lernen. Die Grundrechenarten zu beherrschen und Latein lesen zu können reicht heute im Vergleich zum Mittelalter nicht mehr aus, um Professor an einer Universität zu werden. Das Wissen der Welt ist für jeden Einzelnen unüberschaubar geworden. Ein Kerncurriculum, also ein auf wesentliche Inhalte beschränkter Lehrplan, stellt das Elementare über das Banale. Einzelheiten werden nicht länger zusammenhanglos nebeneinander unterrichtet. Eine verbindende Struktur, die dem zu Lernenden eine Bedeutung verleiht, wird angelegt. Damit wird die Aufmerksamkeit der Kinder und Jugendlichen nicht länger mit Nebensächlichkeiten strapaziert und letztlich zerstreut.

»Einzelheiten lehren bedeutet Verwirrung stiften. Den Zusammenhang unter den Dingen herzustellen bedeutet, Erkenntnisse zu ermöglichen«, sagt Montessori.

Um solche Lehrpläne zu entwickeln, ist es nötig, LehrerInnen unterschiedlichster Fachrichtungen unter einer pädagogischen Leitidee zusammenzubringen. Diese besteht vor allem in der kompromisslosen Akzeptanz jedes Kindes und Jugendlichen und findet in einer Schule ohne Aussonderung ihren konkreten Ausdruck.

Lehrerinnen und Lehrer

»Erziehung ist Vorbild und Liebe, sonst nichts!«
(Fröbel)

Es gibt ein ungewöhnliches Geschenk, das die Lehrerinnen
und Lehrer unserer Schule gemacht haben. Sie haben nicht
geraucht. Schon vor dreizehn Jahren wurde aus dem Kollegium der Antrag gestellt, in der Schule nicht zu rauchen, und
mehrheitlich von der Lehrerkonferenz angenommen. Seitdem
gab es kein Raucherzimmer mehr. Nur im Hausmeisterraum
und in der näheren oder weiteren Schulumgebung rauchten
noch wenige KollegInnen. Ansonsten war die Schule rauchfrei.
Dies war Mitte der 90er-Jahre durchaus ein Alleinstellungs-
merkmal. Viele Lehrerinnen und Lehrer waren Nichtraucher,
es gab jedoch auch einige, die bewusst beschlossen hatten,
dass die Schule nicht der richtige Ort sei, um zu rauchen. Der
mehrheitliche Beschluss war ein deutliches Zeichen: In unserer Schule stehen die Bedürfnisse der Kinder und Jugendlichen im Mittelpunkt. Private Erwachsenenbedürfnisse treten
dahinter zurück.

Mit den Jugendlichen hatten wir aufgrund dieser Tatsache
weniger Auseinandersetzungen und stärkere Argumente.
Beim Thema »Rauchen« ist es besonders aussichtslos, an die
Vernunft anderer zu appellieren, wenn man selbst kein Vorbild ist. Trotzdem gab es viele Jahre unermüdliche Diskussionen mit einigen Jugendlichen in Raucherecken auf dem Schulhof und in den Raucherzonen im Schulumfeld. Im Verhältnis
waren es nur wenige Jungen und Mädchen, die rauchten. Sie
beanspruchten mit diesem und anderen Themen jedoch un-
verhältnismäßig viel Aufmerksamkeit, denn sie stellten ihre

unmittelbaren Bedürfnisse nicht nur in diesem Bereich vor die Interessen der Gemeinschaft. Mit dem offiziellen Rauchverbot ist dem Vorbild des Kollegiums nun noch ein deutliches Zeichen hinzugefügt worden. Beides zusammen führte dazu, dass die Schule auch an dieser Stelle schöner wurde.

Im Unterschied zu vielen anderen Berufen werden Pädagogen stets auf ihre Vorbildfunktion angesprochen. Darum müssen Lehrerinnen und Lehrer lernen, ihr privates Erwachsenenleben und ihre pädagogische Tätigkeit gleichermaßen zu trennen und zu verbinden. Persönliche Vorlieben und eigenes Verhalten auf die Passung im pädagogischen Kontext zu reflektieren ist eine Daueraufgabe für Lehrerinnen und Lehrer. Distanz und Nähe, Professionalität und Authentizität sind notwendige Bestandteile ihres Verhaltens. Dies zu leben ist eine Kunst und eine der vielen besonderen Herausforderungen in der Schule. Lehrerinnen und Lehrer bekommen ihre Stärken und Schwächen eindeutig gespiegelt. Kinder und Jugendliche verfügen noch nicht über den disziplinierten Verhaltenskodex der Erwachsenen. Sie melden unmittelbar und ungeschönt zurück, was sie spüren.

Besonders Unsicherheit wird sofort wahrgenommen und entsprechend wird reagiert. SchülerInnen benennen gnadenlos, an wem es liegt, wenn sie sich undiszipliniert verhalten: »Unser Lehrer kann sich nicht durchsetzen!« Von ihren LehrerInnen erwarten sie Führung und Durchsetzungskraft. Wenn diese nicht aufgebracht werden, können sie grausam sein.

In einer privaten Dauerevaluation habe ich immer wieder Jungen und Mädchen aller Altersgruppen befragt, wie ein guter Lehrer/eine gute Lehrerin sein muss. Fast alle antworten sofort: »Sie müssen streng, nett und gerecht sein!« Mit »streng« meinen sie die Durchsetzungsstärke, letztlich die Übernahme von Verantwortung für das Geschehen. Sie wissen genau, dass ihr Wohlbefinden und ihr Lernerfolg davon abhängen, ob ihre LehrerInnen die Gruppe leiten können. »Nett« verstehen sie eher im ursprünglichen Wortsinn als sauber, rein, klar, unvermischt, glänzend. Sie wollen ehrliche, aufrichtige, authentische Personen, die auch »glänzen«, d. h. die sie bewundern können. Und schließlich versteht sich von selbst, dass in einem System, das Lebenschancen verteilt, Gerechtigkeit ein vordringlicher Wunsch aller sein muss.

Es wäre ein wichtiger Bestandteil einer reformierten Lehrerausbildung und auch der Lehrerfortbildung, den »pädagogischen Blick« auch auf sich selbst *und* auf andere zu lenken. Denn natürlich kann es nicht darum gehen, individuelle Lebensstile und Gewohnheiten für den Lehrerberuf zu eliminieren. Individuelle Eigenarten bewusst zu machen und sie auf ihre Tauglichkeit in der Schule zu überprüfen, persönliche Unsicherheiten anzunehmen, Stärken und Schwächen zu diagnostizieren und mit ihnen zu arbeiten wäre dann ein vorrangiges Lernziel im Lehrerstudium. Die Stimme, der Gang, die Körperhaltung, die Freiheit und Form der Sprache, besondere Gesten, Bewegungen, das Aussehen ihrer Lehrerinnen und Lehrer und vor allem deren Charaktereigenschaften beschäftigen Kinder und besonders Jugendliche mindestens genauso stark wie der von ihnen vermittelte Lehrstoff. Dies wissen alle, die selber eine Schule besucht haben und sich an die Eigenarten ihrer LehrerInnen erinnern. Die Person bleibt mit einem Gesamteindruck im Gedächtnis, der »Stoff« in der Regel nur in Einzelheiten.

Die Ausbildung zum Lehrer/zur Lehrerin berücksichtigt diese Tatsache kaum. Dies ist erstaunlich, denn gerade im klassischen Unterricht ist die Anschauung der Lehrperson unausweichlich und bildet den Mittelpunkt des Geschehens.

In neuen Schulen ist die Kompetenz der Selbstreflexion eine Conditio sine qua non und stellt die Person als Ganzes in den Focus der Auseinandersetzung. Die Finnen haben diese Einsicht in ihrer Lehrerausbildung längst professionalisiert. Schon bei der Auswahl der Lehramtsstudenten sind Selbstvertrauen, Selbstkritik und berufliches Ethos entscheidende Kriterien. Von einem professionellen Pädagogen erwartet man pädagogische Reflexionsfähigkeit, Theoriewissen, biografische Kompetenz, Fallverstehen sowie soziale und emotionale Intelligenz. Handlungsfähig werden Pädagogen durch ein reiches methodisches Repertoire und ihre soziale und emotionale Integrationsfähigkeit. Als Kernkompetenzen bei LehrerInnen werden Selbstvertrauen, Kreativität, metakognitive Kompetenz, die Fähigkeit zur Interaktion und ihr Wissen zur Gestaltung der Lernumgebung angesehen, so Matti Meri auf dem Ganztagsschulkongress der »Deutschen Kinder- und Jugendstiftung« (DKJS) im September 2005.

In vielen unserer Schulen scheint es selbstverständlich und geradezu »Gesetz«, dass die Privatperson Lehrer nicht in Erscheinung tritt. Es kommt also nicht von ungefähr, dass mir in diesem Vortrag das erste Mal begegnet ist, dass biografische oder metakognitive Kompetenz quasi von offizieller Seite als *Voraussetzung* für den Lehrerberuf angesehen wird. In unseren Lehrerseminaren stehen die emotionale Integrations- und Interaktionsfähigkeit und die Selbstreflexionsfähigkeit der jungen KollegInnen deutlich hinter vorgegebenen Rahmenlehrplaninhalten, operationalisierbaren Lernzielen und einem zeitlich und methodisch streng gegliederten Aufbau von »Vorführstunden«. Die Diskussionen, Auswertungen und Beurteilungen drehen sich in der Regel um *die Sache*, also um Inhalte und Methoden, und nicht um *die Person*. So wird es den jungen LehrerInnen beigebracht und entsprechend wird es auch in der schulischen Praxis fortgeführt. Die Zusammenarbeit der LehrerInnen wird damit von einem übertriebenen Zwang zur Sachlichkeit dominiert, der ihrer alltäglichen subjektiven, persönlichen Beurteilungspraxis diametral entgegensteht. Wir selbst wissen, wie viele, auch persönliche Beurteilungen wir im Laufe eines Schullebens von unseren Lehrern und Lehrerinnen erhalten haben.

Für mich war es eine besonders prägende Erfahrung, nach dem Rollenwechsel von der Schülerin und Studentin hin zur Lehrerin zu erleben, wie bewusst und absichtlich schonungsvoll Lehrer und Lehrerinnen miteinander umgehen. Hier wird der »subjektive Faktor«, was die berufliche »Performance« betrifft, vielfach ausgeblendet – aus Bequemlichkeit, aber auch, um nicht selbst ins Visier von Kritik zu geraten. Hinter verschlossener Klassentür ist eben jede und jeder für sich. Hinzu kommt, dass für die notwendige und kompetente Bearbeitung unübersehbarer Schwächen sowohl der Leitung als auch dem Kollegium vielfach das Handwerkszeug fehlt.

Wenn Schulen sich verändern, geben Lehrerinnen und Lehrer die Rolle des einsamen (Unter-)Richtens und (Be-)Urteilens auf. Sie treten in einen gemeinsamen Dialog über ihre Schülerinnen und Schüler und über ihren Unterricht. Dabei werden sie persönlich mit ihren einmaligen positiven und negativen Eigenarten unausweichlich sichtbar. Sie sind nicht länger unbeobachtet und unkommentiert tätig. Sie erhalten Feedback. Solcherart Zusammenarbeit unter LehrerInnen muss erst mühsam gelernt und etabliert werden. Sie ist und bleibt die Basis der »schönen« Schule.

Teamarbeit

Entsprechend dem Aufbau unserer Schule haben wir seit Jahren vier LehrerInnenteams. Es gibt das Team 1/2/3, in dem alle LehrerInnen zusammenarbeiten, die in dieser Stufe tätig sind, dann das Team 4/5/6, das Team 7/8 und das Team 9/10. Es hat sich als sinnvoll erwiesen, dass sich alle LehrerInnen für einen begrenzten Zeitraum fest mit einem Team verbunden fühlen. Auch sogenannte FachlehrerInnen, die noch in anderen Jahrgangsgruppen unterrichten, arbeiten nur in einem Team mit. Dem häufig vorgebrachten Einwand, dass man dann nicht wisse, was in der anderen Stufe geschieht, wird entgegengehalten, dass man sowieso nie an allem teilnehmen könne und mit einer Entscheidung für eine Sache oft eine andere ausschließe. In diesem Fall sei es die Entscheidung, das Fachlehrersystem in der Grundschule an einigen, in der Sekundarstufe an vielen Stellen aufrechtzuerhalten. Was dazu führt, dass Lehrerinnen und Lehrer mit ihrem Unterricht zwischen den Stufen wechseln müssen.

Jede Woche ist ein fester Zeitraum für die Zusammenarbeit der LehrerInnen festgelegt. Mittwochnachmittag haben die SchülerInnen bereits um 14.30 Uhr Unterrichtsschluss. Dann treffen sich die LehrerInnen für zwei Stunden in ihrer Arbeitszeit. Zweimal im Monat kommen die Teams zusammen, einmal die sogenannten Projektgruppen und einmal das gesamte Kollegium. In den Teams werden alle Fragen zu der Altersgruppe besprochen. Die Projektgruppen, denen sich LehrerInnen aus allen Stufen zuordnen, befassen sich mit einer übergeordneten schulischen Aufgabe, z. B. dem Landbauprojekt, einem Tutorensystem, den Arbeitsmaterialien der Schüler, dem Mittagessen usw., und versuchen in einem Projekt, zu konkreten Problemlösungen und Verbesserungen zu gelangen. In der gemeinsamen Lehrerkonferenz werden grundlegende pädagogische Themen mit verschiedenen Methoden bearbeitet. Nach wie vor wird diese wöchentliche Teamarbeit, auch bezogen auf die alltägliche Praxis, in den meisten anderen staatlichen Schulen als eine Art »Sondereinsatz« des Kollegiums empfunden, und es scheint an vielen Schulen alles andere als selbstverständlich, dass die Erwachsenen zeitlich verbindlich zusammenarbeiten. Lehrerarbeitszeit wird vielfach noch als Unterrichtszeit gesehen. Alles Weitere ist freiwillig.

Bei uns wird trotz der bereits stattfindenden wöchentlichen gemeinsamen Arbeitszeit im Kollegium konstant über Zeitmangel bei der gemeinsamen Arbeit geklagt. Zwei Wochenstunden reichen offenbar nicht aus, um die anspruchsvollen Aufgaben einer besonderen Schule zu erledigen. Trotz dieser Einsicht und der sie begleitenden Dauerklage ist es bisher nicht gelungen, das Kollegium mehrheitlich von den Vorteilen einer Präsenzzeit mit verpflichtenden Anwesenheitszeiten zu überzeugen. Das alte Modell der Lehrerarbeitszeit sitzt tief.

Die Zusammensetzung der Teams ist durch ein besonderes Merkmal geprägt. Auch die Lehrerinnen und Lehrer unserer Schule wechseln regelmäßig ihre Gruppen. Nach drei Jahren in einer Altersgruppe wandern sie »zwischen den Welten«, d. h. sie arbeiten nun in der nächsthöheren Gruppe oder auch bei den kleineren Schulkindern. So kann es vorkommen, dass eine Lehrerin in 10 Jahren alle Altersgruppen kennenlernt und dann wieder mit einer Lerngruppe 1/2/3 beginnt. Diese bewusste Personalentwicklungsmaßnahme wird nicht auf alle gleich angewendet. Sie ist aber bekannt und hat dazu geführt, dass die Verbindungen zwischen Grundschule und Sekundarstufe lebendig bleiben. Ein hierarchisches und deterministisches Denken über die Entwicklungsstufen der Kinder und Jugendlichen wird so eingeschränkt. Die LehrerInnen werden selbst immer dann wieder zu einem Neuanfang aufgefordert, wenn sie ihre Sache gut können. Wie von den Kindern und Jugendlichen wird auch von den Erwachsenen erwartet, dass sie Altes loslassen und Neues beginnen können.

Neben der fest etablierten Teamarbeit hat sich gemeinsame Fortbildung als wichtiges Moment der Personal- und Qualitätsentwicklung erwiesen. Im Rahmen des sechsjährigen Schulversuchs wurden viele KollegInnen mit neuen Methoden der Fremd- und Selbstevaluation vertraut. Sie lernten, genauer zu beobachten und daraus Schlüsse zu ziehen. Die wissenschaftliche Begleitung der Schule hat zu überfachlichem Denken und zum Abbau von Theoriefeindlichkeit geführt. Aus den gemeinsam gestellten Fragen zur Leistungsdokumentation ist ein schulinternes Curriculum in Form von Pensenbüchern entwickelt worden, das die KollegInnen in aufwendiger Arbeit über Jahre entwickelt und verbessert haben. Dies hat dazu geführt, dass die Fächer durchlässiger wurden und Ängste vor fremden Inhalten abgebaut werden konnten.

Unterstützt wurde dies durch Unterricht im Tandem. Zwei LehrerInnen betreuen gemeinsam eine Lerngruppe und bringen ihre unterschiedliche fachliche Kompetenz ein. Die gegenseitigen Rückmeldungen sind eine erste Annäherung an professionelle Feedbackformen. Ein Schulleitungsfeedback, ein SchülerInnen-LehrerInnen-Feedback und ein Eltern-Schul-Feedback wurden in einem einjährigen Prozess an der Schule durchgeführt. Da dieser Prozess noch anonym war, kann man nur spekulieren, welche Veränderungen bei Einzelnen dadurch ausgelöst worden sind. Besonderen Wert hatte diese Form der Auseinandersetzung mit sich selbst und mit anderen auch deswegen, weil so Kriterien für eine Bewertung erstellt werden. Dabei wurde deutlich, was einem wirklich wichtig ist und worüber man die Meinung anderer hören will.

Aufgaben verantwortlich zu delegieren ist ein weiteres wichtiges Entwicklungselement. Es gab immer wieder Steuergruppen, Projektgruppen, Arbeitsgruppen und Teams, die geleitet werden mussten. Einmal gab es eine Diskussion darüber, ob die Teams einen Leiter/eine Leiterin bräuchten oder nicht. Einige waren der Meinung, dass ohne Leitung keine strukturierte Arbeit möglich sei, andere sahen in der Teamleitung die Aufforderung zur Inaktivität der anderen. Hier wie auch in allen anderen wichtigen Fragen wurden immer wieder neue Wege ausprobiert und es wurde von einer endgültigen Arbeits- und Organisationsstruktur abgesehen.

Die pädagogischen Reisen haben dem Kollegium wichtige Impulse gegeben. Sich selbst auf den Weg zu machen und an neuen Orten Neues wahrzunehmen verändert das pädagogische Denken. Die wesentliche Lektion besteht jedoch in der

Erkenntnis, dass jede Schule ihre »individuelle Gestalt« entwickeln muss, wenn sie authentisch, d. h. stimmig, sein will.

Zwei Formen der Zusammenarbeit unter LehrerInnen haben mich in den vergangenen Jahren immer wieder beeindruckt: Die Besprechungen zu einzelnen Schülern oder Schülerinnen und die fächerübergreifende Konzeption von Unterricht. In pädagogischen Konferenzen wird über einzelne Schüler oder Schülerinnen gesprochen. Wenn verschiedene Lehrer und Lehrerinnen ihre Beobachtungen und Einschätzungen zusammentrugen, ist nicht selten ein rundes Bild einer vielseitigen Schülerpersönlichkeit entstanden. Auch Schwächen wurden unter pädagogischen Gesichtspunkten interpretiert und begründet, d. h. einer bestimmten Entwicklungsstufe zugeordnet und damit als veränderbar angesehen. Manchmal wurde auch nur gelächelt und eine wohltuende Seite der Pädagogik, nämlich die Nachsicht gegenüber dem heranwachsenden Menschen, kam zum Ausdruck. Ich habe auch erlebt, dass Kollegen mit anderen Grundüberzeugungen hier die gemeinsame Erwachsenensicht auf das Kind oder den Jugendlichen bereichern konnten.

Eine noch über Nachsicht und Wohlwollen gesteigerte Freude kam oft zum Vorschein, wenn Lehrer und Lehrerinnen aus verschiedenen Fachrichtungen gemeinsam eine Unterrichtseinheit, ein Projekt oder ein Material konzipierten. Unter einem übergeordneten Thema verschiedene fachliche Aspekte einzubringen und diese zu einem neuen Gesamtkontext zu verknüpfen bringt Ideen und Freude hervor. In großer Geschwindigkeit waren Karten, Pinnwände, Flipcharts, Mindmaps gefüllt, wenn es darum ging, Fächer zu verbinden. Da diese gemeinsame Vorbereitung in einer Stundenplanschule in der Regel keine gemeinsame Praxis findet, konnten viele kreative »Schübe« in der Realität nicht umgesetzt werden. Wenn die Organisationsstrukturen des Unterrichts die anfängliche Zusammenarbeit weiterhin zuließen, d. h. LehrerInnen und SchülerInnen ihre Interdisziplinarität, z. B. in Projekten, auch leben konnten, sind oft herausragende Ergebnisse entstanden.

Gerade in dem hauptsächlich fachorientierten Team der 9. und 10. Jahrgangsstufe wurde einmal deutlich, wie fächerübergreifendes Denken zu einer neuen Qualität führen kann.

Alle Fachlehrerinnen und Fachlehrer hatten sich vorgenommen, ein Unterrichtsmaterial passend zur Altersstufe selbst herzustellen. In einer Teamsitzung zeigte und erklärte jeder/jede sein/ihr Material mit entsprechendem Fachwissen. Dann konnten alle anderen KollegInnen ihre Verständnisfragen stellen. In diesem Prozess wurde überdeutlich, an welcher Stelle ein gedanklicher Bruch, eine Leerstelle oder, was am häufigsten vorkam, eine hoffnungslose Überlastung des Themas mit Fakten zu erkennen war. Man konnte deutlich sehen, dass dort, wo der Zweifel am Lernerfolg unserer Jugendlichen am größten war, das komplizierteste Material erstellt wurde. Wir nahmen die Fragen der anderen auf und arbeiteten sie in einem zweiten Schritt in unser Arbeitsmaterial ein. So wurden wir an Inhalte der anderen Fächer herangeführt, indem wir in die Schülerrolle versetzt worden waren. Die Arbeitsmittel wurden »bereinigt«, erneut vorgestellt und so allmählich schülerfreundlich gestaltet.

Welche besonderen Fähigkeiten können und sollten sich aus den beschriebenen Praxiserfahrungen entwickeln? Wie kann es gelingen, dass Lehrerinnen und Lehrer den besonderen Herausforderungen in »schönen« Schulen gewachsen sind und vorbildlich sein können? Einige Punkte sollen nachfolgend zusammengefasst werden. An vielen Stellen gibt es Bezüge zu den anderen Kapiteln dieses Buches und dort konkrete Ausführungen.

LehrerInnen fühlen sich für *die Gestaltung und Pflege der Räume* verantwortlich.

Sie begreifen eine altersgerechte Lernumgebung als Schlüssel zur individuellen, differenzierten und gemeinschaftlichen Arbeit ihrer SchülerInnen. Der Beginn aller Lernprozesse ist die Vorbereitung der Räume. Licht, Temperatur, Geruch und Geräusche werden ebenso bewusst wahrgenommen und gestaltet wie die Einrichtungsgegenstände und die Lernmittel. Die Ästhetik des Raumes ist bewusst entwickelt worden und orientiert sich an professionellen Standards. Ordnung und Sauberkeit werden selbstverständlich immer wieder hergestellt. Dabei sind die LehrerInnen anleitend und auch selbst tätig.

Die Pflege der Räume bezieht ihre tägliche Reinigung mit ein und beruht auf einem gemeinsam erstellten Konzept, das den Kindern und Jugendlichen deutlich macht, wie ein Recht auf Bildung an eine Pflicht zum persönlichen Engagement in den Lernräumen geknüpft ist.

LehrerInnen bestimmen *die Anordnung der Lernmittel*. Aus der Fülle der vorhandenen Arbeitsmittel suchen sie für ihre Lerngruppe die passenden aus und bringen sie in eine sinnvolle Ordnung. Köche nennen die Vorbereitung ihres Arbeitsplatzes das »mis en place«. Damit meinen sie, dass sie sich alle nötigen Gegenstände und Zutaten an einem Platz so zurechtlegen, dass der eigentliche Kochprozess flüssig von der Hand gehen kann. Ähnlich muss es in der Schule sein. Die pädagogische Fachkraft organisiert das große »mis en place« (den Gruppenraum, Fachraum, Gemeinschaftsraum), sodass die SchülerInnen sich daraus ihr persönliches Arbeitsumfeld herrichten können.

Bei der Gestaltung der Räume und der Anordnung der Arbeitsmittel brauchen Schulen dringend die Unterstützung von Architekten, Raumgestaltern und erfahrenen Pädagogen.

Grundlegende Ausstattungs-, Renovierungs- und Beschaffungsarbeiten sind nicht Aufgabe der LehrerInnen. Die dringend notwendige Wertschätzung der Pädagogen setzt nicht nur deren Flexibilität und positive Haltung, sondern auch die Besinnung auf ihre eigentlichen Kompetenzen voraus. LehrerInnen sollen die Kinder oder Jugendlichen auf ihrem Weg anregen und begleiten. Der zeitgemäße Umbau der Schulräume muss darum dringend von entsprechenden Stellen in die Wege geleitet und durch Fachkräfte ausgeführt werden.

Eine wesentliche Aufgabe der LehrerInnen besteht darin, *sich in Zurückhaltung zu üben.*

Wenn die Lernumgebung gestaltet ist, den SchülerInnen also die Mittel zu ihrer Arbeit dauerhaft zur Verfügung gestellt wurden, kann die Lehrerin/der Lehrer eine wesentliche Tätigkeit ausführen – *beobachten.* Differenzierende Lernmethoden basieren auf einer genauen pädagogischen Diagnostik. Wahrzunehmen, was einzelne Kinder oder Jugendliche mit welchen Ergebnissen tun, und diese Beobachtungen zur Grundlage weiterer pädagogischer Entscheidungen zu machen setzt ein anderes Rollenverständnis und neue Kompetenzen voraus.

Zunächst wird geschaut, was ist. Dann wird der gewünschte Zustand vom Lehrer, von der Lehrerin bestimmt und anschließend eine pädagogische Entscheidung getroffen. Diese Aufgabe wird von den Erwachsenen übernommen. Vermieden wird auf diese Weise das bekannte ständige Eingreifen und »Dazwischengehen«, denn jetzt sind Lehrerinnen und Lehrer hauptsächlich Beobachter des Entwicklungsprozesses, wie er sich vor ihren Augen abspielt. Vielen fällt es schwer, nicht einzugreifen. Dies liegt an dem klassischen Rollenverständnis als Hauptakteur und ist in dem aufrichtigen Wunsch begründet, den SchülerInnen zu helfen. Zu lernen, dass die größte Hilfe oft darin besteht, sich zurückzuhalten und damit persönliche

Lernwege mit Erfolgen und Misserfolgen zu ermöglichen, sollte oberstes Lernziel moderner Lehrerausbildung werden. Perlenketten, auf denen man für jedes Nichteingreifen eine Kugel auf die Habenseite schiebt, wären ein gutes therapeutisches Hilfsmittel.

Gleich im Anschluss an dieses Plädoyer für die Begrenzung des Einschreitens soll aber auch die Notwendigkeit des Eingreifens begründet werden. Wie oben bereits beschrieben, wollen Kinder und Jugendliche *Führung*. Von der Autorität und Integrität ihrer Lehrer und Lehrerinnen hängt ihr Erfolg ab. Oft gibt es in Schulen mit offenen Systemen eine falsch verstandene Zurückhaltung der Lehrer und Lehrerinnen. Diese drückt sich darin aus, dass die Kinder oder Jugendlichen stets nach ihrem Wunsch und Willen gefragt werden und diese maßgeblich für den weiteren Verlauf sind. LehrerInnen setzen Impulse, sie konfrontieren ihre SchülerInnen mit neuen, überraschenden Inhalten und achten auf ernsthafte Arbeit an den anstehenden Themen. Sie sollten sich für alle Fächer interessieren, genau wie man es von den SchülerInnen verlangt, aber ein Fach »lieben«. An der Kompetenz, die sie hier haben, sollen sie ihre SchülerInnen teilhaben lassen. Dies bedeutet auch, dass sie Geschichten, nicht Anekdoten, erzählen. Der altbekannte Lehrervortrag hat hier seinen bedeutsamen Platz. Mit Inhalten seine SchülerInnen zu faszinieren erzeugt wahre Autorität und ist durch nichts zu ersetzen. Wenn die »Autorität« dazu auch noch verletzlich ist, d. h. als Mensch mit Stärken und Schwächen sichtbar wird, kann ein neuartiges produktives Spannungsfeld entstehen.

Lehrerinnen und Lehrer sollten Personen sein, die *integrativ denken und fühlen*. Erst wenn sie die Produktivität gemischter Gruppen erkennen, können sie nach dem Grundsatz handeln: »Die, die da sind, sind gerade die Richtigen!« Dies sollte der

Leitsatz sein. Allerdings kann dieser Leitsatz nur funktionieren, wenn er im gesamten System verankert ist und nicht der Kompetenz oder Inkompetenz einzelner Personen überlassen wird. Das Abstufen Einzelner, also das Versetzen in die nächstniedrige Bildungsinstitution, ist keine Alternative zur Integration in die vorhandene Gruppe. Aussonderungspraktiken fallen in potenzierter Form durch Eitelkeit auf der einen und Minderwertigkeitsgefühle auf der anderen Seite auf alle Beteiligten zurück.

Wenn Lehrerinnen und Lehrer ihre jeweilige Gruppe anerkennen und sich für jedes einzelne Mitglied verantwortlich fühlen, werden sie selbst zu Lernenden. Denn nun stellen sie fest, dass es keinen unabhängigen Lehrplan gibt, sondern dieser immer wieder neu auf die Kinder und Jugendlichen abgestimmt werden muss. Damit wird jeder Unterricht zu einem Unikat und fordert die verantwortlichen Erwachsenen heraus, Schwerpunkte neu zu setzen, Methoden anzupassen und den persönlichen »Stil« zu variieren. Das Prinzip »teacher as learner« (Heinz von Foerster) wird hier bewusst in der Interaktion angewendet.

Auch in der fächerübergreifenden Zusammenarbeit wird dieses Prinzip evident. Parallel zu der interpersonalen Arbeit lernen Lehrerinnen und Lehrer, sich mit den Aufgabenstellungen der anderen Fachgebiete zu befassen. Sie kennen andere Lehrpläne und, was am wichtigsten ist, stellen Verknüpfungen zur persönlichen fachlichen Kompetenz her.

Die Zusammenarbeit der Lehrerinnen und Lehrer in einem überfachlichen Kontext führt zu Anerkennung untereinander und, in besonderem Maße, durch die Schülerinnen und Schüler.

Neben der Zusammenarbeit mit den KollegInnen verändern Lehrerinnen und Lehrer ihr Selbstverständnis in der Zusammenarbeit mit außerschulischen Experten. Künstler, Musiker, Regisseure, Handwerker, Schriftsteller, Ingenieure und viele mehr, die regelmäßig und zeitlich begrenzt in der Schule arbeiten, verändern das alte Rollenverständnis der Lehrpersonen. Durch ihre Professionalität in einem Bereich machen sie deutlich, dass die Hauptaufgabe der Pädagogen darin besteht, Lernprozesse zu organisieren und zu begleiten. Darüber hinaus verändern sich zeitliche Rhythmen und chronologisch aufgebaute *Lehrpläne* automatisch, wenn die Schule ihre Türen für Experten kontinuierlich öffnet.

Lehrerinnen und Lehrer schätzen die Leistungen ihrer SchülerInnen ein. Auch und gerade in freien Systemen kommt *der Bewertung von Leistungen* eine große Bedeutung zu.

Zwei Faktoren haben sich als prägend erwiesen: die Anerkennung der Subjektivität jeder Bewertung und der Abgleich mit einem äußeren Dritten. Wenn LehrerInnen eingestehen, dass sie als Subjekte eine Leistung beurteilen, kann ein Dialog zwischen beiden Parteien entstehen, indem man gemeinsam zu einem umfassenden Leistungsbild gelangen kann. Hat die Lehrkraft Autorität, sprich, übernimmt sie die Verantwortung, ist dieser Prozess bereichernd, weitab von jeglichem Feilschen und führt zu neuen Aspekten.

Der Vergleich mit einem Dritten, mit den Leistungsanforderungen außerhalb der »schönen« Schule, ist ebenso wichtig. Alle Kinder, Jugendlichen und Erwachsenen interessieren sich dafür, wie es gelingt, nach Abschluss einer Schule, die weitgehend ohne die traditionellen Beurteilungsinstrumente gearbeitet hat, an sogenannte normale Systeme anzuknüpfen.

Einzelne Abgleichungen mit allgemeinen Bildungszielen haben hier ihren Wert. Eine gelassene und schülerorientierte Vorbereitung auf zentrale Prüfungen ist nur dann möglich, wenn sich die Erwachsenen für die Ergebnisse mitverantwortlich fühlen.

Wesentlich für alle Bewertung ist darüber hinaus die Fehlerkultur an einer Schule. In einem entwickelten Unterricht

werden die SchülerInnen nicht alleine auf ihre Fehler hingewiesen wie im üblichen schulischen Korrekturverfahren, sondern ihnen wird eine pädagogische Entscheidung angeboten,
die auf der Diagnose und Analyse des beobachtenden Lehrers
beruht. Fehler anzustreichen ist nur sinnvoll, wenn eine un-
terstützende Arbeit die Folge ist. Alleiniges Anstreichen und
Bewerten, ohne sich für die Folgen verantwortlich zu fühlen,
ist respektlos.

In einem letzten Punkt laufen die benannten Kompetenzen
zusammen: Es geht um *Verantwortung.* Die Erwachsenen, und
hier sind alle Erwachsenen, auch Eltern, Vertreter der Schulverwaltung und Bildungspolitik, gemeint, sind ausschließlich
und umfassend verantwortlich dafür, dass die Entwicklung
der Kinder und Jugendlichen in einer Gesellschaft gelingen
kann. Dies ist angesichts der großen Schuldzuweisungen, die
auf Lehrerinnen und Lehrern lastet, wichtig, vorab zu erwäh-
nen.
  Gleichwohl besteht in allen genannten Punkten auch bei
den Lehrerinnen und Lehrern und den Schulleiterinnen und
Schulleitern noch großer Entwicklungsbedarf. Zu viel Verantwortung wird an Kinder und Jugendliche weitergereicht,
wenn sie selbst für Erfolg und Misserfolg in ihrer schulischen
Laufbahn zur Rechenschaft gezogen werden. Dies ist auch der
Kern meiner Kritik an den großen Vergleichsuntersuchungen.
Hier werden die Leistungen der Kinder und Jugendlichen ge-
messen und die der Erwachsenen nur indirekt und vage ins
Blickfeld gerückt.

Man kann sich denken, dass die Umsetzung eines neuen Leh-
rerbildes an einer staatlichen Schule zu vielen Schwierigkeiten
und Konflikten führt. Aus dem oben Gesagten fasse ich die
Anforderungen des neuen Berufsbildes einmal in Kurzform
zusammen: Lehrerinnen und Lehrer an »schönen« Schulen

sind vorbildlich, sie reflektieren ihre persönlichen Fähigkeiten und Schwierigkeiten, sie können im Team arbeiten, sind flexibel in verschiedenen Altersstufen und Fächern einsetzbar, nehmen an umfangreichen gemeinsamen Fortbildungen und an pädagogischen Reisen teil, sie übernehmen Verantwortung in schulischen Bereichen, sind kompetent in der Fallbesprechung und Konzeption von interdisziplinärem Unterricht, kümmern sich um Räume, Ordnung und Arbeitsmittel, arbeiten mit Experten zusammen, beurteilen Leistungen kommunikativ in Gesprächen und in schriftlicher Form und fühlen sich für die Ergebnisse verantwortlich.

Dieses anspruchsvolle Programm mit Lehrern ohne Ambitionen umzusetzen wäre unmöglich. Die benannten Fähigkeiten können sich jedoch auch unter schwierigsten Umständen entwickeln, wenn die persönliche Bereitschaft mit den Anregungen, Anforderungen und Unterstützungssystemen in einem ausgewogenen Verhältnis stehen. Dafür ist die Leitung einer Schule verantwortlich. Ein Bereich, in dem Schulleiter und Schulleiterinnen bestimmen können, ist der Lehrereinsatz. Aus den oben beschriebenen Schwerpunkten der Personalentwicklung geht hervor, dass wir diesen Bereich bewusst genutzt haben. Systemische Organisationsentwicklung, Coaching und Supervision waren dabei hilfreiche Instrumente. Die Zeit gemeinschaftlicher Appelle und voluntaristischen Vorgehens ist jedenfalls vorbei: Differenzierte und persönliche Zusammenarbeit in gegenseitiger Verantwortung und professionell begleitet ist das Zukunftsmodell.

Schülerinnen und Schüler

Lernen in gemischten Gruppen

SEIT TAGEN SCHAUE ICH sehr missmutig auf die Schule – es ist viel Unschönes passiert. Toiletten sind beschmiert worden, es ist oft laut, es ist zu dreckig und zu unordentlich. Ich sehe viel Gerenne und Getobe. Am Nachmittag hat man zunehmend das Gefühl, als könne das kleine Schulhaus die hundertfach zurückgehaltene Energie der Kinder und Jugendlichen nicht mehr halten.

In der Lehrerkonferenz haben wir darüber gesprochen, alle waren betroffen und wirkten angestrengt. Wir sehen die Probleme, und sie bereiten uns Kopfzerbrechen.

Heute fehlen Lehrer und Lehrerinnen und ich entscheide, sowohl die Klasse mit den Jahrgangstufen 1/2/3 als auch die 9. Jahrgangstufe gleichzeitig zu betreuen. Die Kleinen haben Freiarbeit mit mir, die Großen hätten eigentlich Englisch. Es ist verabredet, dass die Großen nach Beendigung ihrer Pause in den bereits laufenden Unterricht der Kleinen kommen.

Nun muss man wissen, dass die Kleinen eine wunderbare Gruppe von Kindern sind: offen, lebendig, neugierig, staunend, aufmerksam. Ich erlebe jede Woche in diesen zwei Stunden Überraschungen. Die Konzentration der Kinder, ihr freundlicher und wacher Umgang miteinander, ihre Ideen und kreativen Arbeitsweisen, besonders aber ihre klare Ernsthaftigkeit beeindrucken mich jedes Mal aufs Neue. Als ich heute in die Klasse komme, sind schon alle bei der Arbeit: Vier Kinder an einem Tisch schreiben etwas zum Thema »Kartoffel«, zwei Mädchen bereiten einen Vortrag über Bären vor, ein Junge malt aus einem Buch eine Streichholzmaschine ab usw. Meine erste Bewunderung rufen zwei Jungen hervor, die eine Fahrradzeichnung fortführen, die sie vor drei Wochen auf meine Anregung begonnen haben. Sehr schöne Fahrräder haben sie aus einem Buch abgezeichnet, jetzt sind sie fast fertig. Ich frage sie, warum sie die Fahrräder gerade jetzt weiterzeichnen, und Lasse antwortet mir, dass sie diese Arbeit schließlich beim letzten Mal mit mir angefangen hätten (in der Zwischenzeit haben wir uns nicht gesehen). Und jetzt wollten sie die Zeichnungen auch bei mir beenden. Das heißt, dass ein Kind aus der 2. Klasse eine Arbeit so lange selbstständig geordnet beiseitegelegt hat, bis der richtige Zeitpunkt zu ihrer Fertigstellung gekommen war. Und tatsächlich, die angefangene Zeichnung wird gefunden und, ohne darauf aufmerksam gemacht geworden zu sein, beendet.

Jetzt kommen die Großen den Gang entlang. Es sind auch Lieblingsschüler, wobei sich manche unter ihnen eher unkonventionell verhalten, um es halbwegs neutral auszudrücken. Mit Georg zum Beispiel hatte ich gerade heute morgen eine intensive Auseinandersetzung, in der ich laut geworden bin, da ich meinen großen Ärger über seine stark vermutete Mittäterschaft an den beschmierten Toiletten nicht zurückhalten konnte. Er hat alles abgestritten. Jacqueline, Yvonne, Lena und Sandra wiederum gehören zu den Mädchen in der Sekundarstufe, die anstrengend viel Aufmerksamkeit verlangen, weil sie anderswo so sehr zu kurz gekommen sind, und auch Anton, Karmen und Aileen sind, was ihr Verhalten betrifft, keine unbeschriebenen Blätter. Dazu Mario, der ebenfalls nicht nur einfach zu nehmen ist. Egal, sie sind jetzt die Richtigen!

Wir haben auf dem Flur eine kurze Absprache, eher eine Anweisung, in der ich den Jugendlichen meine Idee erkläre. Sie würden hier eine hervorragend arbeitende Gruppe kleiner

Kinder vorfinden, die sie in einem ersten Schritt, etwa 10 Minuten, nur unbemerkt beobachten sollen. Danach sollen sie in einer zweiten Phase einem Kind ihre Hilfe bei seinem Thema anbieten und abschließend in einem dritten Schritt ein englisches Bilderbuch vorlesen. Die Jugendlichen sind begeistert.

Meine Anweisung, beim Beobachten nicht miteinander zu reden, haben sie offensichtlich sofort verstanden, denn sie tun es tatsächlich nicht. Sie gehen, von den Kleinen fast unbemerkt, in den Raum, setzen sich still an verschiedene Plätze und beobachten – begeistert! Jacqueline mit offenem Mund, Sandra lächelnd, Anton versunken. Die Kinder haben die Großen gar nicht bemerkt, nur zwei fragen mich, was die wollen. Sie arbeiten weiter, ich »bediene« sie freundlich. Dann fordere ich die Großen einzeln und flüsternd auf, wieder auf den Flur zu kommen. Ich spüre schon, sie sind ganz bei der Sache. Sie schwärmen geradezu von dem, was sie gesehen haben. Ich erzähle die Geschichte mit dem Fahrrad, sie finden sie ebenso beeindruckend wie ich. Ihre Gesichter sind lächelnd gelöst. Ob sie nun schon ein »Lieblingskind« hätten, mit dem sie arbeiten wollen? »O ja!«, sagen sie.

»Dann nähert euch jetzt diesem Kind mit großem Respekt. Schaut, ob es eure Hilfe will oder ob es sich eher gestört fühlt. Dann geht lieber zu einem anderen Kind.« Und ich füge noch hinzu: Das genau sei die Rolle verantwortungsvoller LehrerInnen; zu sehen, wann sie und ob sie gebraucht werden, sich aber sonst respektvoll im Hintergrund zu halten.

Die Jugendlichen gehen freudvoll wieder in die Klasse. Einige finden in ein Gespräch mit einem Kind, andere nicht. Jetzt sind sie fast zu schüchtern, z. B. Jacqueline, die gerade noch auf dem Schulhof laut »Arschloch« in ihr Handy gebrüllt hat. Ich vermittle, führe zusammen. Wieder flüsternd von einem zum anderen, wieder auf dem Flur. Jetzt sind sie sehr aufmerksam. Sie haben angefangen, die Kleinen zu bewundern. Wie selbstständig sie sind, wie toll sie arbeiten. Mario sagt, er habe gesehen, dass er »sein« Kind nur stören würde, und so habe er sich lieber nicht eingemischt. Das habe er sehr gut entschieden, finden alle. Da dürfe man nicht stören. Diese Erkenntnis aus dem Munde dieser Jungen und Mädchen könnte einen zum Schmunzeln bringen, wenn man weiß, wie oft sie ihre Zeit damit verbringe, andere zu stören. Aber das jetzt zu sagen wäre ein fataler Fehler, denn sie haben Feuer gefangen. Sie sehen, wie lustvoll es sein kann, zu lernen. Sie sind in diesem Moment »sehend«.

Jetzt kommt die dritte Runde. Leise, von Kind zu Kind, sage ich jedem einzeln, dass ihnen nun die Großen ein englisches Bilderbuch vorlesen würden. Ob sie dafür wohl ihre Arbeit beenden würden? Nach kurzer Zeit haben sich überall kleine Gruppen gebildet, Vorleserunden, und es entsteht ein angenehmes lebendiges und vielfaches Gespräch, »das süße Gemurmel«, das eine entfaltete Freiarbeit auszeichnet. Dieser Moment ist so schön, dass ich nur beobachtend genieße: Hier sitzen nun 30 Menschen auf 43 Quadratmetern und sind ganz und gar mit sich und miteinander zufrieden, größere und kleinere Menschen, und alle nehmen einander vollkommen ernst und haben sich gegenseitig etwas zu geben, das ihnen Freude macht. Perfekte Schönheit dieses Augenblicks! Am Ende der Unterrichtszeit hole ich alle noch einmal leise in einen Kreis auf dem Boden zusammen. Ich erzähle den Kleinen kurz, warum die Großen heute da sind und dass sie eigentlich Englisch hätten; und da könnten wir uns doch zum Schluss auch einmal auf Englisch vorstellen. Als ein kleiner Junge sich vorstellt, indem er englisch von seinem vierjährigen Aufenthalt in Indien berichtet, und Sierra englisch erklärt, dass ihre Mutter Amerikanerin ist und sie zu Hause Englisch sprechen, auch mit ihrem deutschen Vater, da kennt die Anerkennung der Großen keine Grenzen.

Nachdem die Kleinen gegangen sind, wollen sie ihre Eindrücke loswerden. Das müsse man viel öfter machen, sie könnten ja gegenseitig viel voneinander lernen, so viel Selbstständigkeit hätten sie nie erwartet usw.

Die Großen haben jetzt noch Zeit, eines der englischen Bilderbücher gemeinsam zu lesen. Sie schämen sich, sagen, sie könnten kein Englisch. Eine Schülerin lacht den ersten Vorleser beim ersten Versprecher aus. Sie versteht für diesen Moment sofort den kurzen Einwand, dass man niemanden wegen eines Fehlers auslacht. Das sei beschämend und noch dazu überflüssig, weil es niemandem weiterhelfe. Ab dann können alle vorlesen und niemand lacht mehr. Als wir daran erinnert werden, dass es nun woanders weitergeht, wollen sie diese »intime« Runde gar nicht beenden.

»Och, können wir nicht weitermachen?«

Der Altersunterschied zwischen den Kleinen und den Großen betrug hier fast 10 Jahre. Wie viel sie in dieser Situation voneinander lernen konnten, ist offensichtlich. Und es wird deutlich, dass sich die Lehrrichtung unvermutet geändert hat. Die Großen haben von den Kleinen mehr gelernt als umgekehrt. Dabei wurden sie in ihrer Würde nicht angetastet und sie waren mit ihren altersgemäßen Fähigkeiten gefragt.

Sie durften im Wechsel beobachten, reflektieren und agieren. Diese Mischung und die vorbildliche gemeinsame Mitte, die entwickelte Kindergruppe, führten bei den Jugendlichen spontan zu Begeisterung, Ernsthaftigkeit, Disziplin und Respekt.

Ein so großer Altersunterschied hat jedoch nur kurzfristig eine große Wirkung. Für die kontinuierliche Zusammenarbeit in einer Gruppe hat sich ein Abstand von ca. drei Lebensjahren als optimal erwiesen. Dies ist ungefähr der Zeitraum, in dem sich sowohl Kinder als auch Jugendliche in einem ähnlichen Sprach- und Verständnisraum bewegen. Sie können gerade noch verstehen und nachempfinden, was die Gefährten am anderen Ende der Altersskala denken und tun. Sie sind noch erreichbar. Ein neunjähriges Kind versteht ein siebenjähriges Kind gut. Ein zwölfjähriges Kind hingegen fühlt sich von einem Schulanfänger eher aufgehalten.

In unserer Grundschule hat sich die Zusammensetzung von jeweils drei Jahrgangsstufen bewährt. Kinder aus der ersten, zweiten und dritten Jahrgangsstufe in einer Lerngruppe zusammenzuführen halten wir für ideal. Respekt, Anerkennung, gegenseitige Hilfe und Inspiration entstehen offensichtlich. Auch die Zusammenführung der vierten, fünften und sechsten Jahrgangsstufe in einer Gruppe wirkt inspirierend und vermindert z. B. ein klischeehaftes pubertäres Verhalten der Älteren deutlich. Manche Mädchen und Jungen sind jedoch schon so weit entwickelt, dass sie sich von den Kleinen gelangweilt fühlen und lieber zu den Großen schauen. Dann sollte man ihnen diese Möglichkeit einräumen, indem sie manchmal am Unterricht der Sekundarstufe teilnehmen, dann aber auch wieder in ihr kindliches Umfeld zurückkommen können.

Auch in der Mischung der siebten und achten Stufe sehen wir nach langjährigen Erfahrungen eine sinnvolle pädagogische Maßnahme. Zu den Schwerpunkten dieser Arbeit wird in dem Kapitel »Eine Jugendschule« ausführlich berichtet. Wertvolle Erkenntnisse sind dem Bericht der wissenschaftlichen Begleitung unseres Schulversuches zu entnehmen.

Die Schülerinnen und Schüler schätzen die Jahrgangsmischung im Rückblick sehr positiv ein. Ihre Verantwortlichkeit sei dadurch gewachsen, Freundschaften seien über Altersgrenzen und Klassenstufen hinweg entstanden, die Vorbildfunktion sei sinnfälliger gewesen und man habe die Chance gehabt, ohne inneren und äußeren Druck etwas zu wiederholen. Zudem ließen sich ein deutlich geringeres aggressives Potenzial zwischen den Geschlechtern und eine ausgezeichnete Schüler-Lehrer-Beziehung feststellen.

Ein schönes Beispiel kann die natürliche Vorbildfunktion der Älteren verdeutlichen: Als einmal alle Grundschulklassen zur gleichen Zeit verreist waren, hatten wir plötzlich wieder mehr Probleme mit heimlichen Rauchern auf dem Schulhof. Eine Lehrerin sah ihre These in Gesprächen mit den Rauchern bestätigt: Da die Kleinen nicht da seien, müsse man nicht so viel Rücksicht nehmen.

Von den Erwachsenen werden die jüngeren und die schwächeren Kinder in jahrgangsgemischten Gruppen meist als Gewinner gesehen. Die größte Angst der Eltern und LehrerInnen bezieht sich auf die vermeintliche Unterforderung der älteren und leistungsstarken Schülerinnen und Schüler. Diese Annahme beruht auf dem Irrtum, dass Lernen sich in gerader Linie voranschreitend und aufsteigend vollzieht. Auch aus unseren eigenen Lebenserfahrungen wissen wir, dass dem keinesfalls immer so ist. Alle lebendigen Lernprozesse vollziehen sich in wellenförmigen Bewegungen. Es gibt ein Vor und Zurück, und die Flut steigt doch kontinuierlich an. Kinder und Jugendliche wachsen. Dabei brauchen sie Zeit für Wiederholungen und variantenreiches Üben. Genauso sollten sie die Möglichkeit haben, in ihrem eigenen Tempo auf manchen Gebieten schnell voranzuschreiten, sich auf anderen aber Zeit zu lassen. Besonders begabte Jungen oder Mädchen mit einer Assistenzfunktion zu betrauen ist ein probates Mittel, um Unterforderung entgegenzuwirken. Man sollte jedoch nicht unterschätzen, wie wichtig die Einbindung in die Altersgruppe bei der Persönlichkeitsentwicklung ist. Beides sollte in einem differenzierten Unterricht gelingen: individuell herausfordernde Aufgaben und eine altersgemäße Beziehung zu den anderen.

Jahrgangsgemischte Lerngruppen führen zur Flexibilisierung des gesamten Schulapparats. Der jährliche Wechsel in allen Lerngruppen hat daran einen entscheidenden Anteil. Ein Drittel der SchülerInnen verlässt die Gruppe, dafür kommen unbekannte Menschen neu hinzu. Alle gehören so einmal zu den Kleinen, den Mittleren und den Großen. Man wechselt seine Rolle und Verantwortlichkeit auf natürliche Weise.

Ein großer Nutzen der Jahrgangsmischung liegt in der Überwindung eines linearen und kausalen Lernbegriffs. In der realen Welt gibt es nur nicht lineare Systeme. Der deterministische Glaube an einen vorgeschriebenen Ablauf gerät ins Wanken. In jahrgangsgemischten Gruppen wird deutlich, wie individuell verschieden Lernen ist. Die Varianten, sich einem Thema zu nähern, sind schier unendlich und Vergleiche oft sinnlos. Dieser Nutzen betrifft vor allem die Lehrer und Lehrerinnen. Sie müssen sich auf die Individualität jedes Kindes oder Jugendlichen einstellen. Sie lernen, genau zu beobachten, wo sich ihre Schülerinnen und Schüler befinden. Einzelne Sequenzen des Lehrplans in chronologischer Reihenfolge werden nun durch parallele Verknüpfungen eines oder mehrerer Fächer ersetzt. »Der Gänsemarsch durch die Chronologie« (Hans Belting) wird durch multipolare Sichtweisen ersetzt. Damit gerät der Lehrer/die Lehrerin, wie im vorigen Kapitel bereits beschrieben, in die Rolle des »teacher as learner« (Heinz von Foerster) und wechselt häufig von der Belehrung zur Begleitung, indem er/sie selbst wieder zum Lernenden wird.

Die klassischen »Fachlehrer« sehen in der Jahrgangsmischung ihre Arbeit am meisten bedroht. Sie können sich nicht vorstellen, wie sie Kinder oder Jugendliche aus zwei oder drei Altersgruppen gleichzeitig »bedienen« sollen. Dabei werden in einigen Schulen bereits individualisierte Lehrpläne entsprechend der Anzahl der Schülerinnen und Schüler entwickelt. Nicht nur die Altersgruppen geben hier das Curriculum vor, sondern auch die Individuen einer Lerngruppe.

Auch Jungen und Mädchen erleben in Gruppen mit zwei oder drei Jahrgängen täglich, dass Lernen nicht nur geradlinig voranschreitet, sondern oft verschlungene Wege geht. Sie sehen, wie man langsam oder schnell auf tausend Arten üben und variieren oder sogar mit chaotischen Lösungen zum Ziel kommen kann. Gleichzeitig werden immer größere Bereiche eines Faches oder mehrerer Fächer sichtbar. Und man kann schon sehen, wo es inhaltlich hingeht, womit man sich zukünftig beschäftigen wird. Durch die Arbeit der anderen wird Verschiedenheit zum Normalfall. Daraus entwickelt sich Anerkennung. Kinder und Jugendliche, die sich in ihrer Verschiedenheit wirklich anerkannt fühlen, können nicht nur friedfertig miteinander leben. Bei entsprechender Führung entwickeln sie großen Leistungsehrgeiz. Dies tun sie miteinander, nicht gegeneinander, denn sie wissen, dass es um ihre gemeinsame Sache geht.

Schülerinnen und Schüler haben einen Namen

In 27 Berufsjahren als Lehrerin ist es mir nicht ein einziges Mal passiert, dass ein Schüler, eine Schülerin mich nicht verbessert hätte, wenn ich einen falschen Namen benutzt habe. »Ich bin nicht Tobias, ich heiße Thomas!« Diese verlässliche und durchgängige Aufmerksamkeit ist ein gutes Zeichen. Alle identifizieren sich mit ihrem Namen. Der eigene Name steht für die Person, die man ist. Die Namen der Schüler und Schülerinnen zu lernen ist die erste Pflicht der LehrerInnen. Dies ist schwierig, wenn man in Front zu allen steht und mit dem Namen nicht mehr beabsichtigt, als jemanden auf Wissensfragen antworten zu lassen, wenn man also die Nähe zur Sache der Nähe zur Person vorzieht. Hinter dem Namen stehen jedoch ein Mensch und ein Menschenleben, mit denen sich viel verbinden lässt.

Unterricht kann erst beginnen, wenn die Menschen mit ihrer ganzen Person, also auch mit ihrem Namen, anwesend sind. Da helfen keine Schilder, die von den Schülern zu Beginn des Schuljahres brav auf die Tische gestellt werden. Sie sind nur eine kleine Abwandlung einer Lehrerhaltung, die den Blick zuerst auf die Inhalte und dann auf die Menschen richtet. Wir wissen heute viel über die Bedeutung jedes Einzelnen für die

Dynamik einer Gruppe. Umso erstaunlicher ist es, wenn Lehrer offen zugeben, dass sie sich Namen nicht merken können. Ganz gleich, wie lange man mit einer Gruppe arbeiten wird: Am Beginn steht eine Vorstellung mit Namen. Damit drückt man seine Wertschätzung aus und stellt die Personen vor die Inhalte.

Ich höre schon die Stimmen vieler Lehrer und Lehrerinnen, die viele, zu viele Schüler unterrichten müssen, als dass sie sich deren Namen noch merken könnten. Wenn es aber so ist, dass man sich die Namen seiner SchülerInnen nicht mehr merken kann, stimmt etwas nicht. Dann hat man äußere Bedingungen wie Schulgröße oder Fachlehrersystem über den Wert des Menschen gestellt. Spätestens dann sollte sich etwas ändern! Menschen wie eine undefinierbare Masse zu behandeln hat immer schlimme Folgen. Wir haben die Macht, dies zu verändern.

In jeder neuen Lerngruppe stelle ich mich mit meinem ganzen Namen vor. Ich erzähle kurz etwas zu meinem Leben: Alter, Familie, Schule, Studium, Beruf und Lieblingsbeschäftigungen. Dann fordere ich die Kinder oder Jugendlichen auf, sich ebenso vorzustellen. Schon in dieser ersten Runde versuche ich, jeden Namen mit dem Gesicht zu verbinden oder an ein Detail der Vorstellung zu knüpfen. Im Anschluss an die Vorstellungsrunde übe ich die Namen. Es beeindruckt die Kinder und Jugendlichen sehr, wenn man sich ihre Namen schnell merken kann. Sie fühlen sofort, dass man es ernst mit ihnen meint und sie »beim Namen nimmt«. Für mich gehört dazu auch, tunlichst zu vermeiden, die Jungen und Mädchen mit ihren in der Gruppe geläufigen Kosenamen oder Spitznamen anzusprechen. Der ganze Name steht für Verantwortung, nicht die Verniedlichung, die unter den Gleichaltrigen wie Schmiere im Getriebe wirkt und ein notwendiges »Insider-Zeichen« der Gruppe ist. Tobias, nicht Tobi, Katharina, nicht Kati, Oliver, nicht Olli. Den Kindern und Jugendlichen ihre Gruppe lassen, ihre Geheimnisse und ihre Namen, das ist für mich ein Zeichen von Respekt und wohltuender Distanz. Zu viele Lehrer und Lehrerinnen, die sich den Namenskodex ihrer SchülerInnen zu eigen machten, haben mich in dieser Meinung bestärkt. Durch die Nennung des vollständigen Namens wird auch deutlich, dass die Schule eine öffentliche Institution ist und sich von Elternhaus und Freundeskreis unterscheidet. Das stimmt und ist ehrlich. Auch die Erwachsenen geben sich mit ihrem ganzen Namen zu erkennen.

An sämtlichen Türschildern unserer Schule stehen die vollständigen Namen der Erwachsenen und meist auch alle Namen der Gruppe. Nicht »Frau Fehrer« sondern »Malve Fehrer« ist für eine Gruppe verantwortlich. Vielen neuen Lehrerinnen und Lehrern ist diese »Offenbarung« aus ihren alten Schulen fremd. Und tatsächlich ist diese vollständige Vorstellung einer Person ein äußeres Zeichen für die gewünschte Gleichwertigkeit zwischen SchülerInnen und LehrerInnen.

In diesen Kontext gehört auch die Benennung von ganzen Lerngruppen mit einem Namen. In vielen (guten) Schulen ist es üblich, dass die Lerngruppen mit Tiernamen oder Ähnlichem bezeichnet werden. Mir hat dies nie gefallen, da unter diesem einen Namen dann wieder alle Kinder oder Jugendlichen subsumiert werden. Kinder »sind« keine »Jaguare« oder »Pinguine«, Jugendliche keine »Smaragde« oder »Tigeraugen«. Die angebliche Gruppenidentifikation wird hier in einer Versachlichung über die einzelnen Personen gestellt. Die Arbeit der Kinder und Jugendlichen in der Schule ist persönlich und ernsthaft. Verallgemeinerungen und Verniedlichungen sind dabei überflüssig.

Gerade in problematischen Gruppen ist die korrekte persönliche Anrede von großer Bedeutung. Je schwieriger die Gruppe, umso persönlicher muss die Anrede sein. Eine Gesamtansprache lässt den Einzelnen in der Masse verschwinden, eine persönliche Ansprache mit dem Namen einer Person ist gleichermaßen wertschätzend und verpflichtend.

Dies gilt auch für die morgendliche Begrüßung. Die Schülerinnen und Schüler einzeln zu »empfangen« und zu begrüßen verschafft den Lehrern einen enormen Vorteil. Sie haben das Feld, den Raum bereits mit ihrer Aufmerksamkeit besetzt – jetzt können sie sich auf die Personen konzentrieren. Es ist von unschätzbarem Vorteil und käme einem Paradigmenwechsel gleich, wenn alle LehrerInnen in gut vorbereiteten Räumen auf ihre SchülerInnen warten würden, um sie dann namentlich zu begrüßen, anstatt selbst oft als Letzte zu erscheinen.

Es macht auch einen großen Unterschied, wenn am Morgen alle anwesenden SchülerInnen einmal mit ihrem Namen benannt werden. Erst danach stellt die Gruppe fest, wer fehlt. Zunächst sind die wichtig, die da sind.

Die Menschen wertzuschätzen, indem man ihre Namen kennt und benutzt, führt in der Konsequenz auch zur Aufmerksamkeit gegenüber ihrem Geburtstag. Dieser muss zumindest wahrgenommen, besser noch mit einem kleinen Ritual gefeiert werden.

Die Wertschätzung der Schülerinnen und Schüler kann ohne Zweifel als die Basis für gelingende Lernprozesse angesehen werden. Ihre Namen sind der Schlüssel.

Schülerinnen und Schüler mit besonderen Fähigkeiten

Gruppen, in denen Kinder oder Jugendliche sich ernst genommen fühlen, sie als unverwechselbare Personen anerkannt werden und in denen aus der Gemeinschaft der vielen eine vielfältige Gemeinschaft geworden ist, entwickeln besondere Fähigkeiten. Diese werden in der gesamten Atmosphäre, im Zusammenspiel der vielen, der Interaktion untereinander und im Verhalten jedes Einzelnen deutlich. Der Grad dieser Entwicklung hängt entscheidend vom Vorbild der Lehrerin oder des Lehrers ab.

In dem Film »Treibhäuser der Zukunft« von Reinhard Kahl gibt es eine Szene, die dies deutlich macht. Ein unkonzentrierter Schüler findet schwer in seine Arbeit hinein. Sein Lehrer, befragt, wie er mit ihm umzugehen pflegt, antwortet: »Ich kenne ihn gut, war bei ihm zu Hause, wir haben zusammen zu Mittag gegessen und mit den Eltern geschwätzt. Ich interessiere mich für ihn. Wirklich!« Dieses »wirklich« macht den großen Unterschied aus. Interessiert man sich für jemanden als Schüler oder als Menschen? Hat man lediglich, wenn überhaupt, alternative Bildungseinrichtungen im Hinterkopf, wenn man selber nicht mehr weiterkommt, oder beinhaltet die Verantwortung für diesen Schüler nicht auch Antworten in gerade jetzt schwierigen Situationen?

Verantwortungsvolles Erwachsenenverhalten in diesem Sinne ist an einer Schülergruppe deutlich ablesbar. In der Gruppe ist eine besondere Empathie zu spüren.

Ich habe viele Kinder und Jugendliche erlebt, die sich mit anderen gefreut haben oder sich gefühlvoll in andere hineinversetzen konnten, wenn diese Schwierigkeiten hatten. Die Erfolge, Freuden, Missgeschicke und Fehler der Mitschüler werden anteilnehmend, und das heißt zurückhaltend, begleitet. Die aufgeregten Schülertrauben, die um streitende Jungen herumstehen, und auch tuschelnde Mädchengruppen mit einem Star und dem ausgeschlossenen Aschenputtel sind das Gegenbild dazu.

Lukas, bis zur zehnten Klasse Schüler unserer Schule, erzählte von der bedrückenden Erfahrung in seiner neuen 11. Klasse:»Das Ungewohnteste sind der gegenseitige Neid und Wettkampf. Die gönnen sich gegenseitig nichts. Wenn einer eine gute Zensur hat, kommt gleich ein anderer und sagt, dass er dann auch eine bessere Zensur verdient habe. Sie könnten sich doch auch einfach nur für den anderen freuen!« Martin beschrieb es noch drastischer: »Auf der Klassenfahrt ist jemand eine Rolltreppe heruntergefallen und hat sich verletzt. Da haben viele gelacht. Das ist unmenschlich! Das wäre bei uns nicht möglich gewesen.«

Die andere Seite dieser Kompetenz, empathisch miteinander umzugehen, ist Ehrlichkeit. Nach Vorträgen geben schon junge Kinder ehrliche und kritische Rückmeldungen, ohne dabei andere zu verletzen – darauf achtet die gesamte Gruppe. Empathie und Ehrlichkeit werden durch realistische Selbst- und Fremdeinschätzungen ergänzt. Kinder, die nicht durch das simple Bewertungsmuster der Zensuren »verdorben« sind, haben echte Möglichkeiten, sich sprachlich präzise und differenziert zu ihren eigenen Leistungen und denen anderer zu verhalten. Sie werden genau und lernen, dass man Äpfel nicht mit Birnen vergleichen kann. Was für den einen eine besondere Leistung ist, ist für den anderen kein Grund zur Freude.

Neben diesen positiven Grundeigenschaften zeichnen sich viele Kinder und Jugendliche durch ihre Geduld, ihre Toleranz und ihre Freundlichkeit aus. Für neue Lehrer und Lehrerinnen ist die Friedfertigkeit unter den Schülern bemerkenswert. Es gibt keine Konkurrenzkämpfe unter den Klassen. Das erübrigt sich schon dadurch, dass man immer wieder Gefährten aus den ehemaligen Gruppen trifft. Gewalttätige Auseinandersetzungen gibt es kaum. Auch SchülerInnen und Eltern bestätigen dies in außerordentlichem Umfang. In einem offiziellen Feedbackprozess, den wir 2007 von dem Beratungsinstitut »democaris« durchführen ließen, geben 93% der Eltern an, dass ihr Kind gerne zur Schule kommt und gewalttätige Auseinandersetzungen keine Rolle spielen.

Ein Vater, dessen Sohn nun in der 13. Klasse an einer anderen Schule ist, schätzt besonders die größere Frustrationstoleranz der Schüler. Sie würden mit Enttäuschungen oder Niederlagen besser umgehen und unverzagt einen neuen Versuch starten. Dabei hätten sie kluge Lernstrategien und weniger Panik. Außerdem genießt er, dass Oberflächlichkeiten wie modische Trends nicht so verpflichtend wirken und persönliche Vorlieben beibehalten werden.

Unbestritten ist auch die Kompetenz, vor Gruppen zu präsentieren. Die weitverbreitete Angst, einen Vortrag zu halten und vor anderen frei zu sprechen, können unsere SchülerInnen kaum nachempfinden. Offensichtlich haben sie gelernt, anderen in die Augen zu schauen und ihren Standpunkt zu vertreten. Die Alumni der Schule begründen diese Kompetenz mit ihrer größeren Fehlerfreundlichkeit. Sie hätten ohne Angst vor Fehlern in der Schule lernen können. Das befähige sie, sich unbefangen und gelassen zu präsentieren. Und, wie eine Schülerin bei einem Ehemaligentreffen sagte: »Durch unsere Personen an den anderen Schulen verfliegen die Vorurteile.«

Wenn man diese Beschreibung liest, könnte man meinen, wir hätten paradiesische Verhältnisse an der Schule. Und es stimmt: Diese Kernkompetenzen sind unbestreitbar. Dennoch fehlt uns bei zu vielen Jugendlichen in der Sekundarstufe noch der »Biss«. Dem freundlichen und fürsorglichen Schulklima werden oft zu wenige Herausforderungen und direkte Rückmeldung entgegengesetzt. Und es gibt Schüler und Schülerinnen, die mit ihrem störenden Verhalten zu viel Aufmerksamkeit auf sich ziehen.

Schülerinnen und Schüler als Stören-Friede

Warum steckt in dem Wort »Störenfried« dieser Widerspruch? Störungen führen doch eigentlich nicht zum Frieden?

In der Sekundarstufe hatten und haben wir es mit vielen Störungen zu tun. Einmal, als es besonders schlimm war, haben wir im Team eine interne Evaluation vorgenommen. Zunächst haben alle Lehrerinnen und Lehrer fünf Störfaktoren auf eine Karte geschrieben. Nachdem wir diese geclustert hatten, konnten wir sechs Muster erkennen: Störungen wurden 1. durch verbale Entgleisungen, 2. körperliches Entziehen (aus dem Raum gehen), 3. Regelverstöße, 4. Gemeinheiten und Lügen, 5. persönliche Eigenschaften wie Empfindlichkeit usw. und 6. durch mangelnde Leistungsbereitschaft hervorgerufen.

In einem zweiten Schritt haben wir uns nach den Gründen für dieses Verhalten gefragt. Von 68 Aussagen benannten 13 ein erhöhtes Aufmerksamkeitsstreben, 10 fehlende Kontrolle, 10 mangelnde Leistungsbereitschaft, 9 Über- oder Unterforderung, 13 die familiäre oder soziale Situation, 6 Ängste, und 7 Sonstiges als mögliche Ursachen für störendes Verhalten. Für fehlende Kontrolle, Über-/Unterforderung und damit einhergehendes Aufmerksamkeitsstreben sowie mangelnde Leistungsbereitschaft mussten auch wir uns verantwortlich fühlen. Wichtig war auch die Erkenntnis, dass nur 15 SchülerInnen namentlich als Störenfriede benannt wurden. Bei einer Gesamtzahl von 200 SekundarstufenschülerInnen war dies eine verhältnismäßig kleine Gruppe. In einem letzten Schritt suchten wir nach Lösungsvorschlägen für das Problem. Die aussichtsreichste Strategie sah man in Einzelbetreuung und individuellen Aufgaben, gefolgt von der Kooperation mit Eltern und dem Jugendamt und dann mit Regeln und Konsequenzen. Nur eine Stimme votierte für Methodenwechsel als probates Mittel.

Mit den benannten Schülerinnen und Schülern haben wir die gleichen Fragen bearbeitet. Auf die Frage »Wodurch störe ich?« antworteten sie: durch rausgehen, laut diskutieren, kabbeln, anstupsen, oft fragen, Grimassen ziehen, lachen, trommeln, Sachen wegnehmen, Zettel schreiben, ermahnen, Zwischenrufe und unpassende Bemerkungen. Als Gründe für ihr Verhalten nannten sie wörtlich: auffällig zu sein, Inhalte interessieren nicht wirklich, die Art des Lernens, zu wenig Erfolg, dass es lustig ist. Wir verdeutlichten ihnen in einem Bild die zyklischen Wiederholungen störenden Verhaltens und die Möglichkeit zu seiner Überwindung:

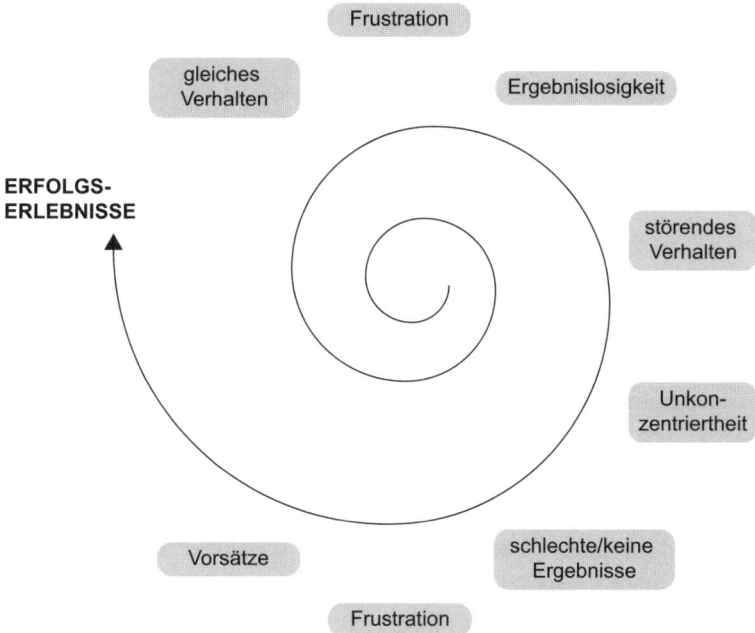

Die SchülerInnen waren beeindruckt. Ja, genau so sei es!

Wir sammelten in einem nächsten Schritt die Werte und Lebensbereiche, die ihnen sehr wichtig sind. »Was ist dir wirklich wichtig in deinem Leben?«

Schnell waren sie sich in den wesentlichen Punkten einig und nannten: Familie, Freunde, Zufriedenheit, schulischer und sportlicher Erfolg, Verständnis, Selbstständigkeit, Eigeninitiative, Kreativität, Spaß, Freude, Nein sagen können und sich beherrschen können.

Nun sollten sie diese Werte auf einer Skala von 1 bis 100 anordnen. Zusammengefasst ergab sich ungefähr folgendes Bild:

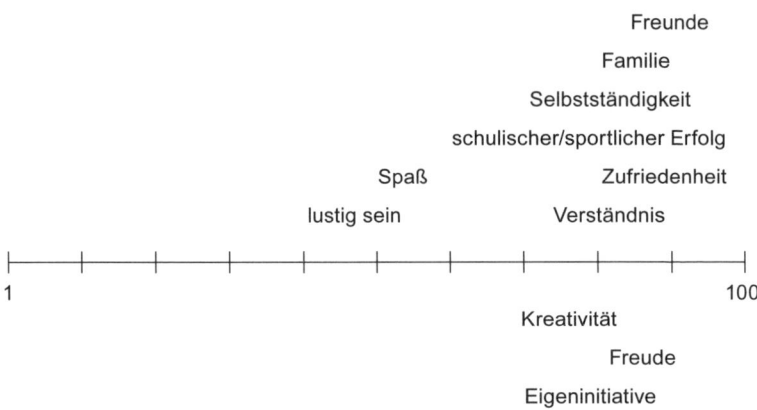

Aus dieser spontanen Evaluation wurde deutlich, dass auch Störenfriede sich nach Frieden sehnen. Ihre Ziele sind alles andere als kriegerisch. Mit ihrem Stören machen sie auf das Missverhältnis von Zielen und deren Erreichbarkeit aufmerksam. Es ist eine unserer schwersten Aufgaben, mit Methoden und Unterstützungssystemen dafür zu sorgen, dass aus dem Stören ein Friede werden kann.

Dabei sind wir auch gescheitert. Dann haben einige Jungen oder Mädchen, die meist als Quereinsteiger zu einem späten Zeitpunkt an die Schule gekommen waren, die »Monte« verlassen und sind wieder an klassische Schulen mit traditionellem Unterricht oder in besondere Betreuungsprojekte gewechselt.

»Das, was stört, hilft der Sache, überhaupt entstehen zu können.« Dieser Satz des Hauptpreisträgers Asar Hage-Ali beim Wettbewerb »Jugend forscht« 2006, bezog sich auf ein Experiment zu Energiebilanzen. Störungen wurden dabei als Antriebsmoment wahrgenommen. Störende Schüler und Schülerinnen sollten ebenfalls als »Antriebsmoment« zur Veränderung unserer Schulen gesehen werden. Sie machen u. a. deutlich, wo auch das schulische System nicht stimmt und verändert werden muss. Sich ihrer einfach zu entledigen ist, wie ich einmal von kanadischen Kollegen in diesem Zusammenhang gehört habe, »doch unprofessionell«.

Um diese Professionalität zu entwickeln, brauchen Schulen zukünftig alle nur denkbare Unterstützung. Voraussetzung dafür ist aber, dass die Haltung der Lehrerinnen und Lehrer nachweislich nicht mehr von selektivem Denken getragen ist.

Teamarbeit in der Schulleitung – Erwachsene arbeiten in den Räumen …

… und im Freien! Hier beginnt das Schuljahr für das Kollegium mit Gesprächen und gemeinsamer praktischer Arbeit.

So könnte das »Freilandlabor« am Schlänitzsee einmal aussehen. Die Jugendlichen haben ein Modell gebaut.

Nach den Vermessungen im Freien werden in der Schule Pläne gezeichnet.

Erstaunlich: Das Körpermaß mit Schrittlängen war bis auf 2 Meter genau.

Für die Arbeit am Modell müssen alle Messergebnisse umgerechnet werden.

Die Jurte der Schule hat schon in einigen Situationen Platz und Unterschlupf geboten. Eine ganze Lerngruppe kann darin übernachten.

In den Kanus zu paddeln, die in vier Jahren gebaut wurden, ist ein besonderes Vergnügen und auch eine Herausforderung.

Mit ersten Werkzeugen arbeiten die Jugendlichen auf dem Gelände am Schlänitzsee. Sie zu pflegen und zu lagern ist ein wichtiger Teil der Arbeit. Darum gibt es zwei »Werkzeugmeister« unter den Schülern.

Die Kochgruppe hat das Mittagessen gekocht: unter einfachsten Bedingungen und mit viel Freude. Feedback kommt ohne Aufforderung.

Der Schulhof ist der wichtigste Veranstaltungsort. Da es keine Aula gibt, finden große Feste, Präsentationen, Theatervorstellungen oder Einschulungsfeiern meist auf dem Schulhof statt. Es ist ein schönes Ritual, dass die älteren Schüler und Schülerinnen die »Neuen« mit einer Sonnenblume begrüßen.

Auch eine Theatervorführung beginnt hier im Freien. Hier sitzen Kleine und Große gemischt und schauen zu.

Im Dezember 2007:

Glückliche Preisträger des Deutschen Schulpreises 2007.

Eltern in der Schule

EINMAL IM JAHR ÜBERNEHMEN die Eltern unserer Schule den Unterricht. Drei Tage lang gehen sie dann in der Schule ein und aus, halten Vorträge und führen praktische Tätigkeiten und Übungen mit den Kindern und Jugendlichen aus. Oder sie gehen mit Schülergruppen direkt an ihre Arbeitsplätze außerhalb der Schule und aus der Vielfalt ihrer beruflichen Qualifikationen entsteht ein umfangreiches Angebot.

Die Grundschulklassen werden meist geschlossen von den jeweiligen Eltern betreut und arbeiten gemeinsam an den angebotenen Themen und Aufgaben. Kleine Kinder sind stolz, wenn ihre Eltern zeigen, was sie Besonderes können. In den höheren Jahrgangsstufen sieht das anders aus. Darum können die Jugendlichen aus dem Angebot wählen und sich ihre Tagespläne selbst zusammenstellen.

Man kann sich leicht vorstellen, welch reiches Themenangebot entsteht, wenn ca. 150 Eltern etwas aus ihrem Berufsalltag vorstellen. Vom Kochseminar über Lehmofenbau, Film, über Gerichtsverhandlungen, physikalische Experimente, Spurensuche bei der Kriminalpolizei – die Angebote beeindrucken in jedem Jahr aufs Neue.

2006 wurde die »Elternwoche« der Montessori-Schule von den Wirtschaftsjunioren Deutschlands mit dem ersten Preis im Wettbewerb »fit for job« ausgezeichnet. Dabei war die Vorbereitung auf das Berufsleben nicht der eigentliche Impuls für die Erfindung der Elternwoche gewesen. Eltern und LehrerInnen waren auf die Idee gekommen, damit in dieser Zeit viele neue Unterrichtsmaterialien hergestellt werden und entsprechend angeordnet werden konnten.

Während die Eltern den Unterricht übernahmen, saßen also die LehrerInnen zusammen, entwickelten Material und tauschten sich über Anwendungsmöglichkeiten aus. Ein großer Teil der Kinder und Eltern konnte diese Zeit ihrerseits genießen und sinnvoll nutzen. Hinterher waren sie begeistert über die neuen Erfahrungen in einem unbekannten Themenfeld oder über ihre Tätigkeit als LehrerIn. Die Kinder und Jugendlichen erlebten, wie viele spezielle Arbeitsgebiete es gibt. Allein die Lektüre des Angebotsplans machte ihnen das enorme Ausmaß der Arbeitsteilung in unserer Gesellschaft deutlich. Und die Eltern sahen die Schule ihres Kindes plötzlich mit anderen Augen, als sie selbst einmal die Lehrerrolle übernahmen. Dabei entstand u. a. viel Anerkennung für die Arbeit der LehrerInnen. Und es wurde deutlich, dass Expertentum in einem Bereich und die pädagogische Vermittlung eines Inhaltes zwei verschiedene Welten sind.

Nicht alle Angebote wurden gleichermaßen ernst genommen. Manchmal führte der Mangel an methodisch-didaktischer Aufbereitung auch zu Langeweile und Unverständnis. Wir zogen daraus den Schluss, ein vorbereitendes Methodik-Didaktik-Seminar anzubieten. Mit einigen Eltern arbeiteten wir an der Passung oder Ausarbeitung und Umsetzung eines Themas für eine entsprechende Altersgruppe. Diese vergleichsweise kurzen Gespräche waren ebenso interessant wie wirkungsvoll. Alle beteiligten Eltern hatten besonderen Erfolg mit ihrem Angebot und anschließend eine Vorstellung von den besonderen Herausforderungen des Lehrerberufs.

Eltern als Experten an der Schule einzusetzen sollte über die Renovierung von Klassenräumen und Kuchenbacken für Schulfeste hinausgehen. Denn schließlich sind sie Experten in einem Bereich, wie er in der Schule nicht stattfindet. In der außergewöhnlichen Elternwoche, im sonstigen Unterricht oder als Honorarkräfte im Ganztagsbetrieb, in der Bibliothek und vielen anderen Bereichen besteht die Möglichkeit, dieses Expertenwissen für die Schule nutzbar zu machen.

Andererseits sind Eltern aber auch Experten für ihr Kind. Sie kennen es, haben eine lange und unvergleichlich intime Lebenserfahrung mit ihm und fühlen sich, in der Regel, verantwortlich für sein Wachstum und Wohlbefinden. Mit seinen Kindern zeigt man sich selbst. Das wissen viele Eltern und spüren alle. Und ebenso viele Eltern wissen, dass in den ersten Lebensjahren entscheidende Weichen gestellt werden und die Schule nicht ursprünglich für die Persönlichkeit eines Kindes verantwortlich ist. Daher rührt die große Verletzlichkeit von uns Eltern. Wir spüren, dass wir verantwortlich sind. Erschwerend wirkt der Zeitgeist, der Kinder zu kostbaren Einzelwesen, oft auch Einzelkindern, macht, die geplant in das Erwachsenenleben treten und an die sich oft hohe Erwartungen knüpfen. Zu diesem impliziten Wissen kommt das Bewusstsein von den Lebenschancen, die in der Schule verteilt werden. Alle Eltern wollen für ihr Kind gute Bildungschancen, und viele sind bereit, dafür einige Energie aufzubringen. Diese subjektive Motivation gilt es bei aller Zusammenarbeit mit Eltern zu bedenken und zu respektieren.

Eltern nehmen die Schule über ihr Kind wahr. Ihr Engagement beruht auf dem je einzelnen Kind, auch oder gerade wenn andere Kinder ebenfalls davon profitieren. Die Pädagogen hingegen haben jeweils die gesamte Gruppe der Kinder oder Jugendlichen im Blick. Im Gegensatz zu den Eltern besteht eine ihrer Hauptaufgaben darin, die Interessen des einzelnen Kindes mit denen der Gemeinschaft und des gesamten Systems in Übereinstimmung zu bringen. Viele Konflikte mit Eltern entstehen an dieser Nahtstelle zwischen Individual- und Gemeinschaftsinteresse.

Aus dem oben Gesagten ergeben sich einige wichtige Grundsätze für die Zusammenarbeit mit Eltern.

Eltern sind auf ihrem Gebiet und mit ihrem Kind Experten. Dies bedeutet nicht automatisch, dass sie auch pädagogische Experten sind. Die Philosophie der Schule, ihre Haltung zu wesentlichen pädagogischen Fragen und ihre tägliche Praxis sollte von ausgebildeten Lehrerinnen und Lehrern entwickelt und vertreten werden. Lehrerkollegium und Schulleitung sind für die Umsetzung des Schulprofils verantwortlich. Die Sitzordnung im Klassenzimmer oder die Formen der Leistungsbewertung – Zensuren oder verbale Beurteilungen –, die Organisation der persönlichen Arbeitsmittel, die Frage der »Hausaufgaben« oder die Anzahl der Freiarbeitsstunden und vieles mehr werden durch Pädagogen geklärt und von ihnen verantwortet.

Auch an staatlichen Schulen ist es üblich, dass Eltern Einfluss auf diese wesentlichen Dinge nehmen. Oft ist dies ein Ausdruck für die geringe Akzeptanz des Lehrerberufes. Jeder/jede meint, mitreden zu können. Die persönliche Lebenserfahrung als Schülerin oder Schüler, Vater oder Mutter ist aber keine ausreichende Qualifikation für pädagogisches Handeln. Es ist eine große Erleichterung für alle Beteiligten, wenn die Schule nach einem Konzept arbeitet und persönliche (Eltern-) Interessen sich nicht an grundlegenden Inhalten festmachen können.

Viele Eltern, besonders an Privatschulen, haben bei Schulgründungen Großes geleistet. Sie haben Konzepte in langen Auseinandersetzungen entwickelt, ganze Häuser umgebaut, für die Verpflegung gesorgt, sich mit Behörden auseinandergesetzt und Betreuungsdienste übernommen. Dabei sind viele selbst zu pädagogischen (und anderen) Experten geworden. Durch das Engagement dieser Eltern und die wachsende Zahl von Privatschulen ist ein wesentlicher Impuls zur Veränderung der staatlichen Schulen ausgegangen. Im Interesse ihrer Kinder und mit dem festen Willen, ihnen eine bessere Schule als die selbst erlebte anzubieten, haben Eltern damit einen wichtigen Beitrag zur Veränderung überkommener Unterrichtsformen geleistet. Eine veränderte Eltern-Kind-Beziehung, die auf der Gleichwertigkeit, nicht Gleichberechtigung, von Kindern und Erwachsenen beruht, ist hierfür eine notwendige Voraussetzung.

Trotzdem soll in diesem Kontext auch die Kehrseite des hohen Elternengagements angesprochen werden. Einige Eltern neigen in ihrem Einsatz zur Annexion der Welt ihrer Kinder. Überall sorgen sie dafür, dass es ihrem Kind möglichst gut geht. Dabei räumen sie zu viele Widerstände aus dem Weg, an denen ihr Kind wachsen könnte. Ein schon fast alltägliches Bild sind Eltern, die ihren Kindern die Schultasche tragen, was an einer Schule ohne schwere Schulbücher, die täglich hin- und hergetragen werden müssen, besonders überflüssig ist. Auch Endlosdiskussionen mit anderen Erwachsenen oder mit dem Kind sind manchmal ein Zeichen für die verborgene Angst, sein Kind sukzessive in die Selbstständigkeit zu entlassen.

Die positive Kraft, ihre Eltern wirkungsvoll einzubinden, ist ein Anliegen jeder guten Schule. Einige Beteiligungsformen haben sich an unserer Schule besonders bewährt.

Zunächst sollte sich die Schule öffnen. Eltern sollen sich in der Schule ihres Kindes willkommen fühlen. Sie können ihr Kind bringen, sie helfen oder hospitieren oder sie wandern einfach nur durch die Schule, schauen sich die aktuelle Ausstellung an und genießen die Lebendigkeit im Haus. Sie sollten auch einmal am Unterricht, nicht zwingend an dem ihres Kindes, teilnehmen. Sie sollten Fortbildungsangebote zu allgemeinen Erziehungsfragen und zum Schulprofil nutzen können. Sie müssen sich gut informiert fühlen. Und sie brauchen das Gespräch über ihr Kind.

Ein monatlicher Elternbrief dient der Information über Veranstaltungen und Termine. Er ist ein Medium für die freundliche Ansprache der Eltern, manchmal auch für Dank oder den Ausdruck von Sorgen. Diesen Brief tragen die Kinder nach Hause oder auch nicht. Ihre Rolle als Boten zwischen Schule und Elternhaus nutzen wir bewusst und ersetzen ihre Botentätigkeit nicht durch virtuelle Medien. Manche Kinder oder Jugendlichen üben Verlässlichkeit in diesem Bereich erst mühsam. Einige haben auch Eltern, die sich nicht für Post aus der Schule interessieren.

In Elternforen werden Gespräche zu Fragen von allgemeiner Bedeutung geführt. »Hausaufgaben oder Schulaufgaben«, »Brauchen wir eine Sekundarstufe II?«, »Lernen sie auch genug?« sind nur einige Beispiele für Themen, die wir mit Eltern aus allen Jahrgangsstufen besprochen haben. Oder es kamen Referenten von außerhalb und waren kompetente Ansprechpartner.

In ausführlichen Eltern-Workshops erläutern die Schulleiterinnen und die Lehrerinnen und Lehrer das Profil der Schule und ihr Verständnis von Erziehung und Bildung. Es gibt die Gelegenheit, sich in den Schulräumen ungestört aufzuhalten, die Arbeitsmaterialien kennenzulernen und selbst auszuprobieren und im Gespräch mit anderen Eltern die eigenen Positionen zu überdenken. Die Inhalte des Lehrplans werden dargelegt und an praktischen Beispielen wird demonstriert, was und wie die Kinder und Jugendlichen lernen.

Einmal zu Beginn des Schuljahres auf diese Zusammenarbeit einen ganzen Samstag zu verwenden hat sich als überaus positiv erwiesen.

Die subjektive und an das eigene Kind geknüpfte Wahrnehmung wird dabei relativiert, ein neues Verständnis für die speziellen Lernformen kann sich entwickeln und nicht zuletzt werden die eigenen Schulerfahrungen vor diesem Hintergrund in ein neues Licht getaucht. Die oben benannte Nahtstelle zwischen persönlichen Interessen und Gemeinwohl wird dabei neu ausgelotet. Vieles, was aus der singulären Erfahrung des eigenen Kindes unverständlich blieb, ergibt nun einen neuen Sinn.

Besonders beeindruckend waren die Workshops mit Eltern von Jugendlichen. Wenn sie sich mit den natürlichen Bedürfnissen junger Adoleszenten auseinandersetzen und den bewussten Umgang der Schule mit dieser Altersgruppe erleben, verlieren viele Probleme an Bedeutung. Der Gesprächsbedarf der Eltern ist in dieser Zeit besonders hoch und darf nicht auf die Leistungsebene begrenzt werden. Die Schule ist gerade in dieser Zeit des Übergangs ein wichtiger Ankerplatz für Jungen und Mädchen. Die Kooperation mit ihren Eltern und eine Verständigung über Erziehungsfragen sind eine wesentliche Basis für persönliche Lernerfolge.

Auch Elternabende sollten sich auf pädagogische Inhalte konzentrieren.

Die Eltern erhalten Einblick in die konkrete Arbeit der Lerngruppe ihres Kindes. Für die Zusammenstellung von Packlisten für Klassenfahrten oder die Farben von Hefteinschlägen ist diese begrenzte Zeit mit den Eltern entschieden zu kostbar. Stattdessen werden die wichtigen Lebens- und Erfahrungsbereiche der gesamten Gruppe (Klasse) dargestellt. Wenn die Kinder oder Jugendlichen ihre Arbeitsergebnisse oder Gruppenprozesse selbst einmal präsentieren, bekommen die Eltern einen lebendigen Eindruck vom Alltag ihrer Kinder. Dringend gilt es zu vermeiden, Eltern wieder in das alte schulische »Setting« zu zwängen, indem sie einsam zum Zuhören verdammt sind und sich selbst wieder wie ein Schulkind fühlen.

Neben dieser allgemeinen und die gesamte Institution oder die konkrete Lerngruppe betreffende Elternarbeit ist das persönliche Gespräch über das individuelle Kind die Basis der Zusammenarbeit zwischen Schule und Elternhaus.

Zweimal im Jahr spricht die Lehrerin, der Lehrer mit dem Kind und seinen Eltern über seine Entwicklung und den Leistungsstand. Es ist wichtig, nicht über das Kind allein mit den Eltern zu sprechen. Auch schwierige Probleme sollten, abgesehen von wenigen Ausnahmen, mit dem Kind und seinen Eltern gemeinsam beraten werden. Auf diese Weise werden alle zu einer klaren und einfachen Sprache gezwungen, die sich auf Wesentliches beschränkt und Appelle vermeidet.

Als Grundlage für dieses Gespräch sollte ein Portfolio bereitliegen, eine Mappe mit wichtigen Arbeitsergebnissen aus der letzten Zeit. Wie bei der Vorbereitung einzelner Themen für die Elternwoche wird auch im Eltern-Kind-Gespräch sofort eine konkrete Ebene erreicht, wenn greifbare Themen oder Ergebnisse auf dem Tisch liegen. Entwicklungen werden anhand von Texten, Bildern, Modellen, visuellen Medien usw. deutlich, und auch die weiteren Arbeitsschritte können an den vorliegenden Ergebnissen exemplarisch verdeutlicht werden. Besonders in einer Schule ohne Zensuren kommt es darauf an, in diesen Gesprächen den Leistungsstand des Kindes deutlich zu benennen. Inmitten einer vom herkömmlichen Schulsystem mit seiner Ziffernbewertung dominierten Schullandschaft brauchen Eltern einen klaren Überblick über die Leistungen ihres Kindes, damit sie Vertrauen in die Wirksamkeit veränderter Unterrichtsformen haben können. Neben der »direkten Leistungsvorlage« (Portfolio) spielt hier das schulinterne Leistungsdokumentationssystem eine wesentliche Rolle. Ein Pensenbuch, in dem die Lernziele und Kompetenzbereiche für eine Altersgruppe beschrieben werden und die persönliche Lernentwicklung mit regelmäßigen Eintragungen festgehalten wird, ist dabei genau so hilfreich wie das pädagogische Tagebuch der Lehrerin oder des Lehrers.

Von der Qualität dieser Gespräche, also von dem Grad der Kenntnisse über ihr Kind, der Dokumentation der Ergebnissen und den abschließenden pädagogischen Entscheidungen hängt das Vertrauen der Eltern in die Schule entscheidend ab. LehrerInnen, die nicht viel über ein Kind wissen und wenig

»Beweismaterial« mit ihm gesammelt haben, fangen in diesen Gesprächen schnell damit an, hilflos Appelle auszusprechen: »Du musst dich besser konzentrieren und nicht so schnell ablenken lassen!«

Damit geben sie die Verantwortung über den weiteren Lernerfolg an das Kind ab.

Die Arbeit in den schulischen Gremien lebt von der allgemeinen Lebendigkeit und Offenheit der Schule. Die oben beschriebenen Kommunikationsanlässe sind die Basis, damit Eltern an der Schule ihres Kindes mitwirken und etwas bewirken können. Erst ein Vertrauensverhältnis zwischen Schule und Elternhaus ermöglicht auch hier eine konstruktive Zusammenarbeit. Wenn das persönliche Anliegen aller Eltern, die respektvolle Akzeptanz des eigenen Kindes und seine Zugehörigkeit zu genau dieser Schule geklärt sind, können sie sich institutionellen Aufgaben in demokratischen Strukturen positiv zuwenden. Viele wichtige Fragen müssen in den Mitwirkungsgremien aus der Perspektive aller Beteiligten diskutiert und entschieden werden. Dabei darf man nicht vergessen, dass die meisten Eltern berufstätig sind und sich in die Entscheidungsprozesse der Schule nach ihrem eigenen Arbeitstag erst hineindenken müssen. Auch hier gilt wieder, wie bei der Vorbereitung der Elternwoche oder dem Einzelgespräch mit Eltern und Kind: je konkreter und anschaulicher die Aufgabe, umso überzeugender das Ergebnis.

Methodische Überlegungen sind auch für die Arbeit in Gremien bedeutsam. Die 10 Punkte unseres Schulprogramms wurden z. B. in einem moderierten Prozess von LehrerInnen, SchülerInnen und Eltern, insgesamt 80 Personen, an zwei Tagen in wesentlichen Zügen entwickelt. Bevor es abschließend in den Gremien zur Abstimmung kam, waren aus allen drei Gruppen Texte geschrieben und diese in einer Arbeitsgruppe ausführlich diskutiert und gegengelesen worden. Dieses Beispiel zeigt, wie hilfreich eine gute Beteiligung im Vorfeld sein kann. Die folgenden Aufgaben der Eltern wurden von ihnen selbst festgeschrieben und sind heute Teil des Schulprogramms.

Verantwortung der Eltern

- Unterstützung der Lehr- und Lernmethoden einer Montessori-Schule;
- Begleitung und Unterstützung der schulischen Entwicklung der Kinder;
- Selbstverständnis der Eltern als interessierte Partner der Schule;
- Bereitschaft zur Wissenserweiterung und Fortbildung;
- Teilnahme an Veranstaltungen wie Elternabenden, Workshops, Hospitationen, Elternvollversammlungen, Wahlen;
- Unterstützung des Unterrichts durch Angebote aus dem eigenen Berufsfeld oder Erfahrungsbereich z. B. in Elternwochen oder AG;
- aktiv Informationen einholen und zeitnah geben;
- Mitgliedschaft im Förderverein;
- Teilnahme an Vorbereitung und Durchführung gemeinsamer Veranstaltungen wie Schultagungen, Feste usw.
- (vgl. Schulprogramm www.potsdam-montessori.de).

Auch im Rückblick können Eltern der Schule wertvolle Impulse geben.

In einem umfangreichen Feedbackprozess haben wir den Eltern Fragen gestellt, um ihre Sicht auf bestimmte Bereiche der Schulentwicklung genauer kennenzulernen. Die Befragung wurde extern und computergestützt durch einen Verein gesteuert. Die Auswertung der Ergebnisse und ihre Rückmeldung an die Schule und die Eltern wurden professionell von der Geschäftsführerin durchgeführt. Ein Schulleitungsfeedback, in dem das Kollegium den Schulleiterinnen Rückmeldung gegeben hatte, und ein SchülerInnen-LehrerInnen-Feedback waren dem Eltern-Schul-Feedback vorausgegangen.

Das Elternfeedback warf ein helles Licht auf die Stärken und Schwächen der Schule. Qualitätsunterschiede zwischen den Jahrgangstufen wurden dabei ebenso deutlich wie die Zufriedenheit oder Unzufriedenheit mit einzelnen Fachbereichen oder allgemeinen pädagogischen Schwerpunkten. Im Gegensatz zu den beiden anderen Feedbacks war Anonymität hier kein Hindernis, denn die Ergebnisse konnten ohne Schwierigkeiten veröffentlicht und diskutiert werden.

Neben allen ideellen und kommunikativen Kooperationsformen mit Eltern soll auch die materielle Unterstützung durch Eltern nicht unerwähnt bleiben. In den meisten Schulen gehört ein permanenter Mangelzustand zum Alltag. Zu wenig wird und wurde in Bildungsinstitutionen investiert, eine Politik, die sich an vielen Stellen in einem Notstand manifestiert.

Oft sind es die Eltern, also die gesellschaftliche Gruppe mit dem höchsten Einsatz und den höchsten Kosten für die Förderung des Nachwuchses in unserem Land, die dafür gesorgt haben, dass die Schulräume ihrer Kinder nicht verwahrlosen, und sich dafür als Handwerker in allen Bereichen betätigten.

Auch an unserer Schule sind die Arbeitsstunden, die Eltern für Renovierungen, Schulhofgestaltung, Einrichtungsarbeiten oder Materialherstellung aufgebracht haben, unzählbar. Die besondere Ausstattung der Unterrichtsräume konnte nur mit Spendengeldern, wiederum meist durch die Eltern der Schule, und mit einer professionellen und zeitintensiven Verwaltung im Förderverein erreicht werden. Dabei entwickeln und zeigen sich große Unterschiede im Engagement der Eltern. Während die einen über Jahre große Anstrengungen unternehmen, um die Schule materiell und ideell voranzubringen, sind andere Eltern nicht zur Mitarbeit zu bewegen. Oft sind es gerade diese Eltern, die ein hohes Zeitbudget für sich und ihre Kinder von der Schule einfordern.

Neben allen positiven Elternbeiträgen soll darum nicht verschwiegen werden, wie sehr auch Eltern, nicht nur Lehrerinnen und Lehrer oder Schulbehörden, Prozesse blockieren oder gar verhindern können.

Oft werden wir gefragt, ob unsere Schule für alle Kinder gut sei. Wir antworten dann: »Für alle Kinder schon, aber nicht für alle Eltern!«

Hinter dieser Aussage steht die langjährige Erfahrung, dass Kinder nur dann glücklich an einer Schule sein können, wenn ihre Eltern grundsätzlich mit den Prinzipien der Schule übereinstimmen. Kinder kooperieren immer mit ihren Eltern und können nur dort zu einer freien Entfaltung kommen, wo sie ihre Eltern hinter sich wissen.

Die häufigste Elternfrage: »Lernt mein Kind auch genug?«, darf die positiven und bejahenden Eindrücke, die es aus der Schule mitbringt, nicht dominieren. Heimlicher Nachhilfeunterricht im alten Arrangement oder freudlose Schulaufgaben, die an die Stelle natürlicher gemeinsamer Übung und Vertiefung oder wichtiger Hausaufgaben wie z. B. Kochen oder Aufräumen in die Familienzeit verlagert werden, sind für jedes Kind ein sicheres Zeichen, dass seine Eltern kein Vertrauen in die Leistungsfähigkeit der Schule haben. Dann gerät das Kind in einen großen Konflikt und kann sich weder in der Schule noch zu Hause entspannen und seinen Aufgaben zuwenden. Wenn die Zweifel der Eltern sich nicht beseitigen lassen, ist es besser, ein Kind nicht länger dem Zwiespalt zwischen Elternhaus und Schule auszusetzen.

Erziehung zur Selbstständigkeit heißt auch Erziehung zur Loslösung. Auch den Eltern wird eine neue erzieherische Grundhaltung abverlangt, wenn sie ihr Kind auf anderen Wegen lernen lassen wollen.

Maria Montessori fasst diese Haltung zusammen:
»Die Hilfe, die wir zu geben vermögen, liegt in der äußeren Welt. Dies erfordert vom Erwachsenen eine weise Zurückhaltung, denn eine Eigenart der Beziehung zwischen dem Kind und dem Erwachsenen – die ihm schrankenlose Macht gibt – liegt darin, dass das Kind immer in Beziehung zum Erwachsenen steht, aber niemals umgekehrt. Wir können unser Leben auch ohne das Kind führen, aber das Kind braucht den Erwachsenen zum Leben. Die Lösung dieser Beziehung ist Notwendigkeit für die Entwicklung des Menschen. Die Existenz eines Wesens verwirklicht sich nur durch die Loslösung.«[9]

---

9   Maria Montessori, Grundgedanken der Montessori-Pädagogik

Experten in der Schule

CHRISTIANE GERMAIN IST EINE bekannte Journalistin und Galeristin in Paris. Zeitgenössische Kunst und Design sind ihre Schwerpunktthemen, in Künstler- und Designerkreisen ist sie eine anerkannte Autorität.

Zusammen mit den beiden Lehrerinnen Lucie Breugghe und Catherine du Pontavicc von der »École de La Garenne-de-Clamart« im Süden von Paris, in der sogenannten »banlieue«, entstand eines Tages die Idee, mit Grundschulkindern zu den Themen Design und Architektur zu arbeiten und Schulmöbel zu entwerfen. Als Fachmann wurde der Designer René Parageau hinzugezogen. Zwei Jahre arbeiteten die Erwachsenen mit 48 Kindern zusammen – ein Jahr über »Design« und ein Jahr über Architektur. Dieses Projekt ist in seinem Prozess und in seinen Wirkungen beispielhaft für die enorme Bedeutung der »Schönheit« für Kinder. Darüber hinaus zeigt es exemplarisch, wie Experten Schulen, auch und besonders in einem schwierigen Umfeld, bereichern und vor allem verändern können.

Christiane hatte sich sehr sorgfältig auf ihre Arbeit vorbereitet. Fast wörtlich hatte sie ihre »Vorträge« entworfen. Sie wusste, dass sie es mit Kindern zu tun hatte, in deren Lebenswelt es nicht unbedingt um Design geht. 40% der Eltern dieser Kinder waren arbeitslos, einige Kinder lebten mit vielen Personen auf engstem Raum oder waren täglich mit den existenziellen Sorgen ihrer Eltern konfrontiert.

»Wie kann ich diesen Kindern etwas über Design erzählen?«, war die Ausgangsfrage.

Die erste Überraschung bereiteten ihr die achtjährigen Kinder bei ihrem Empfang, denn sie freuten sich ungemein, als diese »elegante Dame« in ihre Schule kam. Anfangs war Mme. Germain skeptisch gewesen, was sie dort erwartete – schließlich sei Design eine »elitäre Angelegenheit«, wie ihr ihre StudentInnen am Institut des Études Supérieures Artistiques, der Fachschule für Design, mit auf den Weg gaben. Viele Diskussionen mit den jungen StudentInnen hatten sie zu der Frage geführt, ob es in deren Alter häufig nicht schon zu spät ist, um zu den eigentlichen Fragen des Faches vorzudringen. Bei den kleinen Kindern dagegen war der Enthusiasmus riesengroß.

Christiane begann ihren Vortrag, indem sie die Kinder und, indirekt, ihre Eltern ansprach. »Heute werden wir anfangen, über ›Design‹ zu arbeiten. Vielleicht wissen viele von euch und auch eure Eltern nicht, was mit ›Design‹ überhaupt gemeint ist. Das ist nicht ungewöhnlich, denn es ist ein englisches Wort, das nicht übersetzt worden ist. Auch in anderen Ländern heißt es einfach ›Design‹.«

Diese Einleitung, so meine Interpretation, war wichtig, denn sie erlaubte den Kindern, sich mit etwas zu beschäftigen, was nicht nur ihnen, sondern wahrscheinlich auch ihren Eltern fremd war, sie aber gleichzeitig in das Thema einbezog. Christiane fuhr fort:

»Das Wort ›Design‹ ist englisch. Es kommt von ›Zeichnung‹ oder ›zeichnen‹ (franz. ›dessin‹ oder ›dessiner‹) und auch von ›entwerfen‹. Wir Franzosen haben dafür kein Wort. Wir haben dieses Wort adoptiert. Es gibt (im Französischen) keine weibliche Form dieses Wortes, aber es gibt Frauen, die bekannte ›Designer‹ geworden sind.

Im Gegensatz zu Künstlern, die in dem, was sie tun, völlig frei sind, müssen Designer verstehen, was man von ihnen verlangt. Der Designer zeichnet (Gegenstände), aus denen ein Produkt wird. Er oder sie muss wissen, ob und wie die Dinge später funktionieren werden. Er oder sie muss auch vorfühlen oder erraten können, was uns in Zukunft gefallen wird. Dieses Talent zu haben ist sehr wichtig.

Viele Dinge, die wir täglich gebrauchen, sind notwendig und angenehm. Design kann viele Dinge hervorbringen (Quantität). Das hängt damit zusammen, dass man sie industriell herstellen kann, also massenhaft. Oder aber es werden durch Design nur Einzelstücke produziert, geringe Mengen, mit luxuriösem Anstrich. Arbeiter oder Kunsthandwerker stellen die Dinge her. Manche Objekte sieht man in schönen Geschäften, im Fernsehen oder in der Werbung.«

An dieser Stelle fragte ein Kind, ob der Tisch, die Lampe an der Decke und der Stuhl »Design« seien. »Exakt!«, war die Antwort von Christiane. In diesem Moment hatten die Kinder verstanden, worum es geht. Sie fuhr fort: »Wir selbst spielen für das Design übrigens eine ganz wichtige Rolle, denn schließlich sind wir am Ende die Kunden oder Verbraucher. Wir beurteilen und entscheiden dann, was wir gut, schön und nützlich finden. Und wir entscheiden, ob etwas preiswert ist, also seinen Preis wert.«

48 Kinder waren sehr aufmerksam. Sie wollten keine Pause machen, sie wollten mehr hören. Alles in allem dauerte dieser erste Vortrag zweieinhalb Stunden.

Den Kindern wird ein konkretes Beispiel gezeigt: eine Schale, in der ein Stück Seife liegt, eine Schale mit einem Abtropfgitter und dann ein Seifenspender. An diesem Beispiel kann man sehen, wie Design die Dinge »fortentwickelt«. In der Schale liegt die Seife im Wasser und damit in allen Bakterien der Nutzer. Auf der Abtropfplatte ist die Seife etwas trockener, aber immer noch schmierig und voller Bakterien. Der Seifenspender, den Philippe Starck erfunden hat, ist dagegen hygienisch und sparsam (»Seife kostet Geld.«). Außerdem muss man den Seifenhalter nicht mehr reinigen. Die Kinder verstehen diese Zusammenhänge sofort. Trotzdem wird auch über das schöne Gefühl, ein Stück Seife zwischen den Händen zum

Schäumen zu bringen, geredet. Design kann also auch etwas wegnehmen. »Über Design zu arbeiten hat auch mit der Lust zu tun, Dinge anzuschauen und zu vergleichen. Und dann ist es eine Freude, wenn man sich das Bestdurchdachte, wie z. B. den Seifenspender, kauft.«

Die Kinder fragen, ob der Designer die Dinge »macht«. Als die Antwort »Nein« lautet, herrscht große Aufregung, die lange andauert. Sie können offensichtlich nicht verstehen, dass man sich so schöne und zweckmäßige Dinge ausdenkt und sie dann nicht »macht«, also herstellt.

Nachdem ihnen erklärt wird, dass der Fabrikant bzw. seine Arbeiter in seiner Fabrik und mit ihren Werkzeugen und Maschinen die Dinge nach den Entwürfen der Designer herstellen, spielen sie in verteilten Rollen. Christiane ist die Unternehmerin, die Kinder sind die Designer und zeichnen individuelle Entwürfe von beliebigen Möbelstücken. Schon an dieser Stelle, noch ohne die Vorbilder bekannter Designer, entstehen viele gute Entwürfe.

Mit jedem einzelnen Kind wird sein Entwurf individuell besprochen, »kritisch und ehrlich, aber niemals negativ!«. Christiane nimmt lediglich wahr, was ein Kind gezeichnet hat, und kommentiert es. »Aha, das hast du hier in die Ecke gezeichnet«, »Du wolltest deinen Schrank ganz klein haben« usw. Die Jungen zeichnen auffällig viele Sofas, viele Mädchen Waschmaschinen und andere Haushaltsgeräte.

Das Thema »Design« wird mit dem gesamten Lehrplan verbunden. In Diktaten werden Möbel beschrieben, im Mathematikunterricht werden Berechnungen, Messungen und Vergleiche angestellt usw. Im Nachhinein stellt sich diese Verankerung des Themas in allen schulischen Bereichen als sehr wirkungsvoll und erfolgreich dar. Die beiden Lehrerinnen sahen es als ihre Aufgabe an, einen fächerübergreifenden Kontext herzustellen.

In der Folgezeit besucht die Projektgruppe abwechselnd verschiedene Museen, in denen Design ausgestellt wird. »Ich wollte für die Kinder nur das Beste«, sagt Christiane und führte die Kinder in die besten Galerien und Museen der Stadt. Dies war nicht immer einfach, da sich die Galeristen Kinder in ihrem Ambiente nicht gut vorstellen konnten. Das Erstaunen über die Ernsthaftigkeit der kleinen Besucher war dann umso größer. Auf der großen Pariser Möbelmesse dem »Salon du meuble« bewegen sich die Kinder dann wie selbstverständlich. Die Befürchtung, sie könnten zwischen den vielen Luxusgegenständen ihren eigenen begrenzten Lebensraum spüren und vielleicht Neid entwickeln, stellt sich als unbegründet heraus. Vergnügt und fachmännisch betrachten sie die teuren Möbel und Accessoires, und auf ihren Gesichtern lässt sich kein Anzeichen des Gefühls »Das ist ja sowieso nicht für mich!« ablesen.

Sie lernen einen Sammler kennen und sprechen mit ihm über seine Sammlung und über persönlichen Geschmack. Und sie arbeiten praktisch in der Schule, zeichnen Entwürfe (siehe Bilder im Bildteil) und bauen Modelle für Schulmöbel. Eine Hausbesichtigung in einem Architektenhaus unter der Führung von Roger Aujame, einem Mitarbeiter von Le Corbusier, zeigt ihnen Designobjekte in einer privaten Atmosphäre.

Schon nach kurzer Zeit haben die Kinder ein sicheres Gespür für die Qualität von Gegenständen entwickelt. Unter mehreren schlichten, weißen Tellern finden sie den Designer-Teller sofort heraus und beginnen, die Unterschiede zu beschreiben. Anfänglich war es ihnen schwergefallen, einen erläuternden Satz unter ihre Zeichnungen zu schreiben. Im Fortgang des Projekts werden sie immer genauer in ihren Beobachtungen und Beschreibungen. Sie schreiben ausführliche Texte und Analysen.

Auch alle Anschauungsstücke, die mit in die Schule gebracht oder in Museen und Galerien angeschaut wurden, wählten die Kinder mit sicherem Gespür für höchste Qualität aus. »Sie suchten immer das Extremste und Schönste aus. Sie waren sich in geschmacklicher Hinsicht vollkommen sicher.« Eltern, die manchmal die Gruppe begleiteten, waren erstaunt über die Aufmerksamkeit der Kinder. Ihre Teilnahme und Einbeziehung waren, wie schon gesagt, äußerst wichtig für die Akzeptanz des Projekts.

Auffällig war, dass die Kinder sich Prospekte und beschriebenes Papier in den Museen sofort nahmen. »Jedes Mal, wenn es einen Zettel Papier gab, haben sie sich darauf gestürzt.« Im Centre Pompidou bekamen die Kinder einmal den Auftrag, zu zeichnen, was sie interessierte. Am Anfang bekamen sie das nicht hin und mussten erst einmal lernen, mit freier Hand Skizzen zu zeichnen. Die perfekten Gegenstände und ihre zeichnerischen Fähigkeiten passten noch nicht zusammen.

Bald kannten die Kinder die Namen bekannter Designer: Philippe Starck, Noguchi, Ettore Settsass, Mendini, Ingo Maurer, Pierre Paulin. Sie waren ihnen vertraut geworden und sie konnten ihnen Gegenstände und Objekte zuordnen. Dies verblüffte vor allem in Museen und Galerien.

In der Schule bewährte sich das Spiel »Auswählen und kaufen«. Sich unter verschiedenen, auch unauffälligen Alltagsgegenständen für einen zu entscheiden machte den Kindern große Freude.

Und sie beschäftigten sich mit den Biografien der Designer. Die Kinder liebten es, Geschichten aus ihrem Leben und zu ihrem Werdegang zu hören. Beispiele ihrer »Kunst« sahen sie gerne an und verglichen sie miteinander. Die Geschichte von Ingo Maurer, der als Kind die funkelnden Sterne im Bodensee gesehen hatte und beschloss, solches Licht machen zu wollen, beeindruckte sie. In seinen Lampen sahen sie seinen Kindheitswunsch verwirklicht. Oder die Geschichte des Designers Izamu Noguchi: In New York geboren, wurde er von seinem Vater, einem bekannten japanischen Dichter, als Kind abgelehnt und durfte nicht zu seinen Eltern, als diese nach China auswanderten. So blieb er alleine in Amerika, wurde von einer Familie adoptiert und bekam auf diesem Wege eine gute Ausbildung. Nach dem Tod seines Vaters baute er für ihn einen Denkmalgarten im Auftrag der japanischen Regierung. An dieser Lebensgeschichte wurde deutlich, dass man seine persönlichen Talente trotz besonderer Härten entwickeln und schlechte Umstände überwinden kann. Auch die Geschichte des Fotografen Maywald, der abends sein Kindermädchen noch aufhalten wollte und sie den Vorhang vor dem Fenster zu verschiedenen Ausschnitten hin- und herschieben ließ, hinterließ bei den Kindern großen Eindruck. Erst später wurde ihm bewusst, dass er bei diesem Ritual bereits mit Bildausschnitten experimentiert hatte und darin schon eine Übung für den späteren Umgang mit der Kamera lag. Der erklärte »Held« und Lieblingsdesigner der Kinder aber war Philippe Starck, der sie gleich zu Beginn mit seinem Seifenspender überzeugt hatte.

Viele Kinder wollten jetzt auch Designer werden. Die Erwachsenen ermutigten sie, aber sie gingen auch ehrlich mit ihnen um. Nicht jeder könne ein Philippe Starck werden. Es gibt jedoch viele Berufe, die auch mit Design zu tun haben. Kevin verrät Christiane, dass er ursprünglich Busfahrer oder Dealer wie sein großer Bruder werden wollte. Jetzt wollte er besser in der Schule arbeiten, um auch andere Berufe auswählen zu können. »Ich war immer enorm realistisch mit den Kindern«, sagt Christiane.

Die soziale und politische Dimension des Designs konnte ebenfalls mit den Kindern besprochen werden. Sie bewunderten Stühle, die für Kinder mit Behinderungen entworfen worden waren. An ihnen wurde deutlich, dass man Design auch für einen schwierigen Zweck einsetzen kann. Und sie verstanden sofort, dass die Einführung der Schalenstühle in der Pariser Metro Obdachlose um einen Schlafplatz auf einer Bank gebracht hat.

Einmal beschäftigten sie sich mit dem Thema »Kopie und Inspiration«: Alles, was es gibt, sei eine Fortsetzung von dem, was es schon gegeben hat.

»Inspiration« kommt von »etwas einatmen« und bedeutet so viel wie die Lust, etwas zu erschaffen. Das ist etwas anderes, als etwas zu kopieren. Gleichzeitig ist, was neu erschaffen wird, auch ein Weitermachen, eine Fortsetzung von etwas. Ein guter Designer sieht sich an, was alle anderen gemacht haben, sogar das, was sie nur geträumt haben zu machen, also zum Beispiel ein Modell. Er oder sie liest darüber und guckt auch, was die anderen vorher gemacht haben, um dann davon abzuweichen. Weiterzugehen sei wichtig, und dabei einzubeziehen, wie sich die Lebensart jeweils verändert hat. Sonst, so hat Philippe Starck einmal gesagt, verliert man 10 Jahre.

Dies wird am Beispiel des Löffels verdeutlicht. Löffel hatten schon immer ihre Form. Trotzdem waren im Lauf der Zeit und in unterschiedlichen Kulturen geringe Abweichungen im Material und in der Form möglich. Z. B. sind heute die Löffel auch in wohlhabenden Häusern eher aus Chrom. Es fehlt die Zeit, Silberlöffel zu putzen. Das ist auch eine Erscheinung des Zeitgeistes. Die Kinder erfahren, dass die Menschen ihre Objekte immer wieder verbessert haben. Seit der Industrialisierung, so lernen sie, werden die meisten Gegenstände mit Maschinen hergestellt. Sie werden also in großen Mengen produziert. Das nennt man Massenproduktion. Alle Gegenstände sind gleich. Handarbeit dagegen führt zur Einmaligkeit. Zum Beispiel haben zwei Designer für die Massenproduktion verschiedene Prototypen mit der Hand hergestellt, die dann trotz maschineller Fabrikation die Illusion der Einmaligkeit erwecken. Sie tragen den originellen Namen »TSE & TSE«, wie die gefährliche Fliege, die bekanntlich Malaria überträgt …

Manchmal könne es auch vorkommen, dass zwei Künstler zur selben Zeit an unterschiedlichen Orten genau das Gleiche erfinden. Es lag sozusagen »in der Luft«, d. h. die Künstler/

Designer haben genau gespürt, dass etwas passiert, sich etwas verändert, manchmal auch durch eine Katastrophe, sie haben den Zeitgeist gespürt.

Am Ende des ersten Jahres haben die Kinder aus der Arbeit einen reichen Wortschatz mitgenommen. Sie gehen gekonnt mit den Begriffen Designer, Material, Zweckmäßigkeit, Machbarkeit, Produkt, Objekt, Technik, Zukunftswissen, Gespür, Fabrikation, Industrie, Luxus, Kopie, Inspiration, Freude und Schönheit um. Sie wissen, dass ein Prototyp ein erstes Objekt ist, an dem dann weitergearbeitet wird. Und sie haben sich intensiv damit befasst, was es bedeutet, etwas zu können, etwas zu »meistern«.

Zu einem Abschlussfest, zu dem viele Künstler, Galeristen und einflussreiche Personen aus dem gesellschaftlichen Leben zusammen mit den Kindern und Eltern in das Atelier eines Künstlers eingeladen werden, sind fast alle gekommen, denn das Projekt war mittlerweile für seine erstaunlichen Ergebnisse bekannt.

Alle Kinder erhalten ein »Design-Diplom«. In einer Ansprache wird deutlich, dass die Kinder nach einem Jahr mehr über Design wissen »als die meisten Franzosen«. Ihre Modelle und Zeichnungen sind ausgestellt und sie werden gefragt, ob sie sie verkaufen würden. Einige Kinder verkaufen ihre Arbeiten und spenden den Erlös für Kinder in einem Krankenhaus in Kabul.

LehrerInnen und Eltern stellen neben den neu erworbenen künstlerischen Fähigkeiten vier neue Qualitäten fest:

Die Kinder haben nicht mehr in der Schule gefehlt. Jungen haben mit Mädchen gesprochen. Sie haben sich deutlich weniger gestritten. Und sie haben viel und sauber geschrieben.

Die Dankesbriefe, die sie am Ende Mme. Germain überreichen, sind berührend. Ein Kind schreibt: »Ohne Sie hätte ich nie lernen können, Dinge anzusehen.« Ein anderes schreibt:

»Sie haben mir cinfach Glück gebracht. Bitte machen Sie es mit anderen Kindern weiter.«

Das hätte Christiane gerne getan. In einem Gespräch mit engen Mitarbeitern des damaligen Innenministers Sarkozy trug sie ihre Ideen vor. Sie machte deutlich, dass Projekte dieser Art auch in den Vorstädten dazu führen würden, dass Kinder gerne in der Schule arbeiten. Dabei sei wichtig, dass die Lehrer sich mit dem jeweiligen Inhalt identifizieren könnten. Es könne Kunst, Design, Tanz, Musik, Literatur und vieles mehr sein. Und das Thema müsse in die anderen Fächer einbezogen werden, damit es nicht isoliert dastünde und die Kinder und Jugendlichen Verknüpfungen herstellen könnten. Zur konkreten Umsetzung müsse es in jeder Region Persönlichkeiten geben, die für Kontakte und Verbindungen zu den erstklassigen Vertretern des entsprechenden Faches sorgten. Christiane machte das Angebot, aus den gemachten Erfahrungen einen »Prototyp« für diese Arbeit zu entwickeln. Der heutige Staatspräsident ging in einer Pressekonferenz am Rande auf diese Vorschläge ein. An der mangelnden Bereitschaft vieler LehrerInnen und einem zusätzlichen finanziellen Aufwand ist eine Übertragung in größere Bereiche bis heute gescheitert.

Auch der Designer René Parageau hält das Projekt im Rückblick für einen großen Erfolg. Besonders beeindruckt habe ihn, wie die jungen Kinder alles offen, neugierig und ohne Voreingenommenheit aufgenommen hätten. Dabei habe sicherlich eine große Rolle gespielt, dass die externen Experten für sie ganz besonders anziehend, motivierend und attraktiv gewesen seien. Schwergefallen sei ihm, eigene Ideen manchmal zur Seite zu stellen und die Vorstellungen der Kinder zu akzeptieren. Und dann fährt er fort, dass es eine gute Idee gewesen sei, über die Herstellung von Möbeln zu arbeiten. Das habe zu den Kindern gepasst und sei eine konkrete Arbeit gewesen, die sich besonders geeignet habe, den Blick der Kinder auf die Dinge und ihre Umgebung zu lenken. Viele seien dabei sehr viel aufmerksamer und empfänglicher für ihre nächste Umgebung geworden, wozu sie in ihrem Milieu nicht allzu häufig Gelegenheit hätten. Sich selbst zu situieren und seine Umwelt bewusst zu analysieren sei ein wichtiges Mittel, um die Kinder in die Gesellschaft zu integrieren. Es sei wichtig, ihre Welt größer zu machen. Sonst seien sie nur im Haus, in der Familie, in der Schule und auf der Straße. In der Auseinandersetzung mit internationalen Designern mussten sie über Bedeutung und Grenzen und über Proportionen nachdenken: »Etwas, das verlangt, herauszufinden, wo man steht.« Die Kinder konnten andere Möglichkeiten denken und ausprobieren. Eine Erweiterung ihres Blickfeldes bedeute auch, dass sie anders an ihre Zukunft denken können. Er würde nicht viel anders machen, wenn er mit den Kindern wieder an diesem Thema arbeiten könnte. »*Plus fort*«, noch motivierter würde er an das Projekt herangehen, denn er habe nach dieser Erfahrung weniger Angst, die Kindern zu überfordern. Besonders die Schüchternen seien aus sich herausgekommen und das Alter der Kinder spiele überhaupt keine Rolle.

Auf die Frage, was »Schönheit« für Kinder und Jugendliche bedeute, antwortet er spontan und nachdrücklich: »Schönheit hat für sie eine ganz und gar essenzielle Bedeutung!« Schönheit und Sensibilität hätten viel miteinander zu tun. »Ich mag« und »Ich mag nicht«, das müsse man aussprechen und vor allem zu erklären lernen. Ohne Erklärung bliebe die Aussage zusammenhanglos. Die aussagekräftigen Texte und Analysen der Kinder seien hierfür ein Beweis.

Ein Bewusstsein für die kleinen Dinge des Alltags zu bekommen sei sehr wichtig, denn sie spielen eine große Rolle und man könne die Kinder in die Veränderung dieser kleinen Sachen mehr einbeziehen. Dabei sei es bedeutend, vorher Überlegungen darüber anzustellen, was man verändern will und welchen Sinn es hat. Und es komme darauf an, mit den Händen und dem ganzen Körper zu arbeiten.

An der Montessori-Schule Potsdam spielten Experten eine große Rolle. Wir haben uns immer von »Könnern« aus allen Fachrichtungen beraten, beeindrucken und bewegen lassen. Ohne die Künstler, Handwerker, Architekten, Wissenschaftler, Coaches – Menschen aus unterschiedlichsten Arbeitsbereichen – hätten sich viele Entwicklungen nicht vollziehen können. Besonders verändernd wirkten Langzeitprojekte im Bereich der Schulraumgestaltung, des Schüleraustausches, beim Theaterspiel und im handwerklichen Bereich. In neuen Beziehungen und Bezügen und durch ästhetische Gestaltung ist die Schule gewachsen. Die praktischen Beispiele dafür sind so vielfältig, dass ich an dieser Stelle ein fremdes Beispiel, und dazu eines aus einem sozialen Brennpunkt, gewählt habe.

Statt Schule. Im Leben lernen

SIEBEN JAHRE HABEN WIR mit Jugendlichen in der Sekundarstufe gearbeitet.

Wir haben viele neue Unterrichtsformen erprobt. Freiarbeit
in Klassenräumen und in Fachräumen, ein Präsentationssys-
tem, bei dem die Jugendlichen sich wie in einer Universität
ihre Arbeitsschwerpunkte selbstständig zusammenstellen
konnten, Epochenunterricht, der an Themen orientiert ist,
Projekte, Praktika, Exkursionen als Unterricht an anderen Orten und den bekannten Lehrgangsunterricht. Wir haben mit
großem Aufwand Unterrichtsmaterialien hergestellt und ein
Pensenbuch zur Dokumentation des eigenen Lernerfolgs entwickelt. Es gab Zielvereinbarungsgespräche und feste Präsen-
tationsrituale wie individuelle Prüfungsgespräche, Lerntage-
bücher, Selbsteinschätzungen als Teil des verbalen Zeugnisses,
Vorträge und Projektprüfungen. Unter schwierigen Bedingungen und mit großem Aufwand wurden neue Wege erprobt,
verworfen, überarbeitet und wieder neu konzipiert.

Wir sind zufrieden, wie sich die meisten unserer Schüler
persönlich entwickelt haben. Sie zeichnen sich durch ihre
hohe Kommunikationsfähigkeit und ihre realistischen Selbsteinschätzungen aus, und sie haben Toleranz im Umgang untereinander entwickelt. Viele haben weniger Interesse an einheitlichen Trends und Verhaltensweisen. Selbst kritische Lehrer nehmen ihr Interesse und ihre Selbstständigkeit anerkennend wahr. Sie gehen, auch was ihre Körperhaltung betrifft,
aufrecht durch die Schule und es gibt wenig aggressive Ausei-

nandersetzungen. Ihre Abschlüsse nach der 10. Jahrgangsstu fe sind gut und übertreffen oft die Prognosen ihrer Bildungs-empfehlungen zu Beginn der Sekundarstufenzeit.

Trotzdem konnten wir in der Sekundarstufe nie annähernd die alltägliche Konzentration erkennen, die wir aus der Grund-schule gewohnt sind. Mit der Zeit wurde deutlich, dass die Methoden der Grundschule und der Unterricht im Schulhaus nur ansatzweise für Sekundarstufenschüler passen. Wirkliche Aufmerksamkeit und Vertiefung konnten wir bei den Jugend-lichen in anderen Zusammenhängen beobachten. Auch von ihren Praktika und Projekten erzählen sie durchgängig mit ei-ner anderen Leidenschaft, als sie diese für Unterrichtszeiten empfinden können.

Im Alter von 12 bis 15 Jahren haben Jungen und Mädchen Bedürfnisse und Verhaltensweisen, die sich stark von denen jüngerer Kinder oder älterer Jugendlicher unterscheiden. Sie befinden sich in einer sehr labilen Lebensphase, dem Übergang von der Kindheit zur Jugend. Die starken körperlichen und geistigen Veränderungen in diesem Alter machen unsicher und verletzlich. Ihre besondere Aufmerksamkeit gilt der sozi-alen Gemeinschaft der Gleichaltrigen und allen zwischen-menschlichen Beziehungen. Obwohl Jugendliche über alles und mit allen reden wollen, stellen sich Erfolgserlebnisse be-sonders dann ein, wenn sie etwas herstellen und sich selbst in einem konkreten Ergebnis zum Ausdruck bringen können.

In einem Gespräch sagt von Hentig, dass sich in der »Bewäh-rungsstufe« (Schule der Adoleszenten) die Schule selbst wan-deln muss. Zweckmäßigkeit müsse nun durch Naturgemäßheit ergänzt werden. Der Körper der Jugendlichen überhole ihre geistige Entwicklung. Sie erfahren die Abhängigkeit von den eigenen Gefühlen. Der Moment tritt ein, wo der andere wichti-ger wird als man selbst. In dieser Zeit verselbstständigt sich der junge Mensch; dabei muss man ihm helfen. Die gut gemeinte, beschützende Beobachtung durch die Eltern werde kontraproduktiv. Sie halte den Jugendlichen in ihren Ordnungen fest, statt ihm zu erlauben, seine eigene Ordnung zu gestalten.

Ein Wechsel von Ordnung und Unordnung würde sich außerhalb der Schule, etwa bei den Arbeiten auf dem Land oder an Gebäuden, von alleine ergeben. Aus den konkreten Tätigkeiten und den Fragen, die bei der Arbeit entstehen, entwickeln sich ordnende Arbeitspläne. Das sei etwas anderes als ein bereits feststehendes Curriculum. Damit Ordnung als Wohltat und nicht als lästiger und unnützer Zwang erfahren wird, sollten die Erwachsenen gelegentlich lieber Unordnung in Kauf nehmen, als ihre Ordnung durchzusetzen.[10]

In dieser sensiblen Übergangsphase sind praktische Tätigkeiten von besonderer Bedeutung. Längere rein kognitive Aufmerksamkeitsphasen kann man bei vielen Jungen und Mädchen in dieser Zeit nur mit Druck und großem Aufwand durchsetzen. Körperliche und geistige Herausforderungen in einer möglichst natürlichen Umgebung oder in künstlerischen Projekten (besonders beim Theaterspielen) werden dagegen von den meisten Jugendlichen mit sichtbarer Freude und besonderer Ausdauer angenommen.

Bereits in den 20er-Jahren des letzten Jahrhunderts ging Maria Montessori mit den höheren Schulen hart ins Gericht:

»Die höhere Schule, so wie sie heute existiert, hat kein anderes Ziel, als die Schüler für eine Laufbahn vorzubereiten, als ob die sozialen Bedingungen, unter denen wir leben, noch immer friedlich und stabil wären. Diese Schule verwendet keinerlei spezielle Sorgfalt auf die Personalität der Kinder, noch viel weniger bekümmert sie sich um die körperlichen Dinge, die in dieser Periode der Reife notwendig sind. So entspricht sie nicht nur nicht mehr den sozialen Verhältnissen von heute,

---

10 Gespräch mit Hartmut von Hentig im Januar 2009

sondern sie ist auch vollkommen ohnmächtig vor der Aufgabe, die die ihrige sein müsste: die Entfaltung der Personalität der Jugendlichen zu beschützen und zu begünstigen, jene menschliche Energie, von der die Zukunft abhängt«.[11]

Im »Erdkinderplan« beschreibt sie ihr Unterrichtskonzept für junge Adoleszente. Sie sollten unter der fachkundigen Anleitung von Erwachsenen auf dem Land leben und einen Bauernhof mit Tierhaltung und Landwirtschaft sowie einen Laden und einen Gasthof selbstständig führen. Diese Arbeiten sind im weitesten Sinne »fächerübergreifend«. Alle klassischen Schulfächer fließen in die notwendigen landwirtschaftlichen, gastronomischen, ökonomischen und sozialen Tätigkeiten ein. Die Arbeiten sind mehr oder weniger exemplarisch. Die Jugendlichen betreuen nicht Viehherden, sondern kleine Gruppen von Tieren, sie erwirtschaften landwirtschaftliche Güter in geringem Umfang, sie betreuen wenige Gäste, sie bauen unter Anleitung von Experten und sie verpflegen sich selbst.

Auch in der deutschen Landerziehungsheimbewegung haben Reformpädagogen wie Kurt Hahn oder Hermann Lietz die Bedeutung eines herausfordernden Lebens auf dem Land für Jugendliche beschrieben und praktische Beispiele entwickelt.

In jüngster Zeit ist die Diskussion um eine jugendgerechte Erziehung in dieser schwierigen Übergangsphase wiederbelebt worden. Gründe sind die nachweisbar hohe Schulunlust und Leistungsverweigerung vieler Jugendlicher und vergleichbar schwache Leistungsergebnisse. Es wird immer deutlicher, dass junge Menschen nicht länger mit einer einheitlichen schulischen Praxis aus dem letzten Jahrhundert gegängelt werden dürfen, wenn sie ihr kreatives Potenzial entwickeln sollen.

In seinem Buch »Bewährung. Von der nützlichen Erfahrung, nützlich zu sein« schlägt Hartmut von Hentig die Entschulung

---

11   Maria Montessori, Kosmische Erziehung, S. 131

der Schule für die Altersgruppe der 13- bis 15-Jährigen vor. Er begründet: »Voll Lernbegier kommen sie (die Kinder) in die Schule; über etliche Jahre ist das, was die Schule bringt, so anders als das, was sie ›draußen‹ erleben, dass es neunzig Prozent von ihnen voll beschäftigt und befriedigt; dann erstickt die Langeweile, die es auch vorher gab, ihre Lernfreude allmählich. In der Pubertät schließlich verbindet sich der Überdruss an der zu keinem Ende führenden Belehrung mit dem Drang zu physischer Emanzipation: Die jungen Menschen lehnen die fürsorgliche Behandlung ab und suchen die Selbsterfahrung – eine Bewährung in eigenen Gemeinschaften, nach eigenem Maßstab, mit eigenem Risiko« (S. 35).

Von Hentig schlägt den Ausbau eines »Kotten« vor (S. 27ff.). Detailliert beschreibt er mögliche und nötige praktische Arbeiten und zeigt deren Verbindung zu den offiziellen Lehrplaninhalten für diese Altersstufe. In täglichen kurzen Unterrichtsphasen sollen die Kenntnisse der formalen Schulfächer »in sportlicher Form wachgehalten« und weiterentwickelt werden. »Die ›Entschulung‹ der Mittelstufe darf nicht als ›Entintellektualisierung‹, gar als Affekt gegen unsere von Wissenschaft und Theorie angeleitete Zivilisation missdeutet werden. Auch müssen alle Beteiligten im Auge behalten, dass es Kinder gibt, die Theorie – die gedankliche Ordnung – brauchen, die also nicht mit wortlosen Tätigkeiten abgespeist werden können. Aber sie, ja vor allem sie, sollten sich der Erfahrung der Hand-Arbeit nicht die ganze zwölf- bis dreizehnjährige Schulzeit hindurch entziehen dürfen« (v. Hentig S. 30).

Wir stimmen dem zu. Ohne praktische Tätigkeiten, ohne Hand-Arbeit entwickeln sich nur zu schnell Eitelkeiten. Montessori hat die tätige Hand als Voraussetzung für die Entwicklung der Intelligenz angesehen.

Seit wir in von Hentigs Buch die aktuelle Begründung für ein altes Vorhaben fanden, haben wir Mut gefasst und begannen mit der Suche nach einem geeigneten Grundstück. Einer alten Schule in Mecklenburg-Vorpommern kurz vor der Insel Usedom galt unser erstes Interesse. Das Objekt wurde dann zu teuer versteigert, sodass unser Förderverein nicht mithalten wollte. Dann schauten wir uns alte Bauernhäuser in der Prignitz an. Besonders beeindruckt waren wir von einem alten Gutshof in Horst. Ein anderer Bauernhof überzeugte sehr durch seinen Namen: »Kükental«. Das hätte uns für unsere Außenstelle gefallen. Auf der Rückfahrt hatten wir viel Zeit, die Vor- und Nachteile aller Orte mit einer Punkteliste zu bestimmen. Und dann stellten wir fest, dass die Fahrt einfach zu lang war. Mit den Jugendlichen hätten wir zum gegenwärtigen Zeitpunkt an solch fern gelegenen Orten nicht viel bewirken können.

Durch die Vermittlung einer Mutter lernten wir Mathias Peeters kennen. Mit dem Landwirt aus den Niederlanden saß ich einige Stunden zusammen und wir stimmten in unserer Sicht auf Jugendliche überein. Er wollte seine pädagogischen Landbauprojekte gerne auch nach Potsdam verlegen. Ein alter Pferdehof in der Nähe von Potsdam wäre dafür geeignet.

Einer der Kaufinteressenten für dieses Objekt war Hermann Koch. Wie sich herausstellte, hatte der Landwirt und Pädagoge bei von Hentig studiert. Als er an unsere Schule kam, den Schulhof sah, das Schulleben und die Ideen für unsere Jugendschule kennenlernte, sah er die Möglichkeit, sich einen alten Traum zu erfüllen. Anstelle des ehemaligen Pferdehofs hat er dann ein Grundstück am Schlänitzsee, ca. 12 km von der Schule entfernt, gekauft. Der Förderverein hat im Januar 2007 dieses Grundstück von ihm gepachtet.

Wir beginnen mit der »Jugendschule«!

Das ca. drei Hektar große Gelände liegt nördlich von Potsdam und ist von Feldern und wenigen Sommerhäusern umgeben; und es grenzt an den Schlänitzsee. Zu DDR-Zeiten verbrachten

Angehörige der Staatsicherheit hier ihre Ferien oder Freizeit. Aus dieser Zeit stehen noch viele kleine »Bungalows« und ein großes, völlig verfallenes Haupthaus auf dem Grundstück. Neben seiner Größe besticht der Ort durch seine Lage am Wasser. Die Natur ist verwildert, die Gebäude sind verwahrlost. Überall liegt Müll. In einer Ausbuchtung an der Seeseite befand sich der ehemalige Hafen. Hohe Pappeln umstehen das gesamte Areal, unterschiedlichste Pflanzen überwuchern alles. Nur ein ehemals als Garage benutztes Haus ist noch weitgehend erhalten, alle anderen Gebäudereste sind abbruchreif. Es gäbe genügend Platz für Tierhaltung und Landbau. Da sich das Gelände im Landschaftsschutzgebiet befindet und zur landwirtschaftlichen Nutzung zugelassen ist, sind Bebauungspläne aber an strenge Richtlinien geknüpft.

Seit 1989 ist das Gelände »Schlänitzsee 1« verlassen. Zahlreiche Fundstücke wie altes Geschirr und Küchengeräte oder Zeitungen (sogar vom 9. November 1989) und der gespenstische Zustand der Gebäude insgesamt zeugen von einem abrupten Ende der Nutzung.

Diesen Ort wollen wir allmählich rekultivieren. Langsamkeit ist dabei ein wichtiges Gebot. Im Gegensatz zu der überstürzten Räumung des Geländes wollen wir es gemächlich wiederbeleben und dabei mit Sorgfalt und Sachverstand vorgehen. Verlangsamung als Gegenkonzept zur allgemeinen Beschleunigung der Gesellschaft ist ein wichtiger Grundgedanke in diesem Projekt. Der »Machtergreifung« der Natur auf dem Gelände dürfen wir keine schnellen Kettensägen entgegensetzen. Die Jugendlichen können in einer respektvollen Annäherung an einen geschichtsträchtigen Ort die eigene Verantwortung im Umgang mit Natur und Kultur entdecken und sinnvolle Handlungsstrategien entwickeln.

Das braucht Zeit.

Ein weiterer Grundgedanke betrifft die Nutzung des Ortes. Soweit es nur möglich ist, sollten die Mittel zur Bewirtschaftung aus dem Gelände selbst rekrutiert werden. Eine Sägemaschine könnte so die erste sinnvolle Investition sein, damit aus altem Holz die notwendigen Grundmaterialien für erste Ställe und Gebäude hergestellt werden können. Vorhandene Materialien sollen so weit wie möglich zum Aufbau dieser Gebäude oder Abgrenzungen genutzt werden. Material zu sortieren und nach verschiedenen Kategorien zu ordnen und zur weiteren Verwendung zu bestimmen oder es dem allmählichen Verfall zu überlassen sind wichtige Aufgaben in diesem Freilandlabor.

Trinkwasser, Toiletten, Strom, Feuerstelle, Behausung, Unterbringungsmöglichkeiten für Tiere, Menschen und Werkzeuge, Boote, Verhandlungen mit den zuständigen Behörden, Akquise von Geldmitteln und viele andere Aufgaben machen die Jugendschule am Schlänitzsee zu einem wirklichen Projekt. Hier wird es ernst.

Wichtigstes und Wert-vollstes Mittel bei der allmählichen Nutzbarmachung des Geländes sind die Kraft und Kreativität der Jugendlichen und das Fachwissen und Können von Experten.

Der Landwirt Mathias Peeters und der Kanubauer André Rießler haben die Projektleitung übernommen. Sie koordinieren und begleiten alle Arbeitsschritte vor Ort. Die Aufgabe der Lehrerinnen und Lehrer besteht darin, unter Anleitung der Fachleute zusammen mit ihren Schülern zu arbeiten, den Fachunterricht am Morgen durchzuführen und Kontakte zu Experten aus allen Bereichen herzustellen.

Langfristig wollen wir einen funktionstüchtigen landwirtschaftlichen Betrieb mit Tierhaltung, Landbau, verschiedenen Werkstätten, Unterkünften für SchülerInnen und eine Landwirtsfamilie aufbauen. Ob diese Aufgaben auf dem beschriebenen Gelände stattfinden können, ist zu bezweifeln. Seine Lage im Landschaftsschutzgebiet bringt viele offizielle Auflagen mit sich, die andere Orte sinnvoller erscheinen lassen. Zunächst wird jedoch hier ein Anfang gemacht.

Die 7. und 8. Jahrgangsstufe verbringen große Teile des Schuljahres, eingebunden in unterschiedliche und verantwortungsvolle Projekte, auf einem »Schulbauernhof«. Die Schüler und Schülerinnen pflegen Tiere, verpflegen sich selbst und arbeiten in der Landwirtschaft. Dabei geht es im weitesten Sinne darum, das Maß zwischen Mensch und Natur zu finden.

In einer schlichten und natürlichen Umgebung nehmen Jugendliche ihre primären Bedürfnisse wahr und können aus Notwendigkeiten entdecken, was zu tun ist. Diese Notwendigkeiten entstehen aus der natürlichen Umgebung und bilden angemessene Herausforderungen. Nicht das Geplante, Fertige, Vorgesetzte, sondern das Werden, Schaffen, Entwickeln stehen im Zentrum des Projekts. Langsamkeit ist bewusstes pädagogisches Prinzip.

Erwachsene (LehrerInnen und ExpertInnen) begleiten die Jugendlichen mit ihren pädagogischen und fachlichen Kompetenzen und Intentionen. Diese Begleitung ist besonders intensiv und fruchtbar, wenn die Jugendlichen eine angemessene Distanz zum Elternhaus aufbauen. In einer ausgebauten Jugendschule sollten die Jugendlichen nur am Wochenende, wenn gewollt, nach Hause gehen. Auch die übliche Ferienordnung und die rigide Trennung von Arbeit und Freizeit können hier nicht länger gelten. Tiere und Pflanzen brauchen beständige Pflege. Diese Notwendigkeit führt zu neuen Zeitrhythmen.

Abstimmung im Projekt ist ein wesentlicher Bestandteil des Vorhabens. Wir nehmen Landwirtschaft als ökologischen und ökonomischen Zusammenhang in Übereinstimmung mit den Gesetzmäßigkeiten der Natur wahr.

Die Landwirtschaft ist die Basis des Projekts und bietet den Rahmen für alle weiteren Aufgabenfelder. Sie ist Ausdruck eines bewusst durch den Menschen gestalteten Raumes. Durch den Prozess der Arbeit können die Jugendlichen reale Gesetzmäßigkeiten der Natur erfahren. Dabei hat der Lehrraum Landwirtschaft nicht das Ziel, Landwirte auszubilden. Verantwortungsvolle Projekte im städtischen Raum ergänzen und bereichern das Vorhaben. Für die Arbeiten auf dem Land gibt es bereits konkrete Vorstellungen.

Dreifelderwirtschaft, Gartenbau, Baumschule, Tierhaltung und Werkstätten sind Tätigkeitsfelder im Bereich der Landwirtschaft und müssen in ihren Größenordnungen sorgfältig erarbeitet werden.

Tiere

Der Tierbestand könnte auf dem Gelände aus sieben Schafen, einem Schafbock, zwei Milchziegen, einem Ziegenbock, zwei Kreuzeseln, einer Sau, 25 Hühnern, einem Hahn, fünf Bienenvölkern, sieben Hasen, drei Katzen und einem Hofhund bestehen.

Die Verbindung der Tiere mit ihren Pflegern führt zu einem belebten und »beseelten« Raum. Die Synergien, die hier entstehen, machen eine wirkliche Kultur-Landschaft erst möglich. Diese zieht in der Folge auch eine größere Artenvielfalt nach sich als eine Landschaft, die lediglich sich selbst überlassen wird.

Alle Tiere sollen ihrer Art und ihren Bedürfnissen gemäß so viel wie möglich in der Landschaft verweilen können. Abhängig vom Wetter und Jahreslauf soll eine geeignete Stallung bereitstehen. Es sind einfache Kaltställe mit genügend Bewegungsfreiheit und Auslauf vorgesehen.

Pflanzen

Der Garten ist das direkte Lebensumfeld des Menschen. Hierzu besteht auch die größte Beziehung. Bis zum Gartenzaun reicht unser erster Verantwortungsbereich und so auch der erste Gestaltungswille. Der Umgang mit der Erde und den (Nutz-)Pflanzen führt hier unter einfachsten Umständen zu Ergebnissen. Die Herausforderung im Gartenbau besteht darin, übers Jahr eine größtmögliche Versorgung der Jugendschule zu erreichen. Darüber hinaus können Produkte zum Verkauf angeboten werden. Ein Gewächshaus ermöglicht eine kontinuierliche Arbeit und Versorgung während des gesamten Jahres.

Geeignete Samenbäume werden zum Keimen gebracht und regelmäßig umgesetzt, bis sie in die Landschaft gepflanzt werden können. Die Kunst, verschiedene Bäume zu pflegen und für jeden Baum den richtigen Platz in Bezug zu seiner Umgebung zu schaffen, ist hier die Herausforderung.

Aus unserem methodischen Ansatz ergibt sich eine Dreifelderwirtschaft in einer Größenordnung von ca. 10.000 m² = 1 ha Ackerfeld.

Wenn wir unsere Herausforderung darin sehen, unser »tägliches Brot« zu erwirtschaften, könnten wir folgende Rechnung anstellen: Auf ca. 5 m² Boden kann unter unseren Voraussetzungen (aufgeschütteter Sandboden) ca. 1 kg Getreide geerntet werden. Das ergibt ein Brot von etwa 1,5 kg. 50 Personen können mit 7 Broten pro Tag über 100 Tage bedient werden, bei einer bebauten und geernteten Weizenfläche von 3500 m². Da wir nicht nur Weizen anbauen wollen, richten wir eine sinnvolle Abwechslung zwischen bodenzehrenden und bodenaufbauenden Früchten ein. Dies ermöglicht exemplarisch auch die Anpflanzung von Demonstrationsfrüchten wie z. B. anderen Getreidearten.

Die Bewirtschaftung im Feldanbau stellt eine größere Herausforderung dar. Die körperlichen Grenzen werden in der Bearbeitung erfahrbar, sodass einfache und einsichtige technische Geräte eingesetzt werden.

Die »Entschulung« der 7. und 8. Jahrgangstufe auf einem Schulbauernhof sollte in einem Zeitraum von 5 bis 10 Jahren umgesetzt sein. In der Zwischenzeit werden sukzessive immer mehr Unterrichtszeiten in das Freilandlabor verlegt.

Mittelfristige Ziele sind der Kanubau vor Ort, den Hafen als Kanuwanderstation auszubauen, eine Werkstatt, Ställe und ein Gewächshaus aufzubauen, viele Exkursionen durchzuführen, sich selbst an diesem Ort zu verpflegen und erste Tiere zu halten. Stetig und ständig muss aufgeräumt und das Gelände bereinigt werden. Eine behelfsmäßige Unterkunft und eine erste Werkstatt müssen eingerichtet werden. Das Grundstück muss analysiert, die Flora, Fauna und Altbebauung kartiert und vermessen werden. Ein Flächennutzungsplan muss erstellt werden. Damit sind die Jugendlichen beschäftigt. Viele Gespräche mit zuständigen Behörden zur Anpassung der rechtlichen Bedingungen werden geführt. Mögliche Förderer müssen gefunden werden. Vor allem gilt es, die Projektleitung mit einem Stellenrahmen zu finanzieren.

Aber lernen sie auch genug?

Diese Frage schwingt bei allen schulischen Reformprojekten mit. Erwachsene haben Angst, die Jugendlichen könnten zuviel vom vorgeschriebenen Lehrplan versäumen, wenn sie sich in dem geschilderten Umfang neuen Aufgaben zuwenden. Ein Blick in den Rahmenlehrplan, hier des Landes Brandenburg, für diese Altersstufe macht deutlich, dass die vorgeschriebenen Lehrplaninhalte nicht ausgesetzt werden, sondern lediglich in neue Sinnzusammenhänge gebracht werden. Die lineare Anordnung der Lernziele einzelner Fächer wird in einem »Landbaucurriculum« durch eine vernetzte Anordnung ersetzt und ein Bezug zwischen geforderten Wissensbereichen und Tätigkeiten hergestellt.

Am Beispiel der Unterrichtsbereiche Sprache, Mathematik, Naturwissenschaften, Geisteswissenschaften, Kunst, Handwerk, Musik und Bewegung soll dies verdeutlicht werden.

Im Sprachunterricht (Muttersprache und fremde Sprachen)

geht es laut Lehrplan darum, zu erzählen, Gespräche zu führen, Regeln festzulegen, Absprachen und Vereinbarungen zu treffen, Meinungsverschiedenheiten zu klären, Entscheidungen herbeizuführen, Wortschatz aufzubauen, Texte zu lesen und zu verstehen, Texte selbst zu verfassen, Literatur zu bearbeiten, Beschreibungen und Protokolle anzufertigen, Sachverhalte zu kommentieren, Briefe zu schreiben, Tagebuch zu führen. Es geht um ein grammatikalisches Verständnis und Übungen zu den Wortarten, den Zeitformen und zum Satzbau.

In einem Landbauprojekt, das die Jugendlichen mit hoher Verantwortlichkeit betraut, werden diese Lernziele des Sprachunterrichts zur unersetzlichen Kernkompetenz.

Im Bereich Mathematik stehen die Grundrechenarten, Bruch- und Dezimalrechnung, Prozentrechnung, Zinsrechnung, Gleichungen, Terme und Variablen, Sachaufgaben (zur Proportionalität), lineare Funktionen, Datenerhebung, Flächen-, Kreis- und Volumenberechnung, geometrische Darstellung von Körpern und grafische Dokumentation auf der Agenda.

Mit einem Budget umzugehen, für den eigenen Bedarf bzw. für den Markt etwas zu »produzieren«, das Land zu vermessen, und in den verschiedenen (Bau-)Projekten auf dem Land oder in der Stadt zu arbeiten machen die oben benannten mathematischen Lernziele zur sinnfälligen Basisqualifikation.

In den Naturwissenschaften wird die Anwendung vorgegebener Lernziele besonders deutlich. Die Jugendlichen sollen sich mit den physikalischen Gesetzen der Kraft, Arbeit und Leistung, der Wärme- und Elektrizitätslehre, mit Energiequellen und dem sparsamen Umgang mit Energie, dazu mit Masse, Menge und Hebelgesetzen beschäftigen. Sich auf der Erde zu orientieren (Astronomie), zu kartieren, vermessen, messen (Niederschläge und Temperatur), zu untersuchen (Boden, Oberflächenformen) und sich mit Brennstoffen, Transportwegen, Rohstoffen, Armut und Reichtum auseinanderzusetzen ist vorgeschrieben.

Vegetationsformen, Biotope, Nahrungsketten, Fotosynthese, Stoffkreisläufe, Wasser, chemische Elemente, Metalle, Luft, Erde, Feuer, Klima, Mensch und Umwelt, Ernährung, Verdauung, Haut, Nerven, Sexualität und das Immunsystem sind Inhalte des Biologieunterrichts. Ein intelligenter und verantwortungsvoller Umgang mit dem Land, den Pflanzen, den Tieren, mit Gebäuden und Gerätschaften und die Pflege des eigenen Lebensumfeldes setzen die Anwendung und Reflexion dieser Lernziele geradezu voraus.

Die historischen Epochen Renaissance, Reformation, Absolutismus, Französische Revolution, industrielle Revolution, das Leben der Menschen in diesen Zeiten, Geldwirtschaft und Wirtschaftsformen, große Entdeckungen, politische Systeme, Humanismus, Kolonialismus, Grundlagen der Demokratie, Interessenkonflikte und Entscheidungswege sind Themen des gesellschaftswissenschaftlichen Unterrichts. In einer Jugendschule auf dem Land erleben die Jugendlichen die kulturgeschichtlichen Phasen der Menschheitsgeschichte in der Form ihres Zusammenlebens am eigenen Leib: von primitiven Gebäuden und einfachen Gerätschaften hin zu entwickelten Formen; von vorgegebenen Entscheidungen zu komplexen Verantwortlichkeiten. Die hierbei notwendigen demokratischen Abstimmungsprozesse sind dominanter Bestandteil des Gemeinschaftslebens.

Es ist obsolet, zu betonen, dass man sich in einer Jugendschule mit Architektur, Medien, Handwerk, Design und bildender Kunst auseinandersetzen muss. Skizzen, perspektivische Zeichnungen, Modelle, Entwürfe, Foto- und Filmdokumentationen, Wohndesign, Raumgestaltung u. v. m. werden zur alltäglichen Übung, wenn das Ganze stimmig sein soll.

Singen und Musizieren, Hauswirtschaft, handwerkliche Arbeiten und sportliche Übungen sind elementarer Bestandteil eines Landbaucurriculums.

Bei der Verfeinerung solcher Fähigkeiten und Fertigkeiten kommen die Jugendlichen mit Menschen aus vielen Berufen in Kontakt. Sie bewundern Erwachsene mit Spezialwissen und besonderen Fertigkeiten. Aus der Fülle von praktischen Anleitungen und theoretischen Erörterungen entsteht ein breites Tableau an berufsvorbereitenden Einblicken.

Während der Landbauschulzeit werden die offiziellen Lernziele von den Pädagogen als internes Curriculum ständig bedacht. Die Jugendlichen erfahren die inhaltlichen Schwerpunkte in der konkreten Arbeit und in ihrer Auseinandersetzung mit der Natur, den Kulturgegenständen und im Zusammenleben in der Gemeinschaft. Indirekte Lernziele sind das eigentliche Motiv für eine »Pädagogik des Ortes« (Maria Montessori) in dieser Lebensphase:

Es geht vor allem darum, *eigene und echte Fragen zu stellen.* Diese ergeben sich aus den konkreten Tätigkeiten, Herausforderungen und dem Zusammenhang. (Beispiel: die gesamte Gruppe täglich zu verpflegen, einen Baum zu fällen, Tiere zu halten, einen Brunnen zu bauen etc.)

Ebenso bedeutsam sind die *primären Erfahrungen, besonders im Handwerk.* Diese Erfahrungen bringen die Jugendlichen in Kontakt mit der Kulturgeschichte der Menschheit und ermöglichen ein Verständnis vom Verlauf der historischen Entwicklung.

Themenprojekte entstehen aus der Notwendigkeit, nicht aus einem von außen angetragenen Curriculum. Tätigkeiten können als Notwendigkeit erkannt werden. In der Auseinandersetzung mit den Dingen entstehen dann echte Fragen. (Beispiel: Wenn man spürt, dass man Hunger hat, kann man echte Fragen zur Ernährung stellen.)

Der Lebensraum wird zu Lernraum, der nur in einem sorgfältigen und abgestimmten Umgang untereinander die Bedürfnisse der Gemeinschaft befriedigen kann.

Übung und Bewegung stehen im Mittelpunkt. Die Lust am Üben in der handwerklichen Tätigkeit und an der konstanten Bewegung zu wecken ist Grundlage für fundiertes weiteres (kognitives) Arbeiten und gesunde Entwicklung. Es können *Mut, Angstfreiheit und innere Sicherheit* entstehen.

Die eigenen Bedürfnisse an denen der anderen zu spiegeln und in einen Abwägungs- und Auseinandersetzungsprozess zu kommen ist ernsthafte und gewollte Basis aller Arbeitsprozesse. Genau und viel zu sprechen, Absprachen zu treffen, die auf Beobachtungen und der Reflexion des konkreten Tuns beruhen, ist die Basis einer authentischen *Kommunikation*.

An dem Projekt sollen Jugendliche mit unterschiedlichen Erfahrungshorizonten teilnehmen. Die Montessori-Schule Potsdam und die Heinrich-von-Stephan-Oberschule aus Berlin-Moabit beginnen im Schuljahr 2008/2009 mit einer Kooperation. Beide Schulen haben mit Schüleraustauschen bereits positive Erfahrungen gesammelt. Die internationale Zusammensetzung der Stephan-Oberschule trifft dabei zeitweise auf integrative Gruppen von Jugendlichen mit Handicaps aus der Montessori-Oberschule. Jeweils die 7. Jahrgangsstufen sollen wochenweise in dem Projekt arbeiten, teilweise nach Lerngruppen und Schulen getrennt, teilweise nach Themenbereichen und Interessenschwerpunkten gemischt. Die Arbeiten auf dem Land sollen durch Arbeiten im städtischen Raum erweitert und ergänzt werden. Jugendliche aus unterschiedlichen Milieus kommen so miteinander in Kontakt und können ihr Verantwortungsbewusstsein an verschiedenen Orten und Herausforderungen erproben.

Die »Stiftung Brandenburger Tor« fördert das Projekt, angeregt durch ihr Beiratsmitglied Sybille Volkholz, bis zum Jahr 2011. Seit März 2009 hat es den offiziellen Namen STATT SCHULE – IM LEBEN LERNEN. Unter diesem Titel wird es regelmäßige »Torgespräche« im Max-Liebermann-Haus am

Brandenburger Tor geben, in denen über den Fortgang des Projekts berichtet und in der Öffentlichkeit diskutiert wird.

Erste Arbeiten und Erlebnisse
»Am Ende fehlte nur ein Paar Handschuhe«

Bis zu den Sommerferien waren mehrere Arbeitstage mit Jugendlichen und LehrerInnen auf dem Gelände geplant. Wie soll man aber da anfangen, wo es schier unübersehbare Aufgaben gibt? Das gesamte Gelände ist mit Müll überzogen: alte Metallgegenstände wie Liegestühle, Fahrradständer, Tonnen, Hunderte von leer getrunkenen Flaschen, Haushaltsgegenstände, kaputte Fenster, Dächer, Türen, Fußböden, ein alter Bauwagen ..., die Liste ließe sich endlos fortsetzen. Alles von Menschen dort Gebaute ist zerstört, die Natur hat gnädig alles überwuchert, einen grünen Mantel über die Vergangenheit gelegt. »Hier geht es um Bereinigung!«, sagt der Landwirt und Pädagoge Mathias Peeters und: »Man kann manchmal verzweifeln, wenn man das alles sieht, und glaubt, das könnte man niemals schaffen.« Er hat schon öfter vor ähnlichen Herausforderungen gestanden. Darum weiß er auch, wie man unüberschaubaren Aufgaben begegnet: Man muss klein anfangen! Sich ein kleines Stück abgrenzen und da anfangen, nicht immer das Ganze im Blick haben, sonst würde man verzweifeln.

Das meint auch Hartmut von Hentig, als er am 13. März 2008 voller Freude über das Gelände läuft und den Schülern bei der Arbeit zuschaut. Gerade wird ein Baum gefällt, eine alte und tote Pappel, die mit der Axt geschlagen wurde. Eine Kerbe gibt es, das haben die Jugendlichen dem Biber abgeschaut, der 10 Meter weiter entfernt auf gleiche Weise einen Baum zum Umfallen gebracht hat. Was das für ein Gefühl ist, als der lange Baum dröhnend auf dem Boden aufschlägt, der Boden vibriert und unwillkürlich alle schreien. Kaum haben sie sich so Luft gemacht, kommen die Jugendlichen von allen Seiten heran, um den Baum zu entasten. Zwei schöne Benjeshecken sind schnell entstanden und der große Platz zum Wasser hat schon ein ganz anderes Gesicht, man fühlt sich gleich geschützt hinter diesen Hecken, gerade heute, wo es windig, fast stürmisch ist.

»Hier ist genug Arbeit für 20 Jahre!«, meint Herr von Hentig. »Wunderbar, fabelhaft!« Das denke ich fast nicht, nachdem ich gesehen habe, was 25 Menschen, Erwachsene und Jugendliche, in sechs Tagen zustande bringen können. Denn das gesamte Gelände hat sich schon merklich verändert: Im Eingangsbereich sind die alten Wege freigelegt worden, ein altes Garagengebäude ist in einem Teil entrümpelt und zur Werkzeugkammer ausgebaut worden, die man verschließen kann.

Die Jugendlichen seien hervorragend. Mit großer Freude und sehr unerschrocken würden sie an die Arbeit herangehen, auch schlechtes Wetter habe die meisten nicht abgeschreckt, so die Einschätzung des Landwirts. Er macht uns beeindruckend vor, wie ein Schüler auf dem selbst gefällten Baum entlangbalanciert sei, die Axt in den Händen, sehr aufrecht, sehr stolz. Was ihm aber auch auffällt, ist das schulische Zeitmuster, das die Jugendlichen verinnerlicht haben. Sie wenden die Schulzeiten auch auf dem Land an, ab zwei, drei Uhr denken sie auch hier an das Ende. Dabei müsste es ganz anders sein. Andere Pausen könne und solle man sich hier genehmigen, mittags sich ausruhen, baden, faulenzen und dann wieder an die Arbeit, bis zum Abend. Einen ganz anderen Rhythmus müssten wir entwickeln, auch angepasst an die Jahreszeiten.

Montessori hat in ihrem »Erdkinderplan« darauf hingewiesen, dass die Sommerferien in einer »farmschool« natürlich wegfallen, denn der Sommer sei schließlich die Hauptsaison in der Landwirtschaft und die Jugendlichen hätten eine entsprechende Verantwortung übernommen. Für uns ist das noch eine Frage der Zeit und des Fortschreitens des Projekts.

In einer Lehrerkonferenz am 12. März 2008 haben alle unsere »Außenstelle« kennengelernt, und die Augen begannen bei vielen zu leuchten, als sie die neuen Möglichkeiten und die gute Begleitung kennenlernten.

Die ersten längeren Arbeitsphasen haben die Jugendlichen dann im Frühsommer am Schlänitzsee verbracht. Bei den LehrerInnen, die diese Aufenthalte begleiten, reicht das Spektrum der Gefühle in Bezug auf diese »Klassenreisen« von großer Begeisterung bis zu großer Skepsis. Ohne Toiletten- und Duschwagen unzumutbar, so die einen, mit einem Kompostierklo und einer selbst gebauten Duschanlage sowie dem See gut vorstellbar, so die anderen. Das ist ganz normal und kein wirkliches Problem, man darf niemanden zwingen und muss jeder/jedem ihren/seinen persönlichen Zugang ermöglichen. Dass es überhaupt nicht gehe, kann er jedoch nicht stehen lassen, denn er hat schon oft mit großen Gruppen im Freien gelebt und gearbeitet. Insgesamt freut er sich, dass das Kollegium so aufgeschlossen dem Landbauprojekt gegenübersteht.

Die erste Gruppe hat sich eine Woche lang mit dem Bau eines Toilettenhäuschens beschäftigt. Da gab es viel zu besprechen, zu organisieren, zu kaufen, zu bauen und zu regeln. Wie funktioniert ein Kompostierklo, was brauchen wir und, vor allem, welche Regeln stellen wir auf, damit jeder sein Geschäft in Ruhe verrichten kann? Am Ende gibt es ein wunderbares Klohäuschen mit schöner Holzbrille und einem weißen Vorhang. Jeder geht gerne und ungestört dorthin. Die zweite Gruppe setzt sich zum Ziel, einen großen Platz bespielbar zu machen. Sie arbeiten eine Woche lang daran. Scherben werden mit behandschuhten Händen aus der Wiese gesucht, Wurzeln werden ausgegraben, Unebenheiten müssen ausgeglichen, zwei Tore sollen gebaut werden. Die Jugendlichen arbeiten hart und bei großer Hitze. Drei Jungen versuchen mit großer Aufmerksamkeit, ihre Sensen in einem effektiven Rhythmus zu bewegen. Baumstämme werden mit Seilkonstruktionen vom Platz gezogen. Eine Gruppe ist schon mit den Vorbereitungen für ein Mittagessen beschäftigt. Die dritte Gruppe setzt sich zum Ziel, allen Müll aus dem Hafenbecken herauszuholen und die »Strandlinie« von Unrat zu befreien. Auch sie arbeiten mit größter Konzentration und führen alle Besprechungen und Auswertungen in einer offenen und kritisch-konstruktiven Weise durch. Am Ende haben sie aus Weidenruten und Baumstämmen eine »Liebespaarbank« gebaut und auf den schönsten Aussichtspunkt Richtung Sonnenuntergang gestellt. Die letzte Gruppe bohrt eine Woche lang nach Grundwasser. Sie wollen den Zustand beenden, dass man sich von der nächstgelegenen Tankstelle Trinkwasser in Kanistern holen muss. Die notwendigen Bohrutensilien werden von Spendengeldern gekauft. Dann arbeiten auch sie hart, stoßen jedoch auch in vier Meter Tiefe noch nicht auf Grundwasser. Es wird deutlich, dass auf dem gesamten Gelände gegen Überflutung eine hohe Sandschicht aufgeschüttet wurde. Nun erklären sich auch die vielen Pappeln.

Als ich die Gruppen bei ihren Arbeitseinsätzen besuche, ist die hohe Konzentration der Jugendlichen offensichtlich. Obwohl längst nicht alle mit diesem Projekt einverstanden waren, sind jetzt alle bei der Sache. In jeder Gruppe habe es am Anfang einen Tiefpunkt gegeben, so die Erwachsenen. Bis geklärt war, was zu tun ist, welchen Sinn die Arbeit hat, wer was macht, wie man sich erholen kann usw., gab es Konflikte und Auseinandersetzungen. Man zeige sich hier eben als ganzer Mensch, mit allen Stärken und Schwächen. Es gibt viele kleine Erlebnisse zu erzählen, neue Seiten wurden an den Personen sichtbar und neue Reaktionen waren gefragt. Wer sieht zuerst sich selbst und wer kümmert sich um das Ganze? Immer wieder laufen die Überlegungen auf diese Frage hinaus, und es wird berichtet, wie es zu erstaunlichen Überraschungen kam. Während wir Erwachsenen so sprechen, fühle ich mich als Besucherin zunehmend deplatziert. Hier kann man nicht mehr nur über etwas reden, hier muss man etwas tun. Zum ersten Mal, außer in den Theaterprojekten, sind die Jugendlichen ganz bei sich. Mit einer herausfordernden Aufgabe und in ihrer Gemeinschaft an einem Ort, der sie beeindruckt, können sie sich konzentrieren. Am Ende ist ihre Rückmeldung großartig. Sie sind sehr zufrieden mit ihrer Arbeit und wollen am liebsten sofort wieder zum Schlänitzsee.

Was bleibt noch zu sagen nach diesen ersten Arbeitstagen? Sehr wichtig seien das Werkzeug und der Umgang damit, die Werkzeugpflege. Denn ohne Werkzeug sei man hier ziemlich hilflos und das müssten die Jugendlichen sehr schnell lernen. Zwei Schüler sind »Werkzeugmeister«, es sind zwei Jungen, die sich besonders verantwortungsvoll gezeigt haben. Und tatsächlich seien alle Werkzeuge immer wieder zurückgekommen, sauber geputzt, so wie es sein muss. Am Ende fehlte nur ein Paar Handschuhe. Und die hatte eine Lehrerin sorgsam in die Schule mitgenommen.

Schule und Schönheit?

>»Sobald man das Schöne in dieser Welt sehen kann,
hört man auf, Sklave zu sein.«
>
>(Aravind Adiga, Der weiße Tiger)

SEIT ICH MICH IN Schulen aufhalte, wundere ich mich über
den Mangel an Schönheit. Schön waren Menschen. Die Dinge
und die Räume sorgten in ihrer oberflächlichen und lieblosen
Anordnung oder Unordnung und Ausstattung jedoch meist
für Distanz. Auch heute noch, wo ich größeren Einfluss auf
die Gestaltung einer Schule nehmen kann und bewusst einge-
richtete Schulräume an vielen verschiedenen Orten kennengelernt habe, ist es immer wieder schwer, pädagogische Grundsätze bei der Gestaltung der Umgebung zu verwirklichen und
aufrechtzuerhalten. Unter dem Diktat der Zeit, des Lehrplans
und der Ziele wird der Schönheit und dem Wohlbefinden sowohl in den Räumen als auch in zwischenmenschlichen Beziehungen schnell ein hinterer Listenplatz zugewiesen. Wissen
hat die Macht.

In dem Film »Treibhäuser der Zukunft« von Reinhard Kahl
sage ich den Satz: »Wir müssen erst mal eine respektvolle
Lernumgebung schaffen, sonst können sie gar nichts lernen.«
Es hat mich immer verwundert, wie viele Menschen mich auf
diesen Satz angesprochen und seine Bedeutung für ihre Tätigkeit hervorgehoben haben. Offensichtlich gibt es ein Bedürfnis, über die Gestaltung der Lernumgebung, über Schönheit
in der Schule nachzudenken.

>»So haben wir denn das Wahre gelehrt – in der Form von Phi-
losophie und Wissenschaft; das Gute – durch Imperative, Ka-
techismen, Gewöhnung und sich entfaltende Einsicht (…); das

Schöne aber – dafür blieb etwas Kunstbetrachtung, Stilgeschichte, eine formale Ästhetik, kurz: Bilder-ansehen-und-etwas-sagen, Musik-anhören-und-etwas-sagen, Gedichte-lesen-und-etwas-sagen, ins-Theater-gehen-und-etwas-sagen – nämlich immer etwas sagen, was nicht vom Schönen handelt ... (Hartmut von Hentig, Die Wirkungen des Schönen, Merkur, Heft 214, Januar 1966)

Was aber handelt vom Schönen? Und warum sollte es wichtig sein, Schönheit in die Schule zu bringen? Könnte es sein, dass das Wahre und Gute erst im Zusammenhang mit dem Schönen sein Potenzial entfalten kann? Und nicht zuletzt – wie soll dies in der Schule geschehen? Einige Gedanken von anderen und persönliche Beobachtungen möchte ich hier zum Schluss zusammenfassen.

Dass Schönheit entsteht, wenn eine Art der Einheit von innen und außen gegeben ist, hat schon Platon gelehrt. Proportionalität ist ein Kennzeichen dieser Einheit. Stimmigkeit, Angemessenheit und auch Harmonie lassen uns einen Menschen, eine Umgebung oder einen Gegenstand als schön empfinden.

»Schönheit ist der Ausdruck von Ordnung.«[12]

Thomas von Aquin spricht sogar von dem »Glanz der Ordnung«.

»Schönheit erzeugt Resonanz. In der Schule fehlen Sinnesreize und ein Sinnenbewusstsein. Es gibt zu wenig Resonanz. Darum mangelt es an Lebensklugheit, und es entsteht allenfalls List. Schönheit erzeugt auch Rhythmus. So entstehen angemessene Räume in einem Rhythmus mit den Menschen.«[13]

Die etymologischen Wurzeln der Wörter »Schönheit« und »Ästhetik« liegen im Schauen und auch im Hören, zweier Sinnestätigkeiten also.

Schönheit ist auch eine Aufforderung zur Kommunikation.

---

12 & 13   Rudolf zur Lippe, Gespräche

Wenn wir z. B. das Fremde in seiner Schönheit wahrnehmen und kommunizieren könnten, wäre dies ein großer Gewinn. Und auch die Schönheit der individuellen Gestalt, die Differenziertheit jedes Einzelnen, die Verschiedenheit als Schönheit wahrzunehmen wäre eine wirkliche Bereicherung.[14]

Schönheit ist jedoch nicht nur glanzvoll, ebenmäßig und harmonisierend. Lebendigkeit ist das Grundelement der Schönheit. Schönheit ist nicht berechenbar. Schönheit kann sich auch in Anmut äußern. Die Wahrnehmung von Schönheit – wie die Wahrnehmung von Glück – haben wir beim Übergang von einem Zustand in einen anderen. Im Moment des Wechsels wird die Empfindung der Schönheit ausgelöst. Wir empfinden Schönheit nicht konstant. Ein noch so schöner Raum ist nicht für immer schön, so Hartmut von Hentig.[15] Er sieht bei Kindern und Jugendlichen eine enorme Empfindungsgabe für Schönheit. Kinder wollen es »schön« haben und also »verschönern«. Das tun sie, in dem sie u. a. Ordnung herstellen. (Put things where they belong!) Jugendliche hingegen sollten ihre eigene Ordnung finden dürfen. Man sollte Kindern auch sagen, dass sie schön sind oder etwas Schönes (an)haben. Hässlichkeit entmutige Kinder und sei eine große Not für sie, z. B. wenn sie dick sind.

Nicht nur Erwachsene sind für Form und Gestaltung empfänglich. Kinder und Jugendliche haben in gestalteten Räumen besondere Entwicklungschancen. Sie brauchen Schönheit um sich herum, damit sie den unleugbaren Hässlichkeiten dieser Welt gestärkt begegnen können.

Auch Claus Dieter Kaul hält die Gestaltung der Lernräume für das oberste Gebot einer schönen Schule. »Alles, was wir den Kindern und Jugendlichen anbieten, muss schön und klar gestaltet sein. Es ist wichtig, Einfachheit zu bewahren. Perfek-

---

14 Klaus Berger, Gespräch im Literaturhaus Hamburg
15 Gespräch mit Hartmut von Hentig, Januar 2009

tion hängt nicht von der Anzahl der Dinge im Raum, sondern von ihrer Auswahl ab. Schöne Räume geben Kindern und Jugendlichen Gelegenheit, miteinander und mit Erwachsenen in Beziehung zu treten und damit auf partnerschaftliche Weise voneinander und miteinander zu lernen.«

Rudolf zur Lippe erweitert diese Gedanken, indem er sagt, dass die Dinge für Kinder nicht immer schön sein müssen, aber sie nicht verletzen dürfen. Die Geschichte von seinem Sohn, der gesammeltes Strandgut als »schönen Müll« bezeichnete, verdeutlicht dies. Die Dinge waren ihrer Funktionalität beraubt, nicht mehr brauchbar und so verfremdet auf neue Art schön. Schöne Dinge, auch das Strandgut, sind nicht gekünstelt. Sie sind in sich klar und stimmig.

Man sollte Kinder fragen, was sie anregt, und mit ihnen über Schönheit sprechen.

In drei Zusammenhängen habe ich die »Verschönerung« der Schule immer wieder neu erlebt.

Erstens: Erwachsene, die mit den Kindern oder Jugendlichen in ein *Tätigsein* geraten, verändern die Verhältnisse. Werkschaffen als »Lebenskunst« (Hannah Arendt) zu begreifen und zu genießen ist eine Grundvoraussetzung für den Aufbau der »schönen« Schule. Die bewusste Gestaltung der Räume (nicht ihre Dekoration), Theater, Kunst, Musik, Bewegung und forschendes Lernen in allen Fachbereichen sind Mittel einer praktischen Welterfahrung und einer ästhetischen Wahrnehmung in der Gegenwart. Sie führen zu einer nachhaltigen Auseinandersetzung mit der Welt. (Vgl. das Kapitel »Unterricht«.)

Die zweite Bedingung sind *Verlangsamung und Reduktion*. Im Gegensatz zu der maßlosen Fülle und Schnelligkeit unserer Zeit gilt es, aus der Schule auch einen Raum des bewussten Innehaltens zu machen. Kontemplative und vertiefende Übungen in der Gemeinschaft und alleine – Exerzitien anstelle von gleichschrittigem und auf objektive Ziele focussiertem »Exerzieren«, Ruhe und Versenkung anstelle von gehetztem Instantwissen, exemplarisches Lernen und Tätigsein anstelle des Anspruchs auf einen vollständigen, enzyklopädischen Wissenskanon können und sollten in der Schule gewagt werden. (Vgl. das Kapitel »Raum und Zeit«.)

Aus der Verlangsamung ergibt sich *Präzision*. Das Detail kann vor diesem Hintergrund eine neue Bedeutung gewinnen. Veränderungen in der äußeren Welt – die Gestaltung von ästhetischen und sinnenbetonten Innen- und Außenräumen, die Veränderung der Zeitrhythmen und die sorgfältige Auswahl und Anordnung der Gegenstände – beeinflussen die Qualität der menschlichen Beziehungen. Reinhard Kahl bezeichnet diese Veränderungen im scheinbar Kleinen als »Mikropädagogik«. Im Kontext einer integrativen Schulphilosophie entfaltet Mikropädagogik eine große Wirkung. (Vgl. auch das Kapitel »Von Tischen, Stühlen und Tafeln«.)

Diskussionen und Beschlüsse alleine bewegen nicht viel. Im Kleinen konkret tätig zu werden und eine Einordnung in ein übergreifendes Ganzes zu finden ist ein Weg für bedeutende Veränderungen.

*

Es war schön!

Diese Antwort geben viele Schülerinnen und Schüler alljährlich in den persönlichen Abschlussgesprächen auf die Frage: »Wenn du auf deine Schulzeit hier zurückschaust, was fällt dir dann ein?« Dann führen sie aus, was schön war, aber auch, welche Schwierigkeiten sie wann hatten und was nicht so gelungen war. Vorherrschend ist in diesen Gesprächen jedoch der Eindruck, dass die meisten gerne in die Schule gegangen sind, dass die Schule »schön« war und sie viel mitnehmen aus dieser Zeit. Besonders beeindruckt hat mich diese

Aussage immer bei denjenigen, die durchaus ihre schweren Zeiten durchgemacht haben, streckenweise scheinbar lernunfähig waren und auch in ihrem Verhalten oft zu wünschen übrig ließen.

Die Schule war also schön.

Diese Aussage ist so ungenau wie schnell dahingesprochen. Wer kennt nicht die kurze Antwort seiner Kinder auf die Frage: »Wie war's in der Schule?« »Schön!«, antworten sie und gehen weiter ihren Beschäftigungen nach. Allerdings gibt es auch Kinder, und mit zunehmendem Alter immer mehr Jugendliche, die auf diese Frage mit einem anderen Wort antworten, das ebenfalls mit »sch« anfängt. Was genau meinen also Jugendliche damit, wenn sie sagen, dass die Schule »schön« war?

Ich habe herausgefunden, dass »Schönheit« für sie vor allem mit Wohlbefinden, dem Luxus, für ihre persönliche Entwicklung Zeit ohne Sanktionen zu haben, und auch mit Genuss und besonderen Erlebnissen assoziiert ist.

Für eine Abschlussfeier der 10. Jahrgangsstufe habe ich einmal die häufige Nutzung des Wortes »schön« beim Nachdenken über die eigene Schulzeit zum Redeanlass genommen. Im Zusammenhang mit anderen und auch kritischen Äußerungen wird deutlich, dass »Schönheit« in einer Institution auch errungen werden muss. Sie hat viele, auch unliebsame Begleiter. Und sie ist immer auch »eine Aufforderung zur Kommunikation«.

Am Schluss der Rede sage ich:

»12 von 39 Schülerinnen und Schülern haben auf die Frage ›Wenn du auf deine Schulzeit hier zurückschaust, was fällt dir dann ein?‹ geantwortet, dass es hier ›schön‹ war, neun fanden es gut, einer ganz gut, eine perfekt, eine nicht schlecht, eine interessant, zwei richtig, einer total cool, eine ziemlich schwierig (interessanterweise mit dem Zusatz: Ich war zu sehr aufs Lernen konzentriert) und einem hat's gefallen. Die verbleibenden neun haben Feststellungen gemacht wie: Es hat sich viel verändert, oder: Es ist ein völlig anderes Schulsystem hier, usw.

Aber ihr wäret ja nicht ihr, wenn ihr euch nicht auch kritisch über eure Schulzeit und unsere Schule geäußert hättet. Viermal habt ihr teilweise Unorganisiertheit festgestellt, fünfmal Schwierigkeiten oder Stagnation in Klasse 8, dreimal mangelnde Unterstützung, viermal zu viel Freiraum, zweimal fehlende Überprüfung bemängelt, dreimal kritisiert, dass es Lehrer und Lehrerinnen gibt, die das Konzept der Schule nicht umsetzen, und eine Schülerin fand unsere Methode einfach zu schwer. Und in einigen Gesprächen fiel der Begriff ›Versuchskaninchen‹.

Ja, das stimmt, ihr seid auch Versuchskaninchen gewesen, und dies ist wahrscheinlich unser größtes Geschenk an euch. Denn da, wo etwas versucht wird, und leider nur da, ist auch Bewegung, ist gleichermaßen Risiko wie Potenzial. Ihr hattet die vielleicht einmalige Chance an etwas Neuem teilzunehmen, und ihr habt richtig beschrieben, welche Vor- und Nachteile das hat. Und ihr dürft nicht vergessen, dass dieser ständige Umgang mit dem Neuen auch eure Lehrerinnen und Lehrer betroffen hat. Meint ihr vielleicht, ihr hättet sie von so vielen Seiten kennengelernt, mit so ernsten und so strahlenden Gesichtern gesehen, wenn nicht auch sie ständig vor neuen Herausforderungen gestanden hätten? Auch sie haben sich auf die andere Art des Lernens einlassen müssen und im Selbstversuch einen neuen Anfang gemacht.

Schon Platon hat den Anfang gerühmt, wenn er sagt: ›Der Anfang ist auch ein Gott, da wo er waltet, rettet er alles.‹

Am Ende fanden die meisten diesen Versuch ›schön‹, und dass die Schule schön sein kann, ist eine nicht so gewöhnliche Aussage von Jugendlichen. Wenn ich ein neues Buch schreibe, soll es so heißen: ›Die Schule wird schön‹. Aber keine Angst, ich werde auch eure und unsere Bedenken und Zweifel beschreiben, denn bei allem geht es immer um das richtige Maß, die Balance zwischen Freiheit und Disziplin. Bezeichnend fand ich die Aussage von einem Schüler, der vorschlug, die Freiheiten unbedingt beizubehalten, aber gleichzeitig mehr zu kontrollieren. Ja, das genau ist das Dilemma, in dem wir uns befinden und ihr euch nun auch befinden werdet. Denn wer einmal die Flügel ausgebreitet hat, wird sich nicht mehr mit einer kleinen Bewegung zufriedengeben.«

So weit diese Rede aus dem Sommer 2007.

Das unattraktive Gebäude, die engen und zu wenigen Räume, der geringe Komfort oder gar die miserablen Sportanlagen können die Jugendlichen nicht gemeint haben, wenn sie ihre Schulzeit positiv beschreiben. »Schön« ist die Schule erst dann gewesen, wenn an sie persönlich geglaubt wurde und dieser Glaube mit Freiheiten und sinnvollen Grenzen einherging, die letztlich zum Erfolg führten.

In einer staatlichen Schule für die Stufen 1 bis 10 mit jahrgangsgemischten Lerngruppen, offenen Unterrichtsformen, neuen Beurteilungssystemen und einem Kollegium, das versucht, im fächerverbindenden Unterricht zusammenzuarbeiten, werden viele Freiheiten und Grenzen ausprobiert.

Man versucht, es anders zu machen, man wagt etwas Neues, man begibt sich in unbekannte Gefilde, auch auf die Gefahr hin, zu scheitern. Es ist, so meine These nach 15 Jahren Arbeit an einer Reformschule, gerade diese Bewegtheit im Fragen, Zweifeln, Tun und Reflektieren, die das gesamte System lebendig macht – und damit schön.

Lebendig wird ein System, wenn man etwas versuchen, sich also ausprobieren kann. Versuch und Irrtum kennzeichnen den wissenschaftlichen Erkenntnisweg. »Fehlerfreundlichkeit« könnte man für die Schule sagen. Wenn man Fehler machen darf, ohne bestraft zu werden, wenn Fehler sogar der Anhalts- und Ausgangspunkt für nächste Schritte sind, dann kann sich Kreativität entwickeln, und Lösungen für neue und alte Probleme können in einer Gemeinschaft gefunden werden.

Der Glaube an die SchülerInnen und Bewegung im Alltag führen in der Schule zu Schönheit. Die Verschiedenheit der Kinder und Jugendlichen, ihre äußere und innere Wandlungsfähigkeit sind dabei unersetzlich, geradezu der »Glanz der Verschiedenheit«. »Variabilität ist die Voraussetzung der Evolution« (Remo Largo). In der Schule wird durch die Verschiedenheit der Kinder oder Jugendlichen Künstlichkeit aufgehoben. Eine oberflächliche Sortierung nach Leistungskriterien verbietet sich darum bis zum Abschluss einer langen gemeinsamen Schulzeit von selbst.

»Das Gegenteil von Schönheit ist nicht Hässlichkeit, sondern Langeweile« (Klaus Berger). Wir wissen, dass in unseren Schulen zu viel Langeweile und auch zu viel Hässlichkeit herrschen. An die Stelle von Langeweile könnten wir Bewegung, an die Stelle von Hässlichkeit Schönheit setzen. Es ist unsere Entscheidung! Viele Kinder und Jugendliche und ihre Eltern warten darauf.

Die Schule wird schön!

Danksagung

MEIN BESONDERER DANK GILT allen Lehrerinnen und Lehrern, die an dem Potsdamer Schulprojekt ausdauernd, ideenreich und tatkräftig mitgewirkt haben und sich durch Widerstände nicht entmutigen ließen, sondern sie als persönliche Herausforderung angenommen haben.

Für die hervorragende Zusammenarbeit in der Schulleitung danke ich Tina Reimann von ganzem Herzen.

Unterstützung und gelungene Kooperation habe ich vielen Mitarbeitern der Schulverwaltung zu verdanken. Im staatlichen Schulamt, im Ministerium für Bildung, Jugend und Sport des Landes Brandenburg und bei der Stadt Potsdam als Schulträger gab es viele, die sich wohlwollend für das neue Schulmodell eingesetzt haben. Anne Knauf, Karl Josef Lenz, Steffen Reiche und Karl Ofcsarik haben die Schule in besonderer Weise gefördert.

Ebenso gilt mein Dank den vielen Eltern, die sich für die Schule engagiert und Vertrauen in die neue Lernkultur einer zehnjährigen Gemeinschaftsschule gesetzt haben, oft auch gegen Anfeindungen und Zweifel in ihrem Umfeld.

Den vielen außerschulischen Experten aus den verschiedensten Lebensbereichen ist es zu verdanken, dass die Schule neue Impulse und Maßstäbe erhielt, die sie aus sich heraus nicht hätte entwickeln können.

Für ihre langjährige beratende und praktische Tätigkeit als Coaches danke ich besonders Ulrike Lindemann und Rüdiger Fleisch. Der Feedbackexpertin Dagmar Schreiber, die im

Januar 2009 viel zu früh verstorben ist, danke ich posthum für ihre kenntnisreiche Arbeit und ihr außergewöhnliches Einfühlungsvermögen.

Stellvertretend für alle WissenschaftlerInnen, die an der Schule gewirkt haben, bedanke ich mich bei Prof. Dr. Marianne Horstkemper, Prof. Dr. Eiko Jürgens und Prof. Dr. Annedore Prengel für ihre fundierte und wegweisende Arbeit im Rahmen des Schulversuchs an der Montessori-Schule Potsdam.

Den Schülerinnen und Schülern aus 15 Jahren danke ich für ihre unerschöpfliche Lebensfreude und Verschiedenheit. In ihrer Lebendigkeit haben sie täglich deutlich gemacht, warum wir die Schule verändern müssen.

Die Entstehung dieses Buches ist durch die Robert Bosch Stiftung untestützt worden. Dafür und auch für die anspruchsvolle Zusammenarbeit in der Akademie des Deutschen Schulpreises und die Förderung eines neuen Bildungsverständnisses bedanke ich mich herzlich.

Der Heinrich Böll Stiftung danke ich für die Unterstützung meiner Reisetätigkeit für Recherchen zu dem vorliegenden Buch und für die Durchführung von Lesungen und Diskussionen.

Die Stiftung Brandenburger Tor trägt mit der Förderung des Projekts »Statt Schule – Im Leben lernen« maßgeblich zur Umsetzung einer jugendgerechten Bildung bei. Als Koordinatorin dieses Projekts bedanke ich mich herzlich für die Zusammenarbeit.

Mit Christiane Germain, Hartmut von Hentig, Reinhard Kahl, Remo Largo und Rudolf zur Lippe konnte ich ausführliche Gespräche führen. Ihre Anregungen und Fragen haben mich zu vielen neuen Gedanken geführt. Dafür sei ihnen herzlich gedankt.

Meinem Mann Frank Kegler danke ich für seine kritische, geduldige und inspirierende Begleitung meiner Arbeit in vielen Jahren.

Mein Lektor Claus Koch hat durch seine einfühlsame, kenntnisreiche und höchst zuverlässige Arbeit einen wichtigen Anteil an der Entstehung dieses Buches. Unsere Zusammenarbeit hat mich sehr bereichert. Herzlichen Dank!

Literatur

ADIGA, ARAVIND: *Der weiße Tiger*. München: Beck 2008

ANDRESEN, UTE: *So dumm sind sie nicht, Von der Würde der Kinder in der Schule*. Weinheim und Basel: Beltz 2002

ARENDT, HANNAH: *Vom Leben des Geistes*. München: Piper 2002

BECKER, GEROLD; BILSTEIN, JOHANNES; LIEBAU, ECKART (HRSG.): *Räume bilden – Studien zur pädagogischen Topologie und Topographie*. Seelze: Kallmeyer 1997

BERGMANN, WOLFGANG: *Kleine Jungs – große Not. Wie wir ihnen Halt geben*. Weinheim und Basel: Beltz 2008

BERGER, KLAUS: *Gespräch im Literaturhaus Hamburg mit Reinhard Kahl* am 24. April 2007

CSIKSZENTMIHALYI, M.: *Flow. Das Geheimnis des Glücks am Arbeitsplatz*. Stuttgart: Klett Cotta 2004

DAWIRS, RALPH; MOLL, GUNTHER: *Endlich in der Pubertät! Vom Sinn der wilden Jahre*. Weinheim und Basel: Beltz 2008

DEUTSCHE MONTESSORI GESELLSCHAFT E.V.: *Erdkinder I, II und III – Montessori für Jugendliche*. In: Das Kind, Halbjahresschrift für Montessori-Pädagogik, Hefte 38, 39 und 42

DEWEY, JOHN: *Demokratie und Erziehung, Eine Einleitung in die philosophische Pädagogik*. Weinheim und Basel: Beltz 1993

ELSCHENBROICH, DONATA: *Weltwissen der Siebenjährigen. Wie Kinder die Welt entdecken können*. München: Goldmann 2007

FAUSER, PETER; PRENZEL, MANFRED; SCHRATZ, MICHAEL (HRSG.): *Der deutsche Schulpreis 2007. Was für Schulen! Profile, Konzepte und Dynamik guter Schulen in Deutschland*. Stuttgart: Klett/Kallmeyer 2007

NIENHAUS, LISA: *Angriff auf das Deutsche Gymnasium*. In: FAZ, 14.10.2007

FÜLLER, CHRISTIAN: *Schlaue Kinder, schlechte Schulen – Wie unfähige Politiker unser Bildungssystem ruinieren und warum es trotzdem gute Schulen gibt*. München: Droemer 2008

GOEHLER, ADRIENNE: *Verflüssigungen, Wege und Umwege vom Sozialstaat zur Kulturgesellschaft*. Frankfurt und New York: Campus 2006

HEHL, DOMINIK: *Objekte im Schulraum – Über Form, Schule und Veränderung*. Diplomarbeit an der FH Potsdam/ Produktdesign, Februar 2007

HENTIG, HARTMUT VON: *Die Wirkungen des Schönen, Sonderdruck Merkur Heft 214.* Köln und Berlin: Kiepenheuer und Witsch 1966

HENTIG, HARTMUT VON: *Die Schule neu denken.* Weinheim und Basel: Beltz 2002

HENTIG, HARTMUT VON: *Bewährung. Von der nützlichen Erfahrung, nützlich zu sein.* Weinheim und Basel: Beltz 2007

HENTIG, HARTMUT VON: *Mein Leben – bedacht und bejaht. Schule, Polis, Gartenhaus.* Weinheim und Basel: Beltz 2009

HOFMANN, JAN (HRSG.): *Neue Formen des Lehrens und Lernens – Leistungsbewertung ohne Zensuren und jahrgangsübergreifender Unterricht in der Montessori-Gesamtschule Potsdam – abschließende Publikation zum Schulversuch.* Bad Heilbrunn: Klinkhardt 2007

HOLT, JOHN: *Wie kleine Kinder schlau werden. Selbstständiges Lernen im Alltag.* Weinheim und Basel: Beltz 1998

HOLT, JOHN: *Aus schlauen Kindern werden Schüler. Von dem, was in der Schule verlernt wird.* Weinheim und Basel: Beltz 2004

JÜRGENS, EIKO: *Zeugnisse ohne Noten – Ein Weg zur differenzierten Leistungserziehung.* Braunschweig: Westermann 1999

JUUL, JESPER: *Was gibt's heute? Gemeinsam essen macht Familie stark.* Weinheim und Basel: Beltz 2002

JUUL, JESPER: *Aus Erziehung wird Beziehung.* Freiburg: Herder 2005

JUUL, JESPER; JENSEN, HELLE: *Vom Gehorsam zur Verantwortung.* Weinheim und Basel: Beltz 2009

KAHL, REINHARD: *P.S.* In: Pädagogik, 50. Jg., 1998, Heft 10, S. 64

KAHL, REINHARD: *Treibhäuser der Zukunft – Wie in Deutschland Schulen gelingen.* Weinheim und Basel: Beltz 2003

KAHL, REINHARD: *Kinder – Ein Film über die Lernenergie der Kinder.* Weinheim und Basel: Beltz 2009

KAUL, CLAUS DIETER: *Die zehn Wünsche der Kinder.* Heidelberg: Auer 2001

KEGLER, ULRIKE: *Freiarbeit an einer Montessori-Schule.* In: Drews; Wallrabenstein (Hrsg.): Freiarbeit in der Grundschule. Arbeitskreis Grundschule – Grundschulverband 2002

KEGLER, ULRIKE: *Unterrichtsklima und Lernleistung – Erfahrungen einer Montessori-Schule.* In: Pädagogik, 56. Jg., Heft 11, November 2004

KEGLER, ULRIKE: *Schulentwicklung und Eigensinn,* In: VOSS, REINHARD (HRSG.): *Wir erfinden Schulen neu.* Weinheim und Basel: Beltz 2006

KEGLER, ULRIKE; PRENGEL, ANNEDORE: *Die Montessori-Gesamtschule in Potsdam. Weiterentwicklung eines Reformkonzepts.* Bad Heilbrunn: Klinkhardt 2003

KORCZAK, JANUSZ: *Wie man ein Kind lieben soll.* Göttingen: Vandenhoeck & Ruprecht 1989

LARGO, REMO: *Kinderjahre.* München: Piper 1999

LARGO, REMO: *Babyjahre.* München: Piper 2007

LARGO, REMO: *Schülerjahre – Wie Kinder besser lernen*. München: Piper 2009

LIPPE, RUDOLF ZUR: *Am eigenen Leibe – Zur Ökonomie des Lebens*. Frankfurt a. M.: Syndikat 1978

LIPPE, RUDOLF ZUR: *Sinnenbewusstsein – Grundlegung einer anthropologischen Ästhetik*. Reinbek bei Hamburg: Rowohlt 1987

MONTESSORI, MARIA: *Grundgedanken der Montessori-Pädagogik*. Freiburg: Herder 1967

MONTESSORI, MARIA: *Kosmische Erziehung*. Freiburg: Herder 1988

OBERHUBER, NADINE: *Nachhilfe wird zum Normalfall*. In: FAZ, 31.08.2008

POSTMANN, NEIL: *Das Verschwinden der Kindheit*. Frankfurt a. M.: S. Fischer 1983

PRENGEL, ANNEDORE: *Pädagogik der Vielfalt – Verschiedenheit und Gleichberechtigung in Interkultureller, Feministischer und Integrativer Pädagogik*. Wiesbaden: VS-Verlag 1993

PUTTKAMER, MARGARETHE VON: *Gestalt und Gebärde*. In: Poiesis Heft 4, 1988

RIEGEL, ENJA: *Schule kann gelingen! Wie unsere Kinder wirklich fürs Leben lernen*. Frankfurt a. M.: S. Fischer 2008

RIEMER, CHRISTOPH; STURZENHECKER, BENEDIKT (HRSG.): *Playing Arts*. Gelnhausen: Triga 2002

ROUSSEAU, JEAN-JACQUES: *Émile oder über die Erziehung*. Ditzingen: Reclam 1963

RUMPF, HORST: *Belebungsversuche – Ausgrabungen gegen die Verödung der Lernkultur*. Weinheim und München: Juventa 1999

SCHÄRLI, OTTO: *Leib, Bewegung, Bau*. Oratio 2005

SCHÄRLI, OTTO: *Werkstatt des Lebens – durch die Sinne zum Sinn*. München: AT 1991

SCHILLER, FRIEDRICH: *Über die ästhetische Erziehung des Menschen in einer Reihe von Briefen*. Ditzingen: Reclam 2000

SICHTERMANN, BARBARA: *Pubertät – Not und Versprechen*. Weinheim und Basel: Beltz 2007

SPIEWAK, MARTIN; WIARDA, JAN-MARTIN: *Bildungsrepublik Deutschland*. In: Die Zeit, 16. Oktober 2008

WEBER, ANDREAS: *Der Geist der Schönheit*. In: mare, Heft 68, Juni 2008

WILD, REBECA: *Lebensqualität für Kinder und andere Menschen*. Weinheim und Basel: Beltz 2001

WILD, REBECA: *»Genügend gute Eltern«. Erwachsene und Jugendliche im Dialog über Lebensprozesse, Schule und Fremdbestimmung*. Weinheim und Basel: Beltz 2006

WILD, REBECA: *Mit Kindern leben lernen. Sein zum Erziehen*. Weinheim und Basel: Beltz 2007